TRENDS UND LIFESTYLE

BODENSEE

STEFANIE GÖTZKE · WOLFGANG FASSBENDER · DANIEL SCHVARCZ

BODENSEE

STEFANIE GÖTZKE · WOLFGANG FASSBENDER · DANIEL SCHVARCZ

Inhalt

Bodensee

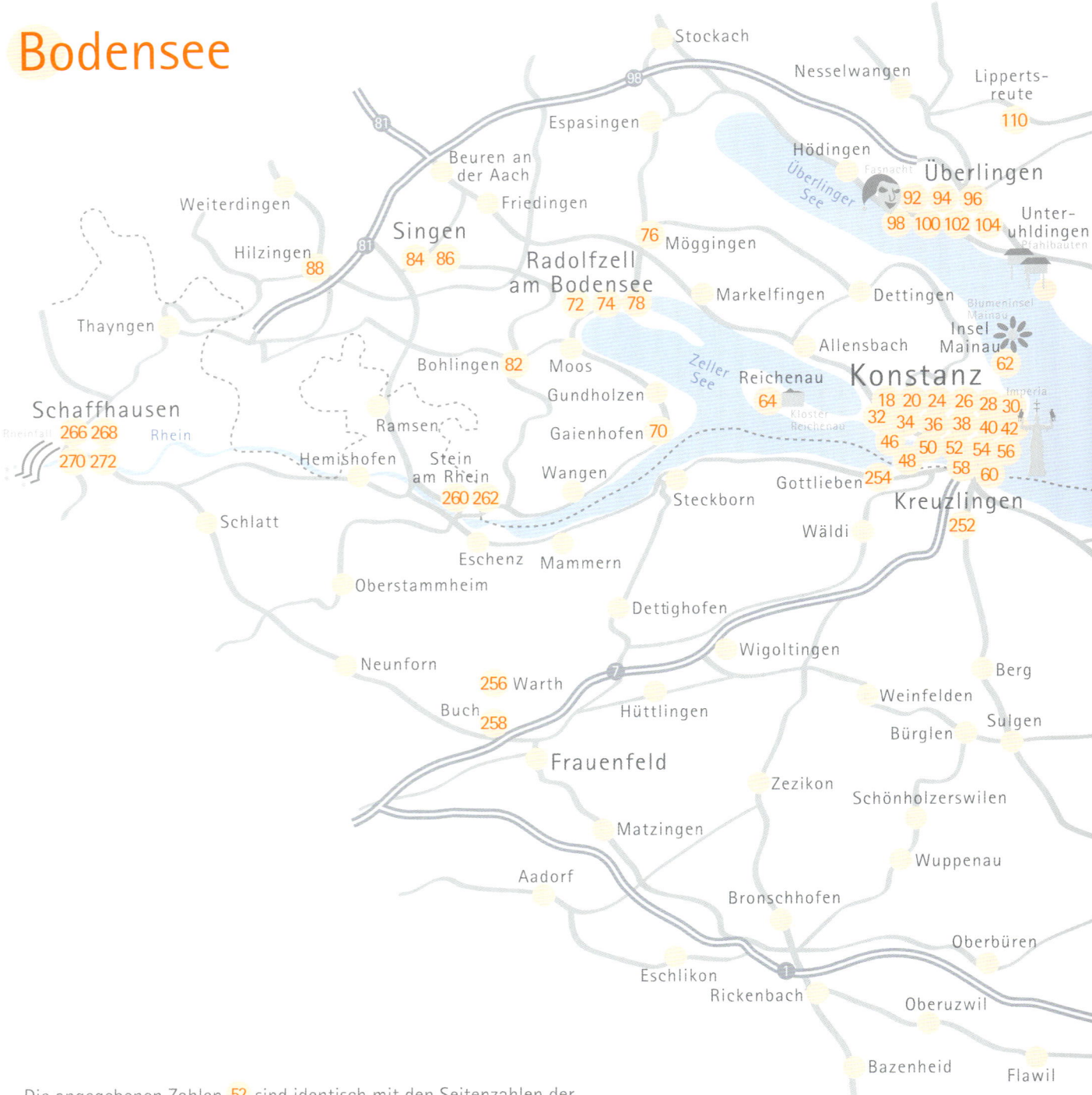

Stockach

Nesselwangen

Lipperts-reute
110

Espasingen

Hödingen

Überlingen
92 94 96
98 100 102 104

Beuren an
der Aach

Friedingen

Unter-uhldingen
Pfahlbauten

Weiterdingen

Singen
84 86

76 Möggingen

Hilzingen
88

Radolfzell
am Bodensee
72 74 78

Markelfingen

Dettingen

Blumeninsel
Mainau

Thayngen

Bohlingen 82

Moos

Insel
Mainau
62

Gundholzen

Allensbach

Konstanz

Schaffhausen
266 268
Rheinfall   Rhein

Ramsen

Zeller
See

Reichenau
64

18 20 24 26 28 30
32 34 36 38 40 42
46   50 52 54 56
48   58   60

270 272

Gaienhofen 70

Kloster
Reichenau

Imperia

Hemishofen

Stein
am Rhein
260 262

Wangen

Gottlieben 254

Kreuzlingen
252

Schlatt

Steckborn

Wäldi

Eschenz   Mammern

Oberstammheim

Dettighofen

Neunforn

Wigoltingen

Berg

256 Warth

Hüttlingen

Weinfelden

Buch
258

Bürglen

Sulgen

Frauenfeld

Zezikon

Schönholzerswilen

Matzingen

Wuppenau

Aadorf

Bronschhofen

Oberbüren

Eschlikon

Oberuzwil

Rickenbach

Bazenheid

Flawil

Die angegebenen Zahlen 52 sind identisch mit den Seitenzahlen der
einzelnen Betriebe in diesem Buch und bezeichnen ihre Lage in der Region.

Salem
6 117 118

120 Neufrach

Untersiggingen

Alberskirch

Markdorf
130

Oberteuringen

Meckenbeuren

132 Wirrensegel

Reute

sburg

128 Stetten

Tettnang

Hagnau am
Bodensee

126

Immenstaad
am Bodensee

134 136
138 140 142

Laimnau

Steinenbach

Friedrichshafen

Eriskirch

Deutschland

Kressbronn
am Bodensee

Langenargen

Weißensberg

chlacht

Bodensee

Wasserburg

Lindau

Hörbranz

ittingen

Kesswil

Nonnenhorn

144

148 150

152 154 156

Eichenberg

Romanshorn

Schöne
Inselstadt

180

Amriswil

Seebühne

Lochau

Schweiz

Österreich

162 164 166 168 170

Langen
bei Bregenz

Muolen

Arbon

172 174 176 178 184

Häggenschwil

210 Horn

Bregenz

Rorschach

182 Hard

Wolfurt

Müselbach

ischofszell

216 218

Hauptwil-
Gottshaus

Goldach

220

214

Höchst

Schwarzach

Rorschacherberg

Rheineck

14

Wittenbach

Heiden

Lustenau

St. Gallen

Rehetobel

Schwarzenberg

Stiftskirche

212

188 190 192 194 196

224 226 228 230

198 200 202 204

232 234 236 238 240

12

242 244 246 248

Widnau

Dornbirn

ssau

250

Trogen

Herisau

Altstätten

Diepoldsau

Vorwort

Man meint eigentlich alles zu wissen über diesen See, der eigentlich ein Strom und immer im Fluss ist: Kaum anderswo sind Wasser und Bergpanorama, unberührte Natur und kulturelle Vielfalt auf so engem Raum zu finden. Vom milden Klima ganz zu schweigen – wo sonst kann man mit Blick auf die Alpen unter Palmen spazieren gehen und im See schwimmen? Am Morgen eine Melange im österreichischen Bregenz genießen, mittags in der Schweizer Säntis-Seilbahn auf 2 500 Meter schweben und abends in Deutschland durch das bunte Treiben des Friedrichshafener Kulturufers schlendern: Die Bodenseeregion bietet alles auf einem Fleck.

Mit ihren vielen kleinen Orten und mittleren Städten offeriert sie, was sonst nur Großstädte haben: Konstanz verfügt über ein eigenes Theater mit festem Ensemble, Friedrichshafen ist Messestadt mit internationalem Flughafen, Bregenz hat sich weit über die Region hinaus mit den Bregenzer Festspielen, seinem Kunsthaus und der zeitgenössischen Vorarlberger Architektur einen Namen gemacht.

Auf einer der schönsten Freilichtbühnen der Welt kommen Kulturtouristen bei den Bregenzer Festspielen auf ihre Kosten. Kulinarisch bleiben vom Landgasthof bis zur Sterne-Küche keine Genießerwünsche offen. Badefans, die in den über 50 Strandbädern und Thermen nicht fündig werden, steht vielerorts das freie Bodenseeufer zur Verfügung. Bei schlechtem Wetter locken über 100 Museen, in denen sich von A wie Archäologie bis Z wie Zeppelin jede Menge Interessantes entdecken lässt. Spaß und Action zu Wasser und zu Land versprechen Segeln, Raften, Radeln, Skaten, Lounges und Bars.

Unsere Reise beginnt in Konstanz, der größten Stadt am Bodensee. Nach Abstechern auf die Blumeninsel Mainau und das Weltkulturerbe-Eiland Reichenau umfahren wir den Unteren See sowie die baden-württembergischen Teile des Überlinger Sees und des Obersees mit seiner kleinen bayerischen Exklave. Auf einem kurzen Abschnitt reisen wir durch das österreichische Vorarlberger Land, bevor wir über die Schweizer Kantone St. Gallen, Thurgau und Schaffhausen an den Ausgangspunkt der Reise zurückkehren.

Auf dieser Tour haben wir Menschen getroffen, die Kreatives, Schönes oder Trendiges schaffen, zeitgenössische Kunst präsentieren, Augen, Ohren und Gaumen mit sinnlichen Genüssen erfreuen, Erlebnis und Entspannung bieten und mit neuen Ideen überraschen.

Begleiten Sie uns auf diesem Streifzug durch exklusive Boutiquen, Traditionsgeschäfte, Restaurants und Cafés und entdecken Sie die vielfältige, traditionelle, lebendige Bodenseeregion.

Stefanie Götzh

W. M. / J. M.

Konstanz – Heimliche Hauptstadt der Bodenseeregion

Auf beiden Seiten des Rheins gelegen, der hier Seerhein heißt, ist die alte Konzilstadt Konstanz die heimliche Hauptstadt der gesamten Bodenseeregion. Am Nadelöhr zwischen Untersee, Obersee und der angrenzenden Schweiz ist die mit Abstand größte Stadt am Bodensee die einzige deutsche Enklave am südlichen Seeufer.

Auf Schritt und Tritt werden Besucher an das berühmte Konstanzer Konzil in den Jahren 1414 bis 1418 erinnert. An der Hafeneinfahrt grüßt die neun Meter hohe und 18 Tonnen schwere „Imperia", eine Skulptur des Bodmaner Künstlers Peter Lenk. Die üppige Schöne, die Papst und König in den Händen hält, stellt eine Prostituierte dar, die zur Zeit des Konzils mit kirchlichen Würdenträgern verkehrte – ein humorvoller Blick der Konstanzer in die Geschichte ihrer Stadt.

Die „Imperia"

Häuserschmuck

Strandpromenade

Viele Epochen haben ihre Spuren hinterlassen. Die Niederburg als ältester Konstanzer Stadtteil bezaubert mit ihren verwinkelten Gässchen, alten Bürgerhäusern und urgemütlichen Kneipen und Cafés. Die wichtigsten Sehenswürdigkeiten sind das gewaltige Münster mit seinem 76 Meter hohen Turm sowie die imposante Getreidescheuer und Markthalle am Gondelhafen, das Konzil. Unter dem Einfluss der Universität und ihrer Studierenden hat sich in Konstanz eine rege Kulturszene etabliert. Das Stadttheater, für seine unkonventionellen Inszenierungen geschätzt, ist mit seinen 400 Jahren Aufführungsgeschichte eines der ältesten erhaltenen Schauspielhäuser Deutschlands. Für Jazz und Kleinkunst hat sich das Kulturzentrum K9 einen Namen gemacht.

Zu den wichtigen Größen im Kulturleben des deutschen Südwestens gehört darüber hinaus seit über 70 Jahren die Südwestdeutsche Philharmonie, die in der Stadt beheimatet ist. Nach einer Stadtbesichtigung ist es Zeit für einen Besuch auf der Marktstätte. Kleine Gasthäuser, quirlige Straßencafés, Straßenmusiker und Kleinkünstler laden im Herzen der Stadt auf dem Platz rund um den Kaiserbrunnen zum Verweilen ein.

Reichenau – Fruchtbares Weltkulturerbe

Der Wanderbischof Pirmin wird wohl gewusst haben, warum er im Jahre 724 nach Christus ausgerechnet auf der damals noch unwirtlichen Insel im Untersee ein Kloster gründete. Von der anschließenden Blütezeit des Konvents zeugen heute noch die drei prächtigen, romanischen Kirchen: das ausladende Münster am Gnadenseeufer, die dreischiffige Basilika Sankt Georg in Oberzell mit ihren monumentalen ottonischen Wandmalereien und die 799 erbaute Kirche St. Peter und Paul in Niederzell. Aus der „Reichen Au", der reichen Insel, mit ihrem fruchtbaren Boden und den reichen Fischgründen haben ihre Bewohner einen Ort mit einer ganz besonderen Magie geschaffen.

Reichenau

Basilika Sankt Georg

Heute ist die größte Insel im Bodensee ein staatlich anerkannter Erholungsort, an dem Gemüse und Wein dank des milden Klimas wunderbar gedeihen. Kein Wunder, dass Tausende von Zugvögeln auf ihrem Weg Richtung Süden im angrenzenden Wollmatinger Ried rasten.

Dass die Kulturlandschaft der Insel Reichenau seit 2000 zum Weltkulturerbe der UNESCO gehört, ist zum einen dem Kloster geschuldet, das in der karolingischen Zeit eine entscheidende Rolle in Politik und Kultur spielte. Zudem stand die Reichenauer Malerschule im 10. und 11. Jahrhundert im Zentrum der europäischen Kunstgeschichte, wie die Buchmalerei in den „Reichenauer Codices" illustriert. Auch die großflächigen Natur- und Landschaftsschutzgebiete – Lebensraum typischer Tier- und Pflanzenarten der Bodenseeregion – sowie Gemüse-, Obst- und Weingärten machen die Reichenau zu einem einzigartigen Ort.

Ein Ort, der von jeher Gärtner inspiriert hat. Der erste war Walahfrid Strabo, Geistlicher und Gelehrter. Der spätere Abt des Klosters hegte sein Kräutergärtlein und schrieb 840 das wahrscheinlich erste Buch über die Gartenkunst in Deutschland überhaupt. Den nach seinem Muster neu angelegten Kräutergarten können Besucher heute erschnuppern, erfühlen und probieren.

Oldtimerland Bodensee

Stadtmarketing Konstanz GmbH

Obere Laube 71
D-78462 Konstanz

Telefon 0 75 31 / 2 82 48-0
Telefax 0 75 31 / 2 82 48-11
www.oldtimer-am-see.de

Wo Oldtimer willkommen sind – das Oldtimerland Bodensee. Vor mehr als 100 Jahren war die Region rund um den Bodensee eine Keimzelle der deutschen Automobilindustrie. In einem Radius von 150 Kilometern waren hier zahlreiche namhafte Autokonstrukteure ansässig, die bahnbrechende Antriebstechnologien entwickelten.

In diesem authentischen Ambiente entwickelt sich ein offenes Netzwerk aus Unternehmen, Enthusiasten, Privatsammlern, Restauratoren, Museen, Messegesellschaften, Festveranstaltern, Vereinen, Hotel- und Gastronomiebetrieben sowie Handwerkern. Gemeinsames Ziel aller ist es, Bürgern und Gästen am Bodensee mit Oldtimern zu Lande, zu Wasser und in der Luft eine gemeinsame Plattform zur Zusammenarbeit zu bieten. Oldtimerclubs aus ganz Europa können auf das Know-how der lokalen Projektgruppe zurückgreifen, um zum Beispiel Hotels zu finden, eine reizvolle Route auszuarbeiten oder ein spannendes Begleitprogramm auf die Beine zu stellen. Viele Oldtimerclubs und -rallyes, die dieses Angebot schon genutzt haben (beispielsweise die historische Rallye „Lüttich-Rom-

Lüttich", die „Vino Miglia", die „2000 km durch Deutschland" oder die „Württembergische Classic"), waren begeistert von Gastfreundschaft und Fachkompetenz der Oldtimerfreunde am Bodensee. Mehr als ein Dutzend Museen stellen am Bodensee eindrücklich die Faszination alter Technik unter Beweis. Seeumspannend sind es Perlen wie das Rolls-Royce-Museum im österreichischen Dornbirn, das Zeppelin- und das neue Dornier-Museum in Friedrichshafen oder auch die Classic Garage Bodensee in Konstanz, welche in der Vier-Länder-Region Heimat bieten für historische Fahrzeuge aller Art. Das „Oldtimerland Bodensee" ist zugleich Ausgangspunkt vielfältiger Oldtimer-Veranstaltungen: Da die echte Seegefrörne – so nennt es der Volksmund, wenn der gesamte Bodensee zufriert – seit dem Winter 1963 auf sich warten lässt, können Winter- und Oldiefans den Saisonstart schon im Februar feiern und die Winterruhe am Bodensee durch Sechszylinderklang pointieren. Bei der gleichnamigen Winterrallye werden Almhöhen erklommen, unter den Reifen der knirschende Schnee und zu Füßen der winterliche See. Spätestens mit dem Oldtimertreffen „Arbon Classics" in der Schweiz und der damit verknüpften Oldtimer-Orientierungsfahrt „Coppa di Insalata" ab Konstanz geht die spannende Oldtimer-Saison am Bodensee Anfang Mai richtig los. Ebenfalls im Mai findet die „Klassikwelt Bodensee" in Friedrichshafen statt, eine Messe, die sich ausschließlich dem Thema „Oldtimer" widmet. Sie zeigt historische Fahrzeuge zu Lande, zu Wasser und in der Luft und bietet Ausstellern und Besuchern gleichermaßen Oldtimer-

Feeling pur. Die jährliche Oldtimer-Rallye „Mille Fiori" ist das Aushängeschild des Oldtimerland Bodensee. Die glücklichen Teams, die einen der 50 Startplätze dieser bereits legendären Ausfahrt der Extraklasse erhalten, erleben „Dolce Vita" vom Feinsten und lassen in atemberaubenden Landschaften ihre Seele baumeln.

Jedes Jahr im September finden beim „Oldtimer-Brunch" alle Oldtimer-Enthusiasten aus nah und fern zu „Benzingesprächen" mit Gleichgesinnten zusammen. Im illustren Rahmen des Restaurants O'Lac im Konstanzer Casino tauschen sie sich über ihre Leidenschaft aus und bestaunen die schönsten Oldtimer-Exponate. Auch die Oldtimertreffen und -ausfahrten des MSC Sernatingen oder die Bodensee-Oldtimer-Rallye vom MSC „Scuderia Humpis" und ADAC stehen stellvertretend für die Vielfalt weiterer, erstklassiger Glanzlichter im „Oldtimerland Bodensee".

Etoile Modeboutique

Etoile Modeboutique
Barbara Ulmer

Marktstätte 20
D-78462 Konstanz

Telefon 0 75 31 / 36 81 50
Telefax 0 75 31 / 36 81 51

Mode ist bekanntermaßen eine schnelle Branche. Während Mode-designer früher zum Frühjahr und Herbst ihre neuen Kollektionen präsentierten, kommen die Kreationen inzwischen mehrmals im Jahr auf den Markt. Um die neuesten Trends zu entdecken, braucht man Konstanz allerdings nicht zu verlassen, denn Barbara Ulmer hat sie in ihrem Schaufenster dekoriert. Und weil sie ihre Kundinnen jede Woche mit neuer Ware überrascht, muss man manches Mal seinen Geldbeutel festhalten, um der Versuchung nicht zu oft zu erliegen.

„Etoile" steht nicht für französischen Schick. Unverwechselbar und einprägsam sollte der Geschäftsname sein, so wie das Interieur des eleganten Geschäfts an der Marktstätte. Die weiß lackierten Regale mit ihren klassizistischen Seitenwänden vor den schwarz-weiß gestreiften Tapeten kontrastieren reizvoll mit dem hinteren Ladenteil, dessen verspielt-gemütliche Sitzecke mit Recamière, Armlehnstühlen und lilafarbenen Wänden zum Ausruhen einlädt.
Seit mehr als 15 Jahren ist Barbara Ulmer im Mode-Business tätig. Vielleicht rührt die Begeisterung der ehemaligen Flugbegleiterin daher, dass sie früher immer Uniform tragen musste. Bevor sie 1998 am Bodenseeufer landete, arbeitete sie bei Hermès in Köln. 2003 machte sie sich schließlich mit ihrer Boutique in bester Lage selbstständig. Sie hatte klare Vorstellungen, wie das Geschäft aussehen sollte und fragte bei verschiedenen Marken an. Nach einiger Zeit war es dann umgekehrt: „Heute wollen Marken Teil des Etoile-Konzepts sein", freut sich Barbara Ulmer. Zu diesem Konzept gehört es, Frauen individuell und typgerecht zu beraten. Mit Freundlichkeit und perfektem Service machen Barbara Ulmer und ihr

bewährtes Team, die einen Großteil ihrer Kundinnen mit Namen kennen, „alles möglich, was geht". „Ich stehe selbst im Geschäft, kaufe selbst ein und bin damit immer nah dran am Geschehen", erklärt die Geschäftsfrau. Natürlich besucht Barbara Ulmer, die weiß, was ihren Kundinnen gefällt, die führenden Modemessen in Mailand, Düsseldorf, München und Paris, um die neuesten Trends zu erspüren. Dennoch trifft sie ihre Auswahl aus dem eigenen Gefühl und dem persönlichen Stil heraus, was ihre Kundinnen zu schätzen wissen. Das gilt vom Ladenambiente über das Styling bis hin zur Markenauswahl: „Meine eigenen Bedürfnisse, also das, was ich selbst gerne als Kundin in einem Geschäft verwirklicht sehen möchte, sind für mich die Messlatte", erklärt Barbara Ulmer, die sich auch im Vorstand von Treffpunkt Konstanz e.V. engagiert, der Interessengemeinschaft der Konstanzer Einzelhändler, die Aktionen wie verkaufsoffene Sonntage organisiert und damit neue Impulse für die Einkaufsstadt Konstanz setzt.

Neben dem modischen Gespür spielen natürlich auch die namhaften Labels, die Etoile führt, eine große Rolle: Mit Marken wie Jil Sander, Polo Ralph Lauren und Burberry, aber auch kleinen, feinen Traditionslabeln wie Felisi erfüllt Barbara Ulmer die Bedürfnisse erfolgreicher, selbstbewusster Frauen, die ein sportliches oder auch elegantes und schickes, aber ebenso praktisches Outfit schätzen. Eine feine Auswahl an Schuhen und Accessoires wie Taschen, Gürtel und Tücher ist einer der Gründe, warum Stammkundinnen und alle, die es werden wollen, die gefragte Modeadresse immer wieder aufsuchen.

Darf man Modefans Glauben schenken, sind allein die edlen, gestreiften Taschen mit dem goldenen, geschwungenen Etoile-Schriftzug schon einen Einkauf wert.

Goia

Goia
Martina Schneider

Hussenstraße 16
D-78462 Konstanz

Telefon 0 75 31 / 3 69 92 37
Telefax 0 75 31 / 3 69 80 46

Der Name „Goia" ist im Herzen von Konstanz ein Synonym für „Freude am Laufen" geworden, eine Wortspielerei mit dem italienischen „Gioia" (die Freude). Ein Schuhgeschäft zum Wohlfühlen trägt diesen klangvollen Namen.

Eigentlich fing alles damit an, dass Martina Schneider nach Schuhen für ihre Kinder suchte und meistens nichts Passendes fand. Begeistert von der Auswahl und der Qualität italienischer Schuhe, eröffnete die ehemalige Galeristin für neue Kunst im März 2008 ein edles Schuh-

Schmuckkästchen in modernem Design. Ihr Sinn für Schönes, Außergewöhnliches wird erkennbar an der Präsenz exklusiver Damen- und Kinderschuhe aus Italien, Frankreich, Spanien und sogar Australien. „Ich kaufe nur, was mir gefällt, was sich vom Normalen, Gewöhnlichen abhebt", sagt Martina Schneider, die ihre Kunden individuell und einfühlsam berät. „Aber funktional und bequem müssen die Schuhe sein, gerade für Kinder", fügt sie hinzu. Deswegen gelangen nur bestens verarbeitete Paare von hoher Qualität in das Sortiment des „Goia".

Dank der angenehmen und entspannten Atmosphäre macht der Schuhkauf auch den Kindern Spaß. Die große Auswahl begeistert. So finden sich hier trendige Sneakers von Bikkembergs ebenso wie Principessa-Schuhe von Dolce & Gabbana und robuste Ugg Boots. Bei den Frauen sind vor allem die eleganten, italienischen Modelle gefragt, zum Beispiel die schicken, strassbesetzten Zehensandalen von I Pinco Pallino, oder auch die bequemen Schuhe von Kickers oder die Retroschuhe von Zeha-Berlin.

Wer trotz dieser Auswahl einmal nicht fündig wird, schaut einfach in ein paar Tagen wieder vorbei, denn fast täglich werden neue Stücke angeliefert. Das gehört zum erstklassigen Service dazu. So macht der Schuhkauf in Konstanz Freude, und das „Goia" wird zu einem Ort des Wohlfühlens.

Hepp & Hepp Optik-Photo

Hepp & Hepp Optik-Photo GmbH
Michael Hepp

Marktstätte 9
D-78462 Konstanz

Telefon 0 75 31 / 2 35 52
Telefax 0 75 31 / 2 26 04
www.optik-hepp.de

Der Slogan „Beste Sicht am See" kommt nicht von ungefähr: Das Optik- und Fotofachgeschäft Optik Hepp hat sich mit seinen Dienstleistungen und Produkten ganz dem optimalen Sehen verschrieben. Neben rund 4000 Brillenfassungen bietet das traditionsreiche Familienunternehmen seinen Kunden die ganze Produktpalette eines klassischen Augenoptikers an: von Mikroskopen über Ferngläser und Wetterstationen bis hin zu Teleskopen und Spektiven.

Auch das Angebot im Geschäftsbereich Foto lässt keine Wünsche offen: Hier finden Profis und Hobbyfotografen Kameras samt Zubehör von Spitzenmarken wie Leica, Canon, Nikon, Sony oder Panasonic, um nur einige zu nennen. Im Fotostudio entstehen Aufnahmen für Bewerbungsfotos oder jeden anderen Anlass. Ausgebildete Fotografen vermitteln ihr Know-how dem Interessierten in Einzelschulungen oder beim sogenannten „Foto-

Alarm": Hier können sich Hobbyfotografen beispielsweise auf der Insel Reichenau von Fachleuten zeigen lassen, wie man einen Sonnenuntergang professionell mit der Kamera einfängt – und das auch noch kostenlos.

„Wir möchten unseren Kunden immer das Bestmögliche bieten", sagt Geschäftsführer Michael Hepp, „wenn wir etwas machen, dann muss es perfekt sein". Dass Service groß geschrieben wird, spürt man sofort, wenn man das großzügige, zum Teil noch mit der Originaleinrichtung von 1929 ausgestattete Geschäft betritt, das sich über drei Stockwerke erstreckt. Kunden können sich selbst umsehen, wenn sie es möchten, können sich aber auch auf die fachliche Beratung verlassen, für die sich die 20 angestellten Optiker und Fotografen viel Zeit nehmen.

Das Wichtigste ist für Michael Hepp, dessen Großvater das Geschäft gründete, dass er seinen Kunden Spitzenqualität zu einem guten Preis anbieten kann. Die Gläser für die trendigen, sportlichen, eleganten oder gediegenen Brillenfassungen werden allesamt in der eigenen Fachwerkstatt eingeschliffen. „Selbst bei Kontaktlinsen sind wir eines der wenigen Geschäfte, die sie im eigenen Haus polieren können", erklärt Michael Hepp. In den zwei Augenprüfräumen greifen die Optiker dabei auf Hightech-Geräte zurück, die das Auge präzise vermessen, bevor in einem zweiten Arbeitsgang die Pupillendistanz computergestützt

vermessen wird, damit der Kunde mit einer perfekt angepassten Brille optimal sieht. Um Kunden auch modisch immer den neuesten Trend bieten zu können, kauft Michael Hepp bei Messen gerne Produkte ein, die in anderen Geschäften nicht zu finden sind.

Auch im sogenannten Low-Vision-Bereich kennt sich das Team von Michael Hepp bestens aus: Vergrößerungsgeräte, Scanner, die vorlesen können, Farbfilterbrillen und andere Spezialgeräte helfen Menschen, die schlecht sehen, ihren Alltag besser zu meistern. Die Aufschrift „Sehen ist leben", die das mit unzähligen Holzschubladen und Vitrinen versehene Geschäft ziert, wird bei Hepp & Hepp wörtlich genommen und in bester Handwerkskunst umgesetzt.

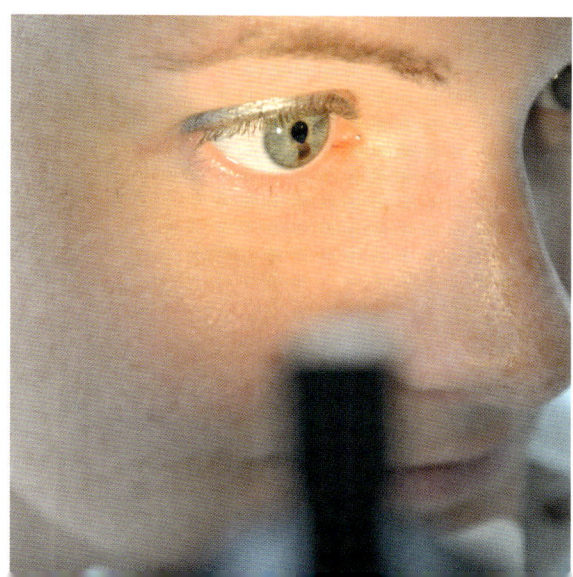

Goldschmiede Hans-J. Baier

Goldschmiede Hans-J. Baier
Hans J. Baier

Wessenbergstraße 20a
D-78462 Konstanz

Telefon 0 75 31 / 2 40 24
Telefax 0 75 31 / 2 40 34
www.goldschmiede-h-j-baier.de

Das Goldschmieden ist ein künstlerischer Prozess, der den ganzen Menschen fordert. Jedes Schmuckstück hat seinen eigenen Werdegang und sein Entstehen etwas Meditatives. Wie es beim japanischen Bogenschießen auf die Konzentration ankommt, wenn der Bogen gespannt und der Pfeil ausgerichtet wird, so kommt es beim Goldschmieden auf die gedankliche Vorarbeit an.

„Man muss gut zuhören können, was die Kundin möchte", bringt es Inhaber Hans J. Baier auf den Punkt. Denn ein Goldschmied geht mit Formen und Farben um, die er in ein tragbares Schmuckstück verwandeln darf, das bestens zur Trägerin passt und ihre Persönlichkeit unterstreicht. Dabei legt der Goldschmiedemeister, der die alten Handwerkstechniken beherrscht und sich als Traditionalist bezeichnet, viel Wert auf einen sorgfältig gezeichneten Entwurf, bevor er mit ausgesuchten

Materialien die handwerklich hochwertige Arbeit an seinem Schmuck beginnt.

Nach seiner Meisterprüfung sammelte Hans J. Baier durch verschiedene Ausstellungen in Pforzheim, Schwäbisch Gmünd, Stuttgart und Irland jahrelange Erfahrung. Mit eigenen Kollektionen – unter ihnen eine Broschenkollektion für eine Giacometti-Ausstellung in München – begeisterte er seine Kunden ebenso wie mit Restaurationsarbeiten von antikem Schmuck für renommierte Antiquitätengeschäfte.

Eine sorgfältig selektierte Auswahl von Schmuck anderer Hersteller und Marken, die von Design und Verarbeitung her den Vorstellungen des anspruchsvollen Goldschmiedemeisters gerecht werden, ergänzen das Sortiment der beiden Ladengeschäfte in Kirchheim und Konstanz. Weil dem gebürtigen Kirchheimer die Arbeit in einer inspirierenden Umgebung sehr wichtig ist, hat der

Künstler die „kommunikative" Konstanzer Ladeneinrichtung gleich selbst entworfen. Das schlichte, edle Mobiliar aus Kirschbaumholz lässt die klare Formensprache des Schmucks wirkungsvoll zur Geltung kommen – und gibt den Blick frei auf die Werkstatt, in der bei der Arbeit mit Feuer und Schusterkugel wertvolle Unikate entstehen.

Den Goldschmiedemeister, der sich selbst gerne mit schönen Dingen umgibt, reizt dabei das Experimentieren mit ungewöhnlichem Material wie etwa Rinderknochen oder Plastik in Kombination mit Gold und anderen Edelmetallen ebenso, wie er sich durch besondere und seltene Edelsteine inspirieren lässt.

Und bei einem Blick durch den Laden, den er gemeinsam mit seiner Frau Andrea jeden Monat mit viel Liebe zum Detail neu dekoriert, macht es überhaupt nicht den Eindruck, als könnten Hans J. Baier jemals die Ideen ausgehen ...

Cosmetic Team Karin Martin

Cosmetic Team Karin Martin
Karin Martin

Am Seerhein 8
D-78467 Konstanz

Telefon 0 75 31 / 4 38 80
Telefax 0 75 31 / 4 40 50
www.cosmeticteam.de

Das am Seerhein gelegene Bürogebäude lässt nichts von dem erahnen, was Gäste im Gebäude-inneren erwartet. Wer in der lichtdurchfluteten Wellnessoase ankommt, wird von sanften Klängen begrüßt. Holzstatuen aus Thailand, indische Wand-behänge, gemütliche Rattan-Sessel, die bepflanzte Terrasse mit Whirlpool, Teich und Wasserspiel, Orchideen und Kerzen verbreiten Entspannung und Wohlbefinden.

Mit einer Tasse Tee aus einer chinesischen Tee-schale beginnen entspannende Stunden, in denen sich Karin Martin und ihr Team viel Zeit für die Kunden und ihre individuellen Wünsche nehmen.

Denn mehr Service zu einem akzeptablen Preis möchte die Inhaberin ihren Kunden bieten. „Meine Arbeit ist mein Hobby und ich glaube, das spüren auch unsere Kunden", verrät die gelernte Kosmetikerin, die gemeinsam mit ihren fünf Mitarbeiterinnen auch die Gäste in der Konstan-zer Bodenseetherme mit Massagen und Kosmetik umsorgt.
An der Grenze zwischen Wellness und Medizin arbeitet das Team, das dank regelmäßiger Schul-

ungen auf dem neuesten Stand der Körper- und Gesichtsbehandlungen sowie des Anti-Aging ist. Oft kann schon eine einzige Behandlung das Hautbild deutlich verbessern und Alterungsprozesse hinausgezögert werden. Auch Hautanomalien, Hautunreinheiten oder Cellulite rückt Karin Martin professionell zu Leibe. Vor geplanten kosmetik-chirurgischen Eingriffen gibt sie ihren Kunden Tipps und lindert Schwellungen nach Operationen, zum Beispiel mit Algenpackungen und Gesichtslymphdrainagen. Luxus pur genießt, wer sich Zeit nimmt für den Private SPA, denn die Behandlungen der erstklassigen Wellnessexperten in großzügigen Doppelkabinen sollte sich niemand entgehen lassen – ob das Arrangement zu zweit oder für die

Gruppe bis zu sechs Personen. Dass in der gebuchten Zeit kein anderer Gast hinzukommt und man sich umsorgt fühlt wie im Fünf-Sterne-SPA, schätzen die Gäste am Seerhein sehr.

Karin Martin, die selbst Genießerin ist, verwöhnt ihre Kundinnen an ihren Beautytagen zuweilen mit einem spritzigen Prosecco oder leckeren Snacks. „Das Zelebrieren finde ich schön", sagt Karin Martin, die weltweit SPAs bereist und sich dort selbst behandeln lässt, um sich mit neuen Ideen für ihre Klienten inspirieren zu lassen. Karin Martin freut sich, wenn sie ihren Kundinnen und Kunden wirklich etwas mitgeben kann: „Meine Kunden kommen mit einem Lächeln und gehen mit einem noch größeren Lächeln. Das ist unsere Motivation."

Birkle Haare

Birkle GbR Haare
Sabrina und Antony Birkle, Liane Birkle-Bell

Sigismundstraße 2
D-78462 Konstanz

Telefon 0 75 31 / 28 43 88
Telefax 0 75 31 / 28 43 89
www.haare.net

Wem der Sinn nach Veränderung steht, der begebe sich in die fachkundigen Hände des jungen Friseurteams von Liane, Sabrina und Antony. Die drei Geschwister sind Friseurmeister aus Leidenschaft – und das schon in der vierten Generation. Ideenreich, herzlich und mit viel Elan widmen sie sich ihren Kunden in dem modernen Salon in der Konstanzer Altstadt.

Schon die Wohlfühl-Atmosphäre in dem hellen, nach Feng-Shui-Prinzipien eingerichteten Salon mit den farbenfrohen thailändischen Acrylgemälden an den Wänden lässt den Alltag in weite Ferne rücken. Besonderen Wert legt Familie Birkle auf die individuelle Beratung und die freundliche, persönliche Betreuung ihrer Kunden.

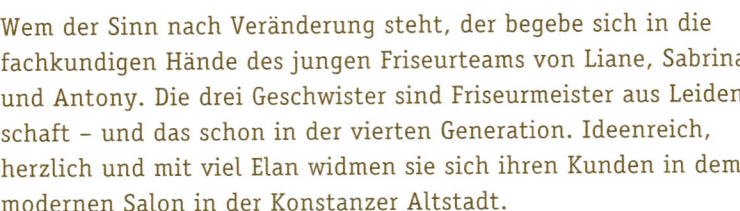

Dabei kommen nur hochwertige, innovative Pflege-produkte von Firmen wie L'Oréal und Paul Mitchell zum Einsatz, denn Haargesundheit wird hier groß geschrieben.

„Ein typbetonter Haarschnitt bringt das Gesicht optimal zur Geltung. Haarfarbe und Schnitt aber müssen mit Körpergröße und Haarbeschaffenheit harmonieren und zur ganzen Person passen", erklären die drei Birkles. Damit die Kundin ihren neuen Look auch selbst in Form bringen kann, geben die Mitarbeiter Föhn- und Styling-Tipps. Neben dem perfekten Haarschnitt und der neue-sten Trendfrisur mit Färben, Tönen, Umformen oder Strähnen bekommt die Kundin auf Wunsch auch das passende Make-up. Eine eigens ange-stellte Visagistin kennt alle Tricks und Kniffe, um den individuellen Typ der Kundin besser zur Gel-tung zu bringen – ein Service, der vor allem bei Hochzeiten sehr gefragt ist. Eine Nageldesignerin sorgt für das perfekte Styling der Fingernägel. Dass dieses Verwöhnprogramm des regelmäßig geschulten Teams von „Haare" von wortwörtlich ausgezeichneter Qualität ist, hat Intercoiffure, die größte private Vereinigung von Spitzenfri-seuren, beim Qualitätscheck wiederholt mit fünf Sternen belohnt. Ähnlich wie bei den bekannten Gourmetführern nehmen unabhängige, anonyme Tester unter anderem Service, Hygiene, Atmos-phäre und fachliche Leistungen genau unter die Lupe.

Einmal pro Jahr überrascht Familie Birkle ihre Kunden mit einer ganz besonderen Aktion. Letztes Mal haben sie sich eine Samstagnacht-Party mit Haareschneiden, Föhnen und Feiern bei Sounds und Snacks bis in die frühen Morgenstunden ausgedacht. Die Öffnungszeiten sind übrigens sehr kundenfreundlich: Einen Ruhetag gibt es nicht und die ganze Woche hat der Salon von 9 bis 20 Uhr, donnerstags sogar bis 22 Uhr geöffnet.

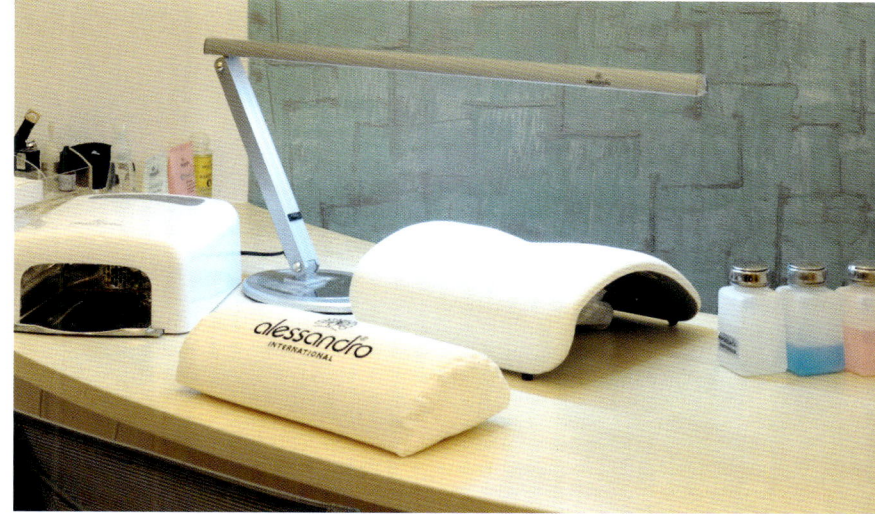

Kochschule Konstanz

Kochschule Konstanz
Holger Boos

Telefon 0 75 31 / 3 61 13 56
Telefax 0 75 31 / 3 61 17 12
www.kochschulekonstanz.de

„Spice up your life" – „Gib deinem Leben mehr Würze" – lädt Holger Boos seine Gäste ein und das bezieht sich durchaus nicht nur auf die Zubereitung leckerer Gerichte – vielmehr ist das gemeinsame Kochvergnügen eine Gelegenheit, miteinander ins Gespräch zu kommen und Spaß zu haben.

Der gelernte Koch hat als Küchenchef im „Barbarossa" in Konstanz gearbeitet, bevor er die Kochschule Konstanz gründete. Die Atmosphäre der großzügigen Räumlichkeiten samt ihrer hochmodernen Miele-Küche mit Ceran- und Induktionskochfeldern lassen alle Erinnerungen an Schulküchen verblassen. Je nach Bedarf und Vorkenntnissen bietet Holger Boos individuelle Kochkurse für jedermann an, die in der Regel an einem Abend stattfinden und vier bis fünf Stunden dauern. Anfänger erlernen zunächst die Grundlagen, während fortgeschrittene Hobbyköche sich je nach Jahreszeit und Neigung in die Geheimnisse der Zubereitung von Antipasti, Schlemmerdesserts, Fünf-Gänge-Menüs ohne Hektik, Fingerfood oder Sushi einweihen lassen können. Auch Weinproben sind parallel möglich und die Rezepte gibt's am Schluss zum Mitnehmen.

Nach einem Aperitif, dem ersten gegenseitigen Beschnuppern und ein bis zwei Stunden Vorbereitung ist der erste Gang servierfertig und Holger Boos' Gäste können sich zum ersten Mal an die gedeckte Tafel setzen. Anschließend werden die vorbereiteten Speisen zu Ende gekocht. Ebenso wichtig wie das Kochen, Lernen und Genießen sind die Gespräche und Begegnungen, die sich rund um den Herd und beim gemeinsamen Essen ergeben.

In diesem Sinne genießen die Hobbyköche nicht nur selbst, sondern wollen oft anderen eine Freude machen. So gibt es Kochkurse für Männer, deren Frauen später dazukommen, für Väter, die ihre Frau zusammen mit den Kindern zum Muttertag überraschen möchten, aber natürlich auch für Frauen oder Männer, die in der Gruppe kochen und genießen möchten.

Diesen Service kann sogar mieten, wer seinen Gästen eine besondere Familien- oder Firmenfeier bieten möchte: Gäste und Gastgeber verarbeiten unter fachkundiger Anleitung die vorbereiteten Zutaten, dürfen aber auch einfach nur zuschauen. Wenn dabei das eigentliche Kochen ins Hintertreffen gerät, greift Holger Boos selbst zu Kochlöffel und Schneebesen und unterstützt die Gesellschaft tatkräftig beim Zaubern des kulinarischen Menüs.

Kochspaß und Party können aber auch in der Kochschule selbst steigen. Ein Mädchen hatte sich einen Kindergeburtstags-Kochkurs mit ihren Freundinnen zum Thema „Zickenalarm" gewünscht: „Ich hätte nie gedacht, dass das sooo cool wird!", kommentierte die Neunjährige.

Ristorante Pinocchio

Ristorante Pinocchio
Maurizio und Olivia Aurea Canestrini

Untere Laube 47
D-78462 Konstanz

Telefon 0 75 31 / 1 57 77
Telefax 0 75 31 / 91 98 40
www.pinocchio-konstanz.de

„Immer der Nase nach" scheint die Pinocchio-Holzfigur im Eingang des Restaurants zu sagen. Und wer ihr im mittelalterlichen Kellergewölbe durch die gemütlichen, verwinkelten Gasträume folgt, gelangt schließlich an einen der stilvoll gedeckten Tische, der die Vorfreude auf handgefertigte Gaumenfreuden wachsen lässt. Bei schönem Wetter lockt ein gemütlicher Biergarten mit toskanischen Lorbeerbäumen im Innenhof.

Der Tosco Romagnolo, wo Maurizio Canestrini aufwuchs, ist bekannt für seine kulinarische Tradition: Neben aromatischen Käsesorten wird dort auch der berühmte Aceto Balsamico produziert. Seit über 20 Jahren bereichert der Inhaber und Küchenchef des Pinocchio gemeinsam mit Ehefrau Sylvia und mittlerweile auch Tochter Olivia Aurea die kulinarische Landschaft von Konstanz mit seiner handgemachten Pasta und saisonalen italienischen Spezialitäten.
Im Herbst verwöhnt er seine Gäste etwa zusätzlich mit weißen Trüffeln und Risotto aus der piemontesischen Küche. Ob Gerichte mit Pfif-

persönliche Empfang ihrer Gäste am Herzen liegt. Für viele treue Stammgäste gehört der Besuch im Pinocchio zum Ritual: „Wir haben Paare, die hier geheiratet haben und von weit herkommen, um jedes Jahr ihren Hochzeitstag hier zu feiern", erzählt Sylvia Canestrini.

Das mag vor allem am exzellenten Geschmack des schön angerichteten Essens, vielleicht aber auch am langjährigen Stammpersonal liegen. Oder an der Neugier der Besucher, denn Familie Canestrini versteht es immer wieder, ihre Gäste mit neuen Ideen zu überraschen: Einmal ist es ein Rezeptheftchen mit traditionellen, zeitgemäß interpretierten italienischen Gerichten wie „Mosaico di Verdure Grigliate" oder „Ravioli tradizionale" – ein anderes Mal erfreut das Restaurant seine Gäste mit wechselnden Tagesmenü-Kreationen zu günstigen Preisen.

„Pane – amore – fantasia" bringt es der italienische Volksmund auf den Punkt: Brot, Liebe und Fantasie sind nicht nur die wichtigsten Zutaten des italienischen Lebens, sondern auch die eines geselligen kulinarischen Vergnügens.

ferlingen, Kaninchenrücken oder Fischspezialitäten – mit marktfrischen saisonalen Produkten bereichert die Saisonkarte die klassische Speisekarte. Mehrmals im Jahr lädt das Restaurant einen Winzer aus einer Region Italiens ein. Neben Spitzenwinzern wie Biondi-Santi präsentieren auch kleine Winzer, die neu am Markt sind, den Gästen ihre erlesenen Weine und Grappe. Für den perfekten Genuss dürfen die jahreszeitlichen Spezialitäten der Region natürlich nicht fehlen. Denn nur Frisches und qualitativ hochwertige Produkte kommen auf den Tisch, das heißt Gemüse aus der Region, bestes Olivenöl und ausgesuchte Fleischprodukte. Von Kennern geschätzt wird das Lokal auch für seine saftigen Fiorentina-Steaks von Chianina-Rindern aus der Toskana.

Nicht umsonst zählt das Lokal seit 2000 zu den handverlesenen Mitgliedern der „Chaîne des Rôtisseurs", einer internationalen gastronomischen Gesellschaft, die sich der Haute Cuisine verpflichtet hat und eine gepflegte Tischkultur fördert. Auch über Auszeichnungen im „Feinschmecker" und im „Varta-Führer" kann sich Familie Canestrini freuen, der Freundlichkeit und der

Weinmarkt an der Laube

Weinmarkt an der Laube
Bernhard Ellegast

Untere Laube 17
D-78462 Konstanz

Telefon O 75 31 / 2 21 31
Telefax O 75 31 / 2 38 15
www.weinmarkt-konstanz.de

Von erstklassiger Qualität und preisgünstig müssen die Weine sein, die es bis in die Regale vom Weinmarkt an der Laube schaffen. Das ist das Credo von Önologe Bernhard Ellegast und seiner Frau Esther und es gilt für den einfachen Landwein ebenso wie für die Weine der Topklasse.

Über 700 Sorten aus Italien, Frankreich, Deutschland, Spanien, Portugal, Österreich, Ungarn, Griechenland, Marokko, Südafrika, Australien, Chile, Argentinien, Mexiko, Brasilien und Kalifornien umfasst das reichhaltige Wein-, Sekt- und Spirituosen-Angebot.

Am liebsten kauft das Ehepaar seine edlen Tropfen bei kleinen, privaten Winzern ein, die wunderbare Weine produzieren. Wie Bernhard Ellegast immer wieder solche Kleinode aufspürt, bleibt sein Geheimnis. Offensichtlich hat er aber den richtigen Riecher.
So gehören einst unbekannte Weine, wie der Château Moulin Haut-Laroque, heute in Fachkreisen

zu den Spitzen-Bordeaux. Nichtsdestotrotz geht natürlich beim Weinkauf nichts ohne die persönliche Verkostung, um angesichts eines stetig wachsenden Marktes die Spreu vom Weizen zu trennen. Den persönlichen Kontakt zu den Winzern schätzen und pflegen Bernhard und Esther Ellegast sehr – wie auch den zu ihren Kunden, ob neu gewonnene oder langjährige Stammkunden. „Bei uns kommen die Leute zusammen", sagt Bernhard Ellegast, dem die täglichen Begegnungen sichtbar Freude machen. Das gilt auch für den angestellten Sommelier, der seit drei Jahren zum Team gehört. Neben Wein, Sekt, Champagner, Grappa, Cognac, Calvados, Most sowie in- und ausländischen Spirituosen – auch offen vom Fass – finden Gourmets auch feine Öle, Essige, italienische Pasta, delikate Dijon-Senfe, Cantuccini, Grissini sowie köstliche mediterrane Brotaufstriche und vieles mehr. Auch Geschenkboxen oder -körbe in allen Preislagen stellt das Team für seine Kunden individuell zusammen.

Das große, freundliche Ladengeschäft präsentiert seine Weine in Holzregalen, -kisten und -fässern. Ein großer, alter Kachelofen und Kerzen sorgen auch im Winter für ein gemütliches Ambiente. An den Wänden hängen stimmungsvolle Fotos von Weingütern, schönen Weinbaulandschaften und Nahaufnahmen von Trauben, die allesamt von Esther Ellegast stammen. Die Hobbyfotografin

gestaltet auch mit viel Fantasie und Fingerspitzengefühl Weinprospekte, die dem Betrachter das Wasser im Mund zusammenlaufen lassen.

Im Laden finden Weinfreunde zudem alles, was das Genießen noch schöner macht: edle Gläser, Karaffen, Weinkühler und Zubehör rund um den Wein. Und während sich die Großen in Ruhe umsehen und die edlen Tropfen verkosten, können die Kleinen sich im „Kinderfass" mit Büchern und Spielsachen vergnügen.

Das Voglhaus

Das Voglhaus
Martina Vogl e.K.

Wessenbergstraße 8
D-78462 Konstanz

Telefon 0 75 31 / 9 18 95 20
Telefax 0 75 31 / 9 18 95 19
www.voglhaus.de

Wer bislang zu wissen glaubte, was ein Kaffeesatz ist, wird im VOGLHAUS®Café und Kaufhaus
eines Besseren belehrt: Ein Kaffeesatz ist ein in-
spirierendes Gedicht oder ein Gedanke, den die
kreative Inhaberin Martina Vogl – auf schwarze
Postkarten gedruckt – zum Mitnehmen auslegt.
Das Voglhaus ist eine einzigartige Mischung aus
Café, dem „kleinsten Kaufhaus der Welt" für
Wohnaccessoires und Kulturveranstalter.

Ursprünglich hatte Martina Vogl, die in Konstanz
Slawistik und Germanistik studierte, eigentlich
vor, Kinder und Jugendliche zu unterrichten. Auf
Vater Staat wollte sich die gebürtige Göppingerin
dann aber lieber nicht verlassen. Stattdessen
nahm sie ihr Leben selbst in die Hand, gründete
zunächst einen Sprachendienst und arbeitete bei
Yves Rocher in Singen, bevor sie 1991 in Konstanz einen Body Shop eröffnete.
Der Erfolg der Filiale beflügelte die Selfmade-
Frau, die mit viel Mut, Fantasie und Tatkraft das
Voglhaus ins Leben rief – eine eigenwillige Kombination aus Einzelhandel mit Wohnaccessoires und
Café, dem 2004 das Voglhauscafé folgte. Die Idee:
Mit einer Kaffeespezialität, einem Tee, alkohol-
freien Cocktail oder einem Glas Sekt in der Hand
können sich Gäste ganz in Ruhe umschauen, denn
sowohl Dekoration als auch Möbel – von Leuchten
über Blumentöpfe bis hin zum Geschirr – sind
käuflich. So bleibt es bei einem Besuch im viel-
fach gelobten und preisgekrönten Voglhaus auch

selten bei einer Latte macchiato, gibt es doch neben der verführerischen Kuchentheke wöchentlich neue schöne Dinge zu entdecken – hübsch arrangiert und witzig präsentiert. Im Hintergrund spielt dazu ausgesuchte klassische oder Weltmusik, die so gut ankommt, dass mittlerweile auch CDs über den Ladentisch gehen.

Ebenso international schmecken die delikaten, kreativen Brotaufstriche für Bagels und Sandwiches, der Tee aus Japan, Südafrika und Sri Lanka oder der italienische Espresso. Auch das gute alte, im Holzofen gebackene Butterbrot – „Brutzelbrot" genannt – würdigt man hier mit wöchentlich wechselnden, leckeren Aufstrichen.

Ganz im Sinne der abendländischen Kultur ist das Voglhaus darüber hinaus Kaffeehaus im traditionellen Sinne: ein Ort der Begegnung und der geistigen Anregung. In unregelmäßigen Abständen räumt daher die Crew Café oder Laden, die zur Bühne für die „Feinkunst"-Abende werden. Lesungen, Kabarett, Tanz, Improvisationstheater oder gar Opernabende versprechen, begleitet von leckerem, internationalem Essen, einen einmaligen Kulturgenuss. Die Gastfreundlichkeit der Crew, die sich nicht in Details wie aufgestäubten Kakaoherzen im Milchschaum der Kaffeespezialitäten erschöpft, tut ein Übriges, damit sich Kaffeetrinker auf den Bänken, Stufen zum Sitzen oder vor dem Kamin so richtig wohl fühlen.

Mit den originellen, witzigen Kleinigkeiten kann man sein Zuhause verschönern, das Kaffee-Erlebnis dagegen sollte man sich so oft wie möglich vor Ort gönnen.

Cantina Rabajà

Cantina Rabajà GmbH
Michael König, Franz Wäschle

Kreuzlinger Straße 7
D-78462 Konstanz

Telefon 0 75 31 / 91 78 84
Telefax 0 75 31 / 91 78 85
www.cantina-rabaja.de

Hinter dem Ausdruck „Andare all'ombra" – in den Schatten gehen – verbirgt sich die venezianische Variante der spanischen Tapaskultur. Man zieht von Osteria zu Osteria, trinkt jeweils ein oder zwei Ombre, also Gläser Wein, die nie größer sind als 0,1 l und isst dazu die typischen Häppchen. Dieses typisch italienisches Flair atmet die Cantina Rabajà, eine mittelalterliche Gerberei, die Enoteca und Osteria vereint.

Nur wenige Orte in Deutschland sind Italien so nah: Keine 200 Meter von der Schweizer Grenze entfernt finden Freunde italienischer Weine und der Cucina italiana ein wahres Genuss-Mekka. Vorn im Ladenteil lagern italienische, französische und spanische Weine in dekorativen Holzregalen, die an den Tischen oder an der Theke begleitet von kleinen Gerichten verkostet werden können. Im hinteren Teil der Location findet sich im schönen, aufwendig sanierten Kreuzgewölbe

Sarde in saor (in süß-saurer Marinade eingelegte Sardinen), Loup de mer auf Artischocken, Fenchel und Oliven oder Agnolotti mit Ziegenfrischkäse-Bärlauch-Füllung auf wenige, dafür extrem frische Gerichte. Experimentierfreudig zeigt sich auch die Abendkarte, die mit traditionellen Vier-Gänge-Menüs aufwartet.

Um es mit einem Stammgast des liebenswerten Lokals mit der grundehrlichen Gastronomie zu sagen: „Wenn man einen Ort wie das Rabajà entdeckt hat, möchte man es eigentlich gar niemandem sagen, weil man es für sich behalten will ...“

die romantische Osteria. Bei schönem Wetter lässt es sich auch unter freiem Himmel speisen. Die Inhaber sind genussfreudige Wein- und Italienliebhaber, die alle Winzer persönlich kennen und regelmäßig in Italien unterwegs sind, um für ihre Kunden unbekannte, unentdeckte Winzer und Weine zu finden. So begannen sie auch zunächst mit dem Import italienischer Gewächse, bevor sie mit ihrer Weinhandlung in das Konstanzer Industriegebiet umzogen. Nach wenigen Jahren eröffneten sie die Cantina, für deren Name die berühmte Barbaresco-Lage „Rabajà" im Piemont Pate stand.

Eigens aufgespürte Weinspezialitäten finden sich hier zu bezahlbaren Preisen. Zu einem guten Tropfen serviert Koch Franz Wäschle – Feinschmeckern vom „Siber" her bekannt – beste Cucina casalinga auf sehr hohem Niveau. Viele Zutaten werden eigens importiert, frische Produkte täglich auf dem Markt eingekauft. Aus der Not hat man hier eine Tugend gemacht, denn das alte Gewölbe beherbergt eine winzige Küche ohne Lagerkapazitäten. Daher konzentriert sich die kleine, feine Speisekarte mit ständig wechselnden Köstlichkeiten wie

Oldtimer-Rallye „Mille Fiori"

Hautnah

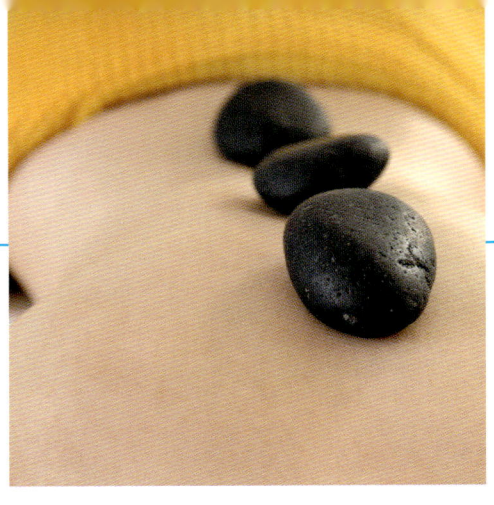

Hautnah
Elke Sehr

Tirolergasse 10
D-78462 Konstanz

Telefon 0 75 31 / 36 82 46
Telefax 0 75 31 / 2 82 94 20
www.hautnah-kosmetikatelier.de

Wer schön sein will, muss nicht leiden. Denn Elke Sehr wachst nicht, um ihren Kundinnen zu haarfreier, samtweicher Haut zu verhelfen – sie zuckert. Mit der sanften, natürlichen Methode des Sugaring, im Orient seit Jahrtausenden von Frauen angewendet, rückt die Naturkosmetikerin unerwünschtem Haarwuchs auf Gesicht und Körper nahezu schmerzfrei zu Leibe.

Die Weisheit „Sei freundlich zu deinem Leib, damit die Seele Lust hat, darin zu wohnen" sagt sehr viel über Philosophie und Arbeitsweise von Inhaberin Elke Sehr aus, die es sich zum Ziel gesetzt hat, Haut gesund zu erhalten, zu pflegen oder gesund zu machen. Im zweitschmalsten Haus von Konstanz hat sie 2008 ihr Naturkosmetikatelier auf vier Etagen eröffnet und setzt in einer berührungsarmen Gesellschaft konsequent auf Handarbeit – die Berührung und Behandlung mit den Händen.

„Naturkosmetik geht weit über eine Bio-Linie hinaus", erklärt Elke Sehr, „in meinem Atelier verwende und verkaufe ich nur zertifizierte Naturkosmetik ohne synthetische Zusatzstoffe. Die Inhaltsstoffe stammen zu einem großen Teil aus kontrolliert biologischem Anbau bis hin zu Demeter-Qualität", fügt sie hinzu. Besonders stolz ist sie auf die große Vielfalt und Auswahl, die ihr Laden bietet – von Dr. Hauschka-Produkten über natürliche Make-up-Linien bis hin zu Naturparfüms ohne synthetische und tierische Zusatzstoffe, um nur einige Beispiele zu nennen. Mit „Savon du lac" kann die einfühlsame, qualitätsbewusste Inhaberin ihren Kunden sogar eine Eigenmarke anbieten – hergestellt mit selbst geschöpftem Bodenseewasser!

Ihre treuen Kundinnen und Kunden, die häufig mit durch Allergien, Neurodermitis oder auch eine übermäßige Pflege hervorgerufenen Hautproblemen zu ihr kommen, wissen das zu schätzen. Sogar Hautärzte greifen gern auf Elke Sehrs Knowhow zurück.

Eine Naturkosmetikerin muss sich besonders gut mit den einzelnen Substanzen auskennen, denn zur Anwendung kommen Basiswirkstoffe, denen je nach Verträglichkeit behutsam weitere Substanzen beigemischt werden. Die Reinheit der Rohstoffe, die beim Anbau beginnt und bis zur naturbelassenen Verarbeitung reicht, spielt auch bei den über 200 ätherischen Ölen, die im Laden zur Auswahl stehen, eine wichtige Rolle: An der Duftbar kann der Kunde seine Auswahl treffen, um sich dann von der Aromatherapeutin mit seinem persönlichen Duft massieren zu lassen. Zwei Naturkosmetikerinnen und eine Masseurin kümmern sich mit Hautpflegebehandlungen, entspannenden Ganzkörper-, Hand- und Fußmassagen, Packungen und Anti-Cellulitis-Behandlungen um das Wohlbefinden ihrer Kunden, die selbst aus Zürich und Frankfurt anreisen, um sich verwöhnen zu lassen.

holz & holz

holz & holz
Eckhard Staiger

Zollernstraße 25
D-78462 Konstanz

Telefon O 75 31 / 45 55 11
www.holzundholz.com

Wer den ausgefallenen Laden unter den Arkaden des ehemaligen Konstanzer Fischmarktes betritt, läuft durch eine „Holzgalerie", in der verschiedene Hölzer, teils wild gemasert, wie wertvolle Gemälde ausgestellt sind. Der Geschäftsname „holz & holz" wird hier zum Programm, denn mit der sorgfältigen Holzauswahl beginnt das kreative Werk der beiden Inhaber des kleinen, feinen Möbelladens.

Kompetent und leidenschaftlich berät Schreinermeister Eckhard Staiger seine Kunden, wenn es darum geht, eine ganz besondere Küche, ausgefallene Möbel oder spezielle Lösungen für Räume zu entwerfen, in denen Menschen sich wohlfühlen. Aus ausgewählten Hölzern und hochwertigen Materialien erschafft er mit viel Liebe zum Detail ein einzigartiges Ambiente mit klaren Formen und Linien. Höchste Qualität, Funktionalität und Design sind dem Handwerker bei seiner Arbeit ebenso wichtig wie Sinn und Sinnlichkeit. Die Möbel, die durch seine Hände entstehen, sollen nicht nur das Auge verwöhnen, sie müssen sich auch gut „anfühlen".

Der gebürtige Schwabe liebt die Herausforderung und beschreitet gerne unkonventionelle Pfade. „Wege entstehen dadurch, dass man sie geht. Und zwar jenseits der breiten Trasse der Möbelindustrie." Der Erfolg gibt ihm Recht.

Kochen auf einer massiven Bohle aus Nussbaum mit natürlicher Waldkante, dazu eine Arbeitsfläche aus geflammtem Granit, die auf einer Küchenzeile aus tiefschwarzem Naturlinoleum thront. Das sind „Möbel mit Geist". Und die gibt es nicht an jeder Straßenecke.

holz & holz

holz & holz
Olaf Rahmstorf

Zollernstraße 25
D-78462 Konstanz

Telefon 0 75 31 / 9 18 91 51
www.holzundholz.com

Olaf Rahmstorf verarbeitet fast ausschließlich Hölzer aus dem süddeutschen und Schweizer Raum – mal ersteigert er Laubhölzer bei der Thurgauer Holzgant, mal bezieht er Obsthölzer vom Bauern oder aus einem Vorgarten. In seinem rund 30 Kubikmeter umfassenden Holzbestand lagert der studierte Pädagoge, promovierte Soziologe und gelernte Tischler fast jedes Holz, das in den heimischen Breiten wächst: vom Essigbaum bis zur Elsbeere, von der Magnolie bis zur Zwetschge – von den bekannteren Möbelhölzern ganz zu schweigen.
Daraus entstehen Tische mit einer klaren Formensprache und einem feinen Sinn für die spezifische Qualität des Materials – sorgfältig konstruiert von dem erfahrenen Handwerker, der dem alten Bauhaus-Leitmotiv „form follows function" immer wieder eine eigene Gestalt verleiht.
Die Holzauswahl wird im Kundengespräch präzisiert. „Wir verarbeiten je nach Wunsch des Kunden auch Hölzer, die beispielsweise durch Pilzbefall eine besonders interessante Verfärbung, Struktur oder Maserung erhielten", erklärt der Tischler, der sich von A bis Z dem Bau von Tischen verschrieben hat und vom Design über den Rundholzeinkauf bis zum Ölen der Oberflächen fast alles selbst macht.

Atelier Andreas

Atelier Andreas
Maile Andreas

Hohenhausgasse 11
D-78462 Konstanz

Telefon O 75 31 / 2 71 18
Telefax O 75 31 / 2 71 18
www.atelier-andreas.de

Wer mit offenen Augen durch die Konstanzer Hohenhausgasse schlendert, bleibt mit einiger Wahrscheinlichkeit vor dem Schaufenster der Hausnummer 11 stehen, denn was hier ausliegt, das sind echte „Hingucker". Halsketten, Ringe, Ohrschmuck, aus Weiß- und Gelbgold oder Silber, aus wunderschönen Steinen, aus geheimnisvoll schwarzer Lava und schimmerndem Ebenholz – echte Goldschmiedekunst eben, die so attraktiv dekoriert ist, dass es die Betrachter förmlich in die Werkstatt für Schmuck hineinzieht, die sich hinter dem Schaufenster versteckt.

Mit etwas Glück trifft man dort Frau Maile Andreas an, die Schöpferin der Preziosen. Nach dem Geheimnis ihrer Meisterschaft befragt, wehrt sie lachend ab: „Ich gehöre nicht zu denjenigen, die erzählen, wie toll sie sind, damit Kunden kommen. Die Kunden kommen zu mir, weil sie im Schaufenster etwas sehen, das ihnen gefällt."

Frau Andreas fertigt ausschließlich Unikate. Sie bevorzugt klare Linien: „Ich bin kein verschnörkelter Typ", sagt sie, und man sieht es ihren Werken an, dass sie sich eher von Kunstausstellungen als von den Formen der Natur inspirieren lässt. Ihre Schmuckstücke waren schon auf den großen Schmuckmessen in New York, München und Florenz zu sehen. Maile Andreas fertigt auch individuelle Auftragsarbeiten, beispielsweise wenn ein Schmuckstück geerbt wurde, das die neue Trägerin umarbeiten lassen möchte. Dabei zieht sie natürlich den Stil der Kundin in Betracht, ihre Körper- und Gesichtsform, welche Art Mode sie trägt: „Auf dezenter Kleidung kommt ein auffälliges Schmuckstück gut zur Geltung, und umgekehrt gilt: Auf extravaganter Mode geht eine zarte transparente Kette unter."

Das wichtigste sei, so Maile Andreas, dass die Kundin das Schmuckstück gerne trägt und Freude daran hat. Das sind keine großen Worte.

Ihr Schmuck spricht seine eigene Sprache.

Manche merken erst nach einigen Jahren, wie lieb sie ein Schmuckstück, das sie hier gekauft haben, gewonnen haben. Die kommen dann wieder." Seit über 30 Jahren betreibt die gebürtige Ellwangerin Maile Andreas ihre Werkstatt für Schmuck in Konstanz. In dieser Zeit sind viele Kunden zu Stammkunden geworden, die auch lange Anfahrtswege aus Hamburg oder München nicht scheuen, um in der sympathischen Werkstatt für Schmuck wieder ein Lieblingsstück zu erwerben.

Galerie Grashey

Galerie Grashey
Ursula Grashey

Schützenstraße 14
D-78462 Konstanz

Telefon 0 75 31 / 1 66 14
Telefax 0 75 31 / 2 58 33
Mobil 01 72 / 6 27 22 24
www.grashey.eu

Schon vor ihrem Studium gehörte der Besuch von Kunstausstellungen zu den Leidenschaften der Kunsthistorikerin Ursula Grashey. Der gebürtigen Münchnerin war bald klar, dass sie selbstständig Kunst vermitteln und dabei allen Kunstrichtungen gegenüber offen bleiben wollte. Inzwischen ist sie mit ihrer Galerie für zeitgenössische Kunst im Konstanzer Stadtteil Paradies zur Institution für Kunstsammler in Deutschland und der Schweiz geworden.

In sechs bis sieben Wechselausstellungen pro Jahr präsentieren junge unbekannte, aber auch etablierte Künstler ihre Werke in den hohen, hellen Galerieräumen. Den bildenden Künstler Willi Siber, dessen Werke sich in internationalen Galerien, Museen und Privatsammlungen finden, hatte Ursula Grashey schon mehrmals im Programm. In seiner aktuellen Ausstellung mit dem Titel „leuchtenundstrahlen" zeigt der Künstler farbenprächtige Objekte und Tafeln. Mit ihren Noppen aus gefärbtem Epoxidharz und ihren geheimnisvoll schimmernden Oberflächen, die bisweilen an Einzeller unter dem Mikroskop erinnern, oszillieren die Werke zwischen Zwei- und Dreidimensionalität.

Weitere Schwerpunkte der Galerie bilden neben der Malerei und Plastik aber auch Zeichnung, Fotografie und Video. Von der Abstraktion bis hin zur abstrahierten Gegenständlichkeit reicht die Bandbreite der ausgestellten Werke. Von den vielen internationalen Ausstellungsanfragen, die Ursula Grashey erreichen, finden jedoch nur wenige Künstler den Weg bis in die Galerie. „Das Werk eines Künstlers muss spannend sein, es muss eine Idee zu spüren sein, etwas, das den Betrachter zur Auseinandersetzung auffordert, ihn zum genauen Sehen zwingt", erklärt die Galeristin. Dies können durchaus auch einmal nur Linien auf Papier sein, denen die Frankfurter Künstlerin Dorothee Rocke seit Jahren auf der Spur ist. Neben dem Ideenreichtum kommt natürlich nicht zuletzt die handwerkliche Qualität der Werke auf den Prüfstand.

Fast anekdotisch wirkt die Erzählung der Galeristin von der letzten Ausstellung des polnischen Künstlers Leon Tarasewicz. Wie schon bei der Biennale in Venedig 2005, als er den Stand Polens gestaltete, beschichtete und bemalte der Künstler auch den Fussboden der Galerie. Mit dem Effekt, dass sich einige Besucher der Kunstnacht 2007 kaum in die Galerie wagten. Zu ungewohnt war es, auf der Kunst herumzulaufen.

Auch für Kooperationen ist Ursula Grashey offen: So verlegte ein Dozent der Universität Konstanz (wo sie auch selbst schon einen Lehrauftrag hatte) unlängst sein Seminar kurzerhand in ihre Galerie, wo die Studierenden vor Ort die ausgestellte Kunst analysieren konnten.

Dass die Galerie ihre Türen nur an zwei Nachmittagen und nach Vereinbarung öffnet, liegt daran, dass Ursula Grashey für ihre Kunden viel im In- und Ausland unterwegs ist, um neue, unbekannte Künstler, Ideen und Strömungen aufzuspüren.

Gut vernetzt ist sie auch durch ihre Mitgliedschaften in mehreren Kunstvereinen und Gesellschaften sowie im Landesverband Galerien in Baden-Württemberg. Messeauftritte wie zum Beispiel auf der Art Frankfurt, der Kunst Zürich und der art Karlsruhe ergänzen die Aktivitäten der Galerie.

SeePerlen

SeePerlen
Claudia Kennel

Salmannsweilergasse 6
D-78462 Konstanz

Telefon 0 75 31 / 2 84 51 40
www.seeperlen.de

Vor dem Arbeitsbrett, auf dem man Halsketten selbst auffädeln kann, steht das Schild „Bitte ausprobieren" – und diese Einladung ist wörtlich gemeint, denn man darf sich Perlen aussuchen, sich an den Tisch in der Ladenecke setzen und sie gleich selbst aufziehen, wenn man es möchte.

Aber Perlenliebhaber können auch ein besonderes Kleidungsstück zu Ladeninhaberin Claudia Kennel bringen und sie fertigt dann eine Halskette oder ein Armband passend zur Farbe des Stoffes und zum Ausschnitt. „Wenn ich eine Perle sehe, weiß ich genau, was daraus entstehen soll", sagt die Künstlerin, und die vielen begeisterten Kunden, die das Perlenparadies immer wieder als

Treffpunkt nutzen, wissen ihre Spontaneität und Kreativität zu schätzen.

An den Wänden ihres Ladengeschäfts finden sich Vitrinen und Holzregale, die besonders schöne Einzelstücke zeigen, die Claudia Kennel selbst gefertigt hat. In der Ladenmitte steht ein großer Tisch mit Hunderten von Fächern mit Perlen in allen Farben, Formen und Materialien. Sie laden dazu ein, die feinen Glasperlen, Swarovski-Kristallperlen, Stoff-, Filz-, Steinperlen oder die kleinen Röschen aus Fimo durch die Hände rieseln zu lassen. „Allein die Fülle des Materials inspiriert mich", sagt Claudia Kennel und ähnlich geht es offensichtlich auch ihren Kunden, denen sie Kurse anbietet, in denen sie – angeleitet von Künstlern aus aller Welt – Glas, Samen, Hölzer, Knochen, Keramik, Acryl, aber auch Kunststoffe sowie Seide, Leder, Organzabänder und Edelstahl als Auffädelmaterial zu ganz individuellen Schmuckstücken verarbeiten können. Auch Essbesteck, Lesezeichen, Käsemesser, Brieföffner und Flaschenstopfen erhalten durch Perlen eine ganz individuelle Note.

Von ihrer Ausbildung her ist Claudia Kennel Heilpflanzenexpertin – aus zum Teil sehr kostbaren Hölzern, Pflanzen und Harzen fertigt sie Kräuterperlen, die sie dann in Kombination mit anderen Naturmaterialien wie Samen und Ölen zu duftendem Schmuck verarbeitet.

Wegen ihrer perfekten Kugelgestalt faszinieren Perlen Menschen seit Jahrtausenden. Aber heute gibt es auch viele Künstler, die die Perle ganz eigen interpretieren und handgewickelte Unikate aus Glas fertigen – und so zeigt Claudia Kennel in ihrem Laden viele „Nischenperlen", die es sonst nirgendwo zu kaufen gibt: eine filigrane japa-

nische Glasperle, in der hauchzarte Blüten aus farbigem Glas zu sehen sind, einen ungewöhnlichen Frauentorso, eine Perle, um die sich ein grüner Salamander windet oder einen filigranen Kohlkopf, auf dem ein Marienkäfer sitzt.

Diese Künstlerperlen sind derzeit fast nur in den USA erhältlich und Claudia Kennel möchte dies ändern – für das nächste Jahr plant sie eine internationale Perlenmesse in Konstanz, um sich mit Perlenkünstlern aus aller Welt noch besser zu vernetzen und ihren Kunden immer wieder schöpferische und kreative Ideen liefern zu können. Jede Perle ist für sie ein Mikrokosmos, in dem man eine kleine Welt entdecken kann.

fresko kunst & handwerk

fresko kunst & handwerk
Kerstin Helbig

Wessenbergstraße 33
D-78462 Konstanz

Telefon O 75 31 / 1 72 14
Telefax O 75 31 / 2 99 13
www.fresko-konstanz.de

Eine künstlerisch-handwerkliche Ader hatte Kerstin Helbig schon, so weit sie zurückdenken kann. Als ihre Kinder klein waren, begann die begabte Künstlerin Nostalgie-Puppen herzustellen und zu restaurieren, gleichzeitig widmete sie sich der Tiffany- und Glasritzarbeit. Die ersten Seidenmalereien entstanden, die in zahlreichen grenzüberschreitenden Ausstellungen Anklang fanden. Heute bietet sie in ihrem kleinen, feinen Geschäft ausgesuchte Arbeiten mit dem Schwerpunkt regionaler Kunst-Handwerker/innen an.

Wichtig ist der Künstlerin, dass in einer handwerklichen Arbeit nicht nur die Seele des Künstlers steckt, sondern auch die positive Energie des Entstehens. Was mit Liebe und Sorgfalt hergestellt wird, hat außer dem materiellen auch einen ideellen Wert. Dieser springt auf den Kunden über, vielleicht ohne dass ihm dies bewusst wird,

glaubt die Inhaberin. Kleine Dinge können einem lieb werden, wie eine Geldbörse. „Eine Geldbörse habe ich jeden Tag in der Hand, sie ist mir mehr als ein Gegenstand, in dem ich nur Geld aufbewahre", fügt die Künstlerin hinzu.

In ihrem Laden gibt es allerhand schöne Sachen, die man sich selbst und anderen gönnen kann: geprägte Lederwaren, handgearbeiteten Schmuck, handgefertigte Schals, ausgefallene Geschenkartikel, Einzelstücke aus Keramik, Designeruhren und vieles mehr. Gerne kauft Kerstin Helbig bei Kunsthandwerkern aus der Region, die sie persön-

lich kennt. Ihr liegt daran, dass sich das Geschäft dem Kunden gegenüber in einem harmonischen Gesamtbild öffnet und mit seinem wechselnden Sortiment immer für Überraschung sorgt.

Nicht zuletzt die beachtliche Auswahl an Seidentüchern, fantasievollem, fröhlichem Schmuck aus verschiedenen Weltregionen und Einrichtungsaccessoires verleitet dazu, länger im Geschäft zu verweilen als geplant. Wer bei der sympathischen Inhaberin des Kunst- und Handwerksgeschäfts vorbeischaut, sollte an eines denken: Unbedingt genügend Zeit zum Stöbern mitbringen!

Englische Antiquitäten

Englische Antiquitäten
Gillian Epp

Sankt-Stephans-Platz 47
D-78462 Konstanz

Telefon 0 75 31 / 2 64 64
Telefax 0 75 31 / 2 64 64
www.english-antiques-konstanz.com

In einer Zeit, in der gerade, schnörkellose, schwarze oder weiße, funktionale und pflegeleichte Wohnwelten im Trend liegen, kommt zunehmend Sehnsucht auf nach dem unverwechselbaren Einzelstück, einem Vollholzmöbel mit eigenem Stil, mit Patina und Geschichte. Gillian Epp ist häufig in England unterwegs, um für ihre Kunden Liebenswertes, Seltenes, Praktisches und Bequemes aufzustöbern.

Der Laden liegt in Sichtweite des Münsters und ist bis zur Decke mit Antiquitäten ab 1800 gefüllt. Die Inhaberin weiß, was ihre Kunden wollen: schlichte, schöne Möbel, die sie benutzen können. „Vor allem praktisch müssen sie sein", fügt Gillian Epp hinzu. „Sekretäre gehen gut", verrät sie, „das Schreiben oder Bearbeiten von Rechnungen macht so einfach mehr Spaß." Auch die großen, alten Schreibtische haben es den Kunden angetan,

Zu entdecken gibt es neben Stell- und Sitzmöbeln aus viktorianischer oder edwardianischer Zeit alles, was zu einer stilvollen Tafel gehört: Gläser, Kerzenständer, feine Porzellan-Teetässchen, Silberkannen mit Ebenholzgriffen, versilberte Teeservice und Schalen – dazu aufklappbare Sutherland-Serviertische. Nach altem Vorbild hergestellte Messinglampen mit mundgeblasenem Glas sorgen für gemütliches Licht.

Doch auch gerade die seltenen oder skurrilen Gegenstände sind es, die den liebenswerten Laden ausmachen: Alte Werkzeuge sind ebenso ausgestellt wie Globen, Holzschatullen, Lederaktentaschen, Spazierstöcke mit besonders verzierten Knäufen, ein intarsierter Schachtisch oder ein Nachttisch samt eingebautem Nachttopf. Unverkäuflich sind nur die alten Familienfotos, die Gillian Epp über ihrem Schreibtisch aufgehängt hat und die sie an ihre Schulzeit in London erinnern. Denn eigentlich wollte sie 1976 nur für ein Jahr nach Konstanz kommen, um Deutsch zu lernen – bevor sie ihren Mann kennenlernte und blieb. Ein Glück für alle Antiquitätenfreunde!

bieten sie doch reichlich Platz für Computer, Laptop und Ablagen. Wer mag, kann sich gleich einen bequemen Armlehnstuhl oder einen drehbaren Bücherturm dazu aussuchen. Bücherregale und -schränke sind ebenfalls sehr begehrt und auch Gillian Epp scheint Bücher zu lieben, denn überall hat sie sie dekoriert. Immer wieder sprechen Kunden die Inhaberin auf „a nest of tables" an – einen Satz von drei Tischchen, die ineinanderzuschieben sind und damit Platz sparen.

Ellwanger & Geiger Private Immobilien

Ellwanger & Geiger Private Immobilien
Bernd Menne, Astrid Schäfer

Bruderturmgasse 3 / Löwenplatz
D-78462 Konstanz

Telefon O 75 31 / 2 84 17 87
Telefax O 75 31 / 2 84 17 88
www.feineimmobilien.de/konstanz

Kompetenz in Sachen Immobilien hat in Konstanz einen Namen, denn seit 2009 ist Ellwanger & Geiger mit einem Beratungsbüro in der Bruderturmgasse vertreten. Ob Ferienwohnung, Altbausanierung oder Neubau eines Geschäftshauses: Die erfahrenen Berater des Marktführers für Privatimmobilien Bernd Menne und Astrid Schäfer haben es sich zur Aufgabe gemacht, anspruchsvollste Kundenwünsche zu erfüllen.

Der Mix aus Wirtschaftskraft und natürlicher Lebendigkeit macht die Bodenseeregion zu einem der beliebtesten Wohn- und Lebensräume in Deutschland. Mit begehrten Quartieren wie Musikerviertel, Paradies und den ufernahen Lagen am Seerhein bleibt Konstanz für viele Wohnwunsch Nummer eins. Elite-Uni, vielfältige Freizeit-, Bildungs- und Kulturangebote, Skigebiete, die vor der Haustür liegen und Metropolen wie Zürich in erreichbarer Nähe machen die Stadt für Jung und Alt gleichermaßen attraktiv.
Doch wie die passende Immobilie finden? Zunächst

sondiert Berater Bernd Menne, der auf 22 Jahre Berufserfahrung als Projektentwickler und in der Immobilienfinanzierung zurückblicken kann, welche Objekte den Anforderungen des Kunden entsprechen. Auch wollen Umfeld, Infrastruktur, Aus- und Umbaumöglichkeiten, Energiebilanz und Bodenrichtpreise sorgfältig analysiert sein, bevor er für seinen Kunden einen Finanzierungsvorschlag ausarbeiten kann.

In Zusammenarbeit mit Architekten feilen die Objekt- und Projektentwickler mit viel Know-how und Erfahrung dabei an der bestmöglichen Lösung für ihre Kunden – nach dem neuesten Stand der Technik, oft sogar darüber hinaus. Um etwa eine Wohnimmobilie aus den 1950er Jahren in ein komfortables Schmuckstück zu verwandeln, muss ein Berater sich nicht nur bestens mit modernsten und traditionellen Materialien, sondern ebenso mit den handwerklichen Möglichkeiten auskennen. Bei der Sanierung spielen neben Optik und Komfort energetische Gesichtspunkte, Schall- und Wärmeschutz eine wichtige Rolle. Ob Sonnenschutzverglasung, ein hochwertiger mineralischer Fassadenputz oder historische Schlagläden gemäß dem Baustil – grundsätzlich sind weder der Fantasie noch den Möglichkeiten Grenzen gesetzt. Bäder verwandeln sich mit Regenschauern aus der Decke, Natursteinböden und Nussbaumplatten in großzügige Wellnessoasen. Schiefergranulat, hochwertige Parkettböden, leise zuschlagende Türen, vergrößerte Balkone und Wände, die als Resonanzkörper für Soundanlagen und Fernseher dienen, lassen individuelle Wohnträume wahr werden. Ein individuelles Lichtkonzept unterstreicht die Funktionen der einzelnen Räume und verleiht Wohnräumen eine behagliche Atmosphäre.

„Ich will, ich kann, ich mache", ist der Leitspruch von Bernd Menne, der seinen Kunden ein Full-Service-Betreuungskonzept bietet: „Vom Objektumbau oder -neubau und der Gebäudeabnahme über die Fahrzeuganmeldung bis hin zur Kindergartenanmeldung verstehen wir uns als ganz persönliche Dienstleister."

Mainau

Mainau GmbH
Vertretungsberechtigte Geschäftsführerin:
Gräfin Bettina Bernadotte

D-78465 Insel Mainau

Telefon O 75 31 / 3 03-0
Telefax O 75 31 / 3 03-248
www.mainau.de

Eine wechselnde Blütenpracht das ganze Jahr über, einen Park mit einem über 150 Jahre alten Baumbestand und mediterranes Klima bietet die Blumeninsel Mainau. Über eine Million Gäste jährlich besuchen das 45 Hektar große Eiland. Viele locken die einzigartige Sammlung von Palmen und Zitrusgewächsen, eines der größten Schmetterlingshäuser in Deutschland und die blühenden Gärten – ein Ort zum Verweilen.

Graf Lennart Bernadotte gestaltete den verwilderten Park zu einem Blumen- und Pflanzenparadies um und machte die Insel in den 1930er Jahren der Öffentlichkeit zugänglich. Im ehrwürdigen Arboretum recken sich heute riesige Mammutbäume, Atlas- und Libanon-Zedern, Taschentuchbäume und Dufteiben gen Himmel. Fremdländische Gehölze aus fast allen Kontinenten wachsen heute auf dem Hochplateau der Insel. Im Hof des

Jede Menge Naturerlebnis, Spaß und Abwechslung gibt es außerdem für die kleinen Gäste: Auf einem der schönsten Spielplätze am Bodensee, einem Bauernhof mit Streichelzoo, einem Wasserspielplatz mit Flößen und einer Seilfähre können Kinder ihrer Entdeckerfreude freien Lauf lassen. Mit neuen Ideen sorgt Familie Bernadotte immer wieder für Abwechslung und überrascht ihre staunenden Besucher. Einen Besuch kann man sich also durchaus mehrmals gönnen.

Und wer nach so vielen Erlebnissen hungrig geworden ist, findet in einem der Inselrestaurants oder im Schlosscafé garantiert das passende Schmankerl.

barocken Schlosses duftet es im Sommer nach Zitrusgewächsen, denn hier gedeihen mehr als 50 Arten von Mandarinen-, Orangen-, Zitronen- und Bergamottebäumchen. Eine prächtige Orchideenschau eröffnet das Mainauer Blumenjahr im März. Ab April zeigen sich Tausende von Osterglocken, Tulpen und Hyazinthen. Ihnen folgen Rhododendren und Azaleen, bevor die Rosen ihre volle Pracht entfalten. Über 1200 Sorten wurden hier zusammengetragen, unter ihnen zum Teil sehr alte, wertvolle. Saisonal wechselnde Blumen schmücken die italienische Blumen-Wassertreppe. Der Herbst dagegen ist die Zeit der Dahlien und mit Chrysanthemen und Kürbissen endet das Gartenjahr.

Doch die Insel hat noch mehr zu bieten als ihre sagenhafte botanische Vielfalt: Das Schmetterlingshaus gilt als einer der Höhepunkte eines Mainau-Besuchs. Farbenprächtige Tagfalter aus Asien, Afrika, Mittel- und Südamerika flattern bei 26 Grad Raumtemperatur und 80 Prozent Luftfeuchtigkeit durch die tropische Landschaft. Sinnliches bietet auch der „Garten für Alle", in dem blinde und behinderte Menschen die Natur durch Riechen, Hören und Tasten erfahren können.

Rosendorn Gold- und Silberschmiede

Rosendorn Gold- und Silberschmiede
Werkstatt für Schmuck – Objekt – Gerät
Michael Teichmann

Pirminstraße 123 / Rosendornweg
D-78479 Insel Reichenau

Telefon O 75 34 / 3 64
Telefax O 75 34 / 9 71 95
www.rosendorn-goldschmiede.de

Die Insel Reichenau ist als UNESCO-Weltkulturerbe und für die Schönheiten ihrer Natur bekannt. Hier lebt und wirkt auch Michael Teichmann, Metallbildhauer, Gold- und Silberschmied, und lässt sich in dieser Umgebung inspirieren.

Seine einzigartigen Werke spiegeln die Schönheit der Tier- und Pflanzenwelt wieder. Seine Kreationen sind wahre Unikate. Ihm gelingt es, die Einmaligkeit eines Grashalms mit Tautropfen, einer Feder oder eines filigranen Blattes in tragbare Schmuckstücke und gestaltende Objekte umzusetzen.
Der gebürtige Reichenauer studierte nach seiner

Michael Teichmanns besondere Leidenschaft gilt den Ginkgoblättern, die als Symbol der Hoffnung und aufgrund ihrer Doppelblättrigkeit auch als Symbol der Freundschaft gelten. Die faszinierenden Blätter in Form filigraner Schmuckstücke oder als Gartenskulpturen möchte und kann man besitzen. Die Edelstahlobjekte in vielfältigen Formen und Themenbereichen, jedes ein Unikat, sind begehrte Landschaftsskulpturen, die einen Garten gestalten und bereichern. Hier kommt Tochter Aline als Landschaftstechnikerin kompetent zum Einsatz. Für Michael Teichmann ist seine Arbeit längst Philosophie geworden: „Das Schmuckstück und das Objekt sollen eine Auseinandersetzung und eine Aussage zulassen. In meinen Arbeiten erkennt der Betrachter Motive aus der Natur, die die Schönheit und Harmonie der Erde erkennen lassen."

Ausbildung als Silberschmied an der Akademie der Bildenden Künste in München. Nach Diplom und Meisterprüfung bezog er 1974 mit seiner Frau Sonja das 350 Jahre alte, historische Fachwerkhaus auf der Insel Reichenau – der ideale Rahmen für seine Arbeit in der Rosendorn Gold- und Silberschmiede. Das renovierte Bauernhaus beherbergt heute die Galerie mit Schmuckvitrinen und die Werkstatt, zu der Besucher Zugang haben. Im Gartenbereich mit Teich sind die dekorativen Edelstahlobjekte präsentiert.

Wer möchte, wird motiviert, seine eigenen Talente kreativen Schaffens zu erproben. Das Ehepaar Teichmann bietet im harmonischen Umfeld Paaren an, ihre Trauringe gemeinsam unter fachkundiger Anleitung selbst zu entwerfen und in der Werkstatt herzustellen. Außerdem können in Kursen in den Ferien oder im Urlaub eigene Ideen für alle Metallarbeiten kreativ verwirklicht werden. Ein unvergessliches Erlebnis!

Ebenso individuell und persönlich sind auch die Preziosen, die der Künstler für seine Kunden aus edlen Metallen und kostbaren Steinen fertigt. Dabei greift er gerne die Wünsche seiner Kunden auf.

Untersee – Ländliche Idylle und Künstlerrefugium

Westlich von Konstanz weitet sich der Seerhein zum Untersee, Zeller See und Gnadensee. Von Allensbach bis Radolfzell dehnt sich der Bodanrück, dessen schluchtenreicher Wald zu ausgedehnten Wanderungen einlädt. Eines der möglichen Ziele ist der Wild- und Freizeitpark Allensbach zwischen Kaltenbrunn und Langenrain, in dem sich Raubvögel, Wildschweine, Bären, Wölfe, Luchse und Damwild beobachten lassen.

Den Ort Allensbach und die Insel Reichenau vis-à-vis verbindet eine lange Geschichte. Wie ein grünes Band liegt das Eiland vor der Gemeinde Allensbach, die lange zum Kloster Reichenau gehörte, getrennt nur durch den Gnadensee. Da auf der Klosterinsel niemand Waffen tragen durfte, überließ man es den Allensbachern, Todesurteile auf dem Festland zu vollstrecken. Ließ der Abt das Armsünderglöckchen des Münsters läuten, wurde

Insel Mettnau

Zeller See mit Mettnau und Hegau

der Delinquent am Allensbacher Ufer freigelassen, musste aber rasch das Land verlassen. Daher der Name Gnadensee.

Davon abgesehen, liegt der besondere Reiz des Untersees in seinem ländlich-friedlichen Charakter: Mit naturbelassenen Ufern, an denen eine einzigartige Flora und Fauna gedeiht, herrlich gelegenen Inseln und Halbinseln, verträumten Buchten und Hügeln, Klöstern und Schlössern hat der Untersee Naturbegeisterten viel zu bieten.

Fasziniert von der schönen Landschaft des Untersees war auch Bischof Radolf von Verona, der sich hier im Jahr 826 nach Christus die „Radolfs Zelle" als Alterswohnsitz erbauen ließ. Aus der kleinen Gemeinschaft entwickelte sich im Laufe der Jahrhunderte ein Wallfahrtsort, ein aktives Markt- und Handelszentrum und nicht zuletzt ein beliebter Ferienort: die heutige Stadt Radolfzell. Die Stadt mit der praktisch autofreien Altstadt hat sich eine gemütlich-gelassene Atmosphäre bewahrt, die Erholungsuchende und Kurgäste der Halbinsel zu schätzen wissen.

Die schmucke Altstadt beeindruckt mit ihren prächtigen Bürger- und Adelshäusern, dem Münster Unserer Lieben Frau und dem ehemaligen Stadtgraben mit den historischen Stadttürmen, aus dem eine traumhafte Gartenanlage entstanden ist. Das gotische Münster, das an der Stelle errichtet wurde, wo einst die Bischofszelle stand, überragt mit seinen vier Ecktürmchen alle Häuser der Altstadt. Wegen ihres frühbarocken Rosenkranzaltars ist die dreischiffige Basilika einen Besuch wert.

Otto-Dix-Haus

Hermann-Hesse-Museum

Mit der Stadt zusammengewachsen ist die idyllisch gelegene Halbinsel Mettnau. Nach der Devise „Heilung durch Bewegung" setzen die Kliniken der 80 000 Quadratmeter großen Halbinsel mit Aktivitäten wie Laufen, Gymnastik und Rudern auf Prävention.

Mit naturnahen Freizeitangeboten lockt auch die zwischen Radolfzell und Stein am Rhein gelegene Halbinsel Höri Radler und Wanderer in ihre ländlichen Gefilde. Höchster Punkt ist mit 700 Metern der mit Wäldern und Obstgärten bewachsene Schiener Berg. Kunstgeschichtlich Interessierte werden mit der Schrotzburger Burgruine, dem Öhninger Kloster oder der romanischen Kirche in Schienen fündig.

Hauptattraktion für Kunstinteressierte sind jedoch die Orte Gaienhofen und Hemmenhofen, in die sich Künstler zurückzogen, die von den Nazis verunglimpft worden waren. Die landschaftliche Schönheit und Ruhe hatte expressionistische Künstler wie Erich Heckel und Otto Dix bewogen, sich im einst stillen Dorf Hemmenhofen anzusiedeln. Der Maler Erich Heckel hatte 1905 die bekannte Künstlergruppe „Die Brücke" gegründet. Von den Nationalsozialisten verfemt, wählte er 1944 mit Hemmenhofen einen Schweiz-nahen Wohnsitz. Auch der sozialkritische Maler Otto Dix, der mit einem Malverbot belegt wurde, zog sich an den Bodensee zurück. Sein Hemmenhofener Wohnhaus, das heute der Öffentlichkeit zugänglich ist, dokumentiert Leben und Werk des Künstlers.

Zeller See

Zeller See mit Radolfzell

Blick auf Reichenau

Gemeindeverwaltung Gaienhofen

Gemeindeverwaltung Gaienhofen

Im Kohlgarten 1
D-78343 Gaienhofen / Bodensee

Telefon 0 77 35 / 8 18-0
Telefax 0 77 35 / 8 18-18
www.gaienhofen.de

Hornspitze

Die malerische Landzunge der Halbinsel Höri ragt mit ihrer Spitze weit in den Untersee hinein. Die Landschaft zwischen Radolfzell und Stein am Rhein, die zum großen Teil unter Natur- oder Landschaftsschutz steht, bietet nicht nur traumhafte Ausblicke auf die Schweizer Berge, die Insel Reichenau und den See. Die Höri war auch von jeher Inspirationsquelle für viele Künstler, die sich hier niederließen und heute noch das Gemeindeleben prägen.

Der Schriftsteller Hermann Hesse, der als eine der treibenden Kräfte der Höri-Künstlerszene galt, zog mit seiner Frau 1904 nach Gaienhofen in das Haus, in dem heute das Hermann-Hesse-Höri-Museum untergebracht ist. Zwei Jahre zuvor hatte sich dort schon der Schriftsteller Erich Scheurmann niedergelassen, der mit seiner Zivilisationskritik des erdachten Südseehäuptlings „Der Papalagi" später große Erfolge feierte. Auch das Otto-Dix-Haus in Hemmenhofen würdigt seinen früheren Bewohner mit Ausstellungen des Malers. In der Petruskirche in Kattenhorn hinterließ der schonungslose Realist sehenswerte Glasfenster. Viele namhafte Dichter und Maler wie Helmuth Macke, Max Ackermann, Erich Heckel, Curth Georg Becker und Walter Kaesbach, um nur einige

„Dix-Kurve"

Hermann-Hesse-Skulptur

Halbinsel Höri

zu nennen, fanden in der ursprünglichen Region nahe der Schweiz während der Zeit des Nationalsozialismus ein neues Zuhause. In zahlreichen Werken spiegeln sich die schilfbewachsene Uferlandschaft des Untersees, die Wälder des Schienerberges und nicht zuletzt die Landschaft des angrenzenden Hegaus mit ihren Vulkanbergen wieder.

Eine Region, die sich wunderbar zum Radfahren, Wandern, Spazierengehen oder für den Wassersport eignet – oder einfach zum Ausruhen und Auftanken. Die guten Schiffsverbindungen ermöglichen auch Stippvisiten in die benachbarte Schweiz oder auf die Insel Reichenau. Seltene Vogel-, Insekten- und Pflanzenarten, die auf den Schautafeln des Bodenseepfades in Moos erklärt werden, lassen Naturliebhaber ins Schwärmen geraten.

Aber auch Kulturgenießer kommen auf der Höri auf ihre Kosten: Sehenswert in Gaienhofen sind die Skulpturen des Bildhauers Peter Lenk, die katholische Pfarrkirche St. Johann und der Wasserturm Horn mit seinem einmaligen Seerundblick. Überregional bekannt ist das Internatsgymnasium im ehemaligen Schloss der Konstanzer Bischöfe. Ihnen waren die Bewohner der Halbinsel übrigens einst tributpflichtig – hörig – daher leitet sich der Name ab.

Auch andere Orte am Ufer und auf der Höhe sind aufgrund ihrer gelebten Tradition einen Besuch wert: Das Höri-Fischerhaus in Wangen wartet mit frühgeschichtlichen Funden aus der Pfahlbauzeit und Versteinerungen auf. Das Örtchen Moos ist bekannt durch seine Wasserprozession nach Radolfzell. Und im Oktober dreht sich bei Zwiebelsuppe, Zwiebelkuchen und Zwiebelzöpfen alles um das regionaltypische rote Gemüse, dem das „Büllefest" gewidmet ist. Bei den zahlreichen regionalen Spezialitäten und erlesenen Bodenseeweinen kommen auch Feinschmecker garantiert nicht zu kurz.

Otto-Dix-Haus

Halbinsel Höri

Yacht- und Bootswerft Josef Martin

Yacht- und Bootswerft Josef Martin
Josef Martin

Strandbadstraße 25
D-78315 Radolfzell

Telefon 0 77 32 / 1 01 80
Telefax 0 77 32 / 1 36 56
www.martin-yachten.de

Mit Steinway-Flügeln hat die Fachpresse seine exklusiven Yachten schon verglichen: Der renommierte Holzbootbauer Josef Martin entwirft und baut in Radolfzell Segel- und Motoryachten aus Holz und erfüllt damit Lebensträume von Seglern und Wassersportlern aus aller Welt.

Höchste Qualität ist dabei das Maß aller Dinge – als einer der ersten hat Josef Martin Yachten mit klassischer Überwasserlinie aus edlen Hölzern kombiniert mit hochmodernem Unterwasserschiff aus Hightech-Materialien entwickelt. Kunden kommen in der Regel mit sehr klaren Vorstellungen von ihrem Traumschiff zu Josef Martin, der dann zunächst per Hand einen Entwurf in Tusche zeichnet, bevor dieser in Zusammenarbeit mit international angesehenen Konstrukteuren weiter ausgearbeitet wird.

Ein ganzes Jahr dauert es, bis eines der begehrten Unikate vom Stapel läuft. Dabei kann Josef Martin nicht nur auf das Know-how seiner ausgebildeten Bootsbauer, sondern auch auf die über 75 Jahre Erfahrung im Yachtbau der vom Vater gegründeten Werft zurückgreifen. Nach seiner Ausbildung zum Bootsbauer hatte Josef Martin junior bedingt durch den frühen Tod seines Vaters mit einer Sondergenehmigung mit nur 22 Jahren die Meisterprüfung im Bootsbau vor der Hand-

werkskammer in Lübeck ablegen dürfen.
Bewundern kann man die Träume aus Mahagoni
und Teak beispielsweise bei den Messen „Inter-
boot" in Friedrichshafen, der Hamburger „Han-
seboot" oder auch bei der Kieler Woche, bei der
der erfolgreiche Regattasegler seine „Klassiker"
zeigt. Dabei ist Josef Martin wichtig, dass sich
alle Interessenten persönlich von der Qualität
überzeugen und die Boote auch betreten können,
was durchaus nicht selbstverständlich ist. „Man
muss gut segeln können, hervorragendes Material
haben und vor allem dem Kunden gut zuhören",
fasst Josef Martin sein Erfolgsgeheimnis zusammen. Wichtig ist ihm, dass die Proportionen
stimmen und die Boote wendig und schnell sind.
Die besten Ideen kommen dem leidenschaftlichen
Tüftler nachts, denn „man muss in Ruhe über
einen neuen Bootsentwurf nachdenken, die Linie
muss einfach stimmen".

Selbst kommt Josef Martin, der neben der Werft
am Bodensee auch noch einen Betrieb mit eigenem Hafen, Winterlager und Servicestation auf
Fehmarn betreibt, mit seinen eigenen Yachten
leider nur selten aufs Wasser. Vielleicht ändert
sich dies eines Tages, wenn sein Sohn Sven, der
ebenfalls gelernter Bootsbauer ist, sein Schiffbau-
Studium beendet hat und die väterliche Werft in
der dritten Generation im Sinne seiner Vorfahren
weiterführt.

Schmuckatelier Uwe Berger

Schmuckatelier Uwe Berger
Uwe Berger

Schützenstraße 2/1
D-78315 Radolfzell

Telefon 0 77 32 / 97 21 42
www.uweberger-schmuck.de

Die Magie des Materials ist es, die Uwe Bergers Kreativität immer wieder beflügelt. Dass Edelsteine bis zu einer Tiefe von 25 Kilometern unter der Erdoberfläche unter gewaltigem Druck und hohen Temperaturen entstehen, um dann nach Millionen von Jahren wieder zum Vorschein zu kommen, fasziniert. Noch beeindruckender ist allerdings, dass der Goldschmiedemeister auch Außerirdisches zu Schmuck verarbeitet.

„Ich habe Ehrfurcht vor diesen Geschenken von Himmel und Erde", sagt Uwe Berger und deutet auf die Metallmeteoriten aus Grönland und Namibia, die kostbaren Edelsteine und die faszinierenden Metalle, aus denen er mit großer

handwerklicher Perfektion einzigartige Schmuckstücke kreiert. Den Goldschmied mit Leib und Seele fasziniert die Geschichte, die in einem Material steckt und die Assoziationen, die es im Träger weckt. So wie die Rheingold-Nuggets, die er im Schaufenster ausgestellt hat. In den Alpen entstanden, wird das begehrte Metall durch den Bodensee getragen und setzt sich dann im Rheinsand ab – wem huscht da nicht kurz der sagen-

hafte Nibelungenschatz durch den Kopf?
Einen Namen gemacht hat sich Uwe Berger auch durch seine wertvollen Conch-Perlen. Die in der Karibik beheimateten Schnecken lassen sich nur sehr selten dazu bringen, eine der pinkfarbenen Perlen zu bilden, was diese natürlich entsprechend kostbar macht. Aber – wer hätte das gedacht? – selbst aus den form- und farbenreichen heimischen Bodenseekieseln weiß Uwe Berger wunderschöne Fingerringe zu gestalten.
Am Anfang der Schmuckkreation steht entweder die Idee, zu der es den passenden Stein zu finden gilt, oder der Stein wird zur Quelle der Inspiration. Aber natürlich entwirft und fertigt Uwe Berger auch nach den Wünschen seiner Kundinnen und Kunden. So hat er schon die Himmelsscheibe

von Nebra als kostbare Brosche aus Lapislazuli originalgetreu gefertigt oder einen Armreif, mit dem sich die Kundin an ein durchwandertes Gesteinsfeld erinnern wollte. Oberstes Gebot bei der kreativen Arbeit ist stets, dass das Schmuckstück tragbar ist und sich gut anfühlt. Richtig herausgefordert hat Uwe Berger der Wunsch eines Kunden, der ein zweikarätiges, lupenreines Diamantherz suchte. Nach einem Jahr weltweiter Recherchen konnte der Goldschmied seinem Kunden schließlich die einzigartige Preziose überreichen. Auch berühmte Gedichte wie „Ich setzte den Fuß in die Luft – und sie trug" von Hilde Domin hat Uwe Berger schon in Gold und Edelsteine gefasst. Wer wissen möchte, wie so ein Gedicht aussieht, der sollte sich in die Schützenstraße begeben.

Helena und Werner Vayhinger

Helena und Werner Vayhinger

Liggeringer Straße 7
D-78315 Möggingen am Mindelsee

Telefon 0 77 32 / 1 00 55
Telefax 0 77 32 / 1 25 70
www.vayhinger.de

Kunst gehört nicht auf einen hehren Sockel, sondern ist Bestandteil des Alltags. Dieser Überzeugung verliehen Helena und Werner Vayhinger Ausdruck, indem sie 1981 mit ihrer Galerie in den kleinen Ort Möggingen am idyllischen Mindelsee zogen. Die beiden Kunstenthusiasten verstehen sich dabei als „Kunstvermittler, die unter anderem eine Galerie betreiben".

Werner Vayhinger, der 1974 als Sammler eine Galerie für Gegenwartskunst eröffnete, ergänzt sich dabei in bester Weise mit seiner Frau Helena, die Betriebswirtschaft studiert hat. Beide werben seit Jahrzehnten um Verständnis und Vertrauen für

das nicht immer leicht verständliche vielfältige Kunstgeschehen.

Durch einen schönen Skulpturengarten gelangen Besucher zu dem 200 Jahre alten, sorgfältig renovierten Fachwerkhaus, das „die drei G's" der Vayhingers beherbergt: das Gasthaus, das Gästehaus und vor allem die Galerie, die ihren Platz in dem hellen, klar strukturierten Betonanbau gefunden hat. Denn jede Form von sinnlicher

kreative, je nach Saison wechselnde Speisekarte bietet sinnliche Genüsse wie etwa Merlan im Reisblatt mit Wok-Gemüse oder auch Ziegenkäse auf zweierlei Spargel mit Chili und Erdbeeren an. Wer sich nach dem Essen von der inspirierenden Umgebung noch nicht trennen möchte, kann sich in der Galerie umsehen, die Besuchern auch zu ungewöhnlichen Zeiten spätabends oder am Wochenende offen steht. Oder er mietet sich in eines der sieben geschmackvoll eingerichteten Hotelzimmer ein, die von Künstlern in unregelmäßigen Abständen individuell und neu gestaltet werden. Einzige Vorgabe dabei ist, dass Bett und Badewanne frei zugänglich sein müssen. So können sich Gäste immer wieder von einem neuen Ambiente überraschen lassen. Ein hotelübliches Frühstücksbuffet mit festen Zeiten sucht man hier übrigens vergeblich, denn das Frühstück wird auf einem Tablett vor die Zimmertür serviert und man kann es genießen, wann und wo immer man möchte – manch einer nimmt es im Schlafanzug mit in den Garten.

Das Ehepaar Vayhinger möchte in einer technisierten Welt alle menschlichen Sinne mit Kunst ansprechen, denn Kunst ist für sie ein Lebensmittel, kein Konsumartikel. „Wer bewusst wahrnimmt, möchte auch seine Umgebung mitgestalten und schön einrichten", ist Helena Vayhinger überzeugt.

Wahrnehmung, sei es über die Kunst oder über die Küche, gehört für die beiden untrennbar zu unserer Kultur.

Für die jährlich bis zu sieben Ausstellungen zeitgenössischer Kunst gibt das engagierte Ehepaar ein Thema vor und lädt nationale und internationale Künstler ein, sich mit ihren Konzepten zu beteiligen. Kunst am Bau, Raumkonzepte, der Handel mit klassischer Moderne, Vorträge, Dokumentationen und Salons mit kontroversen Diskussionen zu aktuellen Kulturthemen ergänzen das Profil der Galerie. Das Projekt „Artist in residence" liegt den Vayhingers dabei besonders am Herzen: Junge Künstler leben für einige Wochen als Gäste in ihrem Haus und stellen die in dieser Zeit entstandenen Werke aus.

Zur Eröffnung der Ausstellung darf sich der Künstler dann (s)ein Lieblingsgericht aussuchen, das von den international erfahrenen Köchen des Vayhingerschen Restaurants gekocht wird. „Das können auch Pfannkuchen oder Wiener Schnitzel sein", schmunzelt Helena Vayhinger. Ansonsten ist das renommierte Lokal für seine mediterranbadische Küche bekannt und geschätzt. Die

Zweirad Joos

Zweirad Joos GmbH & Co. KG
Andreas Joos

Schützenstraße 11
D-78315 Radolfzell

Telefon 0 77 32 / 8 23 68-0
Telefax 0 77 32 / 8 23 68-99
www.zweirad-joos.de
www.fahrradlagerverkauf.com

Das Rad neu erfunden hat Firma Joos nicht, aber im Domizil am Gerberplatz ein Fahrrad-Kompetenzzentrum geschaffen, das Erlebnischarakter hat. Ein Treffpunkt für alle, die gern Rad fahren, sich mit anderen über ihr Hobby austauschen wollen, das richtige Fahrrad, eine passende Ausstattung oder einen schnellen Pannenservice suchen – oder einfach nur ihr Rad warten lassen wollen.

Ein Leben ohne Fahrrad kann sich Andreas Joos gar nicht vorstellen. 1997 übernahm der gelernte Zweirad-Mechanikermeister den väterlichen Betrieb, der sich mittlerweile zum führenden Fachgeschäft der Region Hegau – Westlicher Bodensee entwickelt hat. Und dies nicht zuletzt dank der über 20 Fachverkäufer und Zweiradmechaniker in den Niederlassungen in Radolfzell, Konstanz und Volkertshausen, die regelmäßig geschult und fortgebildet werden. „Unsere Mitarbeiter sind alle selbst begeisterte Radsportler", erklärt Andreas Joos. „Kunden spüren sofort, dass unsere Mitar-

beiter nicht nur mit Know-how, sondern auch aus der eigenen Erfahrung heraus beraten."

Individuelle Beratung und Service werden dementsprechend groß geschrieben. Die vergrößerte Werkstatt bietet ihren Kunden zügige Reparaturen und Wartungen an. Bei Reifenpannen greifen die Mechaniker sogar sofort zum Schraubenschlüssel und der Kunde kann in der Lounge bei einem Kaffee auf sein Bike warten. Oder sich im Laden umsehen, der auf 1300 Quadratmetern mit seinem breiten Sortiment an City-, Mountain- und Trekkingbikes, Kinderfahrrädern, Renn- und Elektrorädern für jeden Bedarf das passende Fahrrad bereithält.

Auf Fahrsicherheit und perfekt auf die Körpergröße des Bikers abgestimmte und eingestellte Fahrräder legen die Berater viel Wert. Deshalb gibt es neben Ersatzteilen, Rucksäcken, Taschen und einer großen Abteilung für das modische

Outfit auch Helme und alle denkbaren Extras – ob die Alpenüberquererin für ihre nächste Tour neue Regenüberschuhe braucht oder Eltern von Zwillingen nach einem passenden Fahrradanhänger suchen.

Wer trotz der großen Auswahl nicht fündig wird, kann sich sein Wunschrad im Baukastensystem selbst zusammenstellen. Ein Computerterminal im Laden hilft dabei, das Rad virtuell zu konfigurieren. Die Wahlfreiheit beginnt bei der Farbe und geht bis zu Lenkerformen, zur Schaltung und Bereifung. „Ein Custom-Made-Rad ist etwas Einmaliges, weil es den eigenen Geschmack und die Persönlichkeit ausdrückt", schwärmt Andreas Joos.

Der Inhaber hat aber ebenso top-überholte Gebrauchträder im Angebot und bietet damit auch Kunden mit kleinerem Budget das passende Rad. Schnäppchenjäger kommen im Online-Shop auf ihre Kosten, denn hier finden sich Markenfahrräder aus Sonderposten, Aktionsware und Auslaufmodelle zu besonders günstigen Preisen. Regelmäßige Pannenkurse sowie die Radsportgruppe Joos ergänzen den Service rund ums Rad und machen den Fahrspaß zum Gemeinschaftserlebnis. Angesichts steigender Benzinpreise ist sich Andreas Joos sicher, dass immer mehr Menschen auf das Fahrrad umsteigen werden – auch der eigenen Gesundheit und der Umwelt zuliebe.

Der Hegau – Reizvolle Vulkanlandschaft

„Des Herrgotts Kegelspiel" nannte der Schriftsteller Ludwig Finckh den Hegau, die Region mit der höchsten Burgendichte Deutschlands, wegen seiner neun Vulkankegel. Nach anderer Zählung sind es gar über ein Dutzend Hegauberge. Von den gewaltigen Steinmengen, die das Erdinnere ausstieß, sind heute noch schartige Felszähne geblieben, die jeweils von Burgruinen gekrönt sind. Die eiszeitliche Erosion trug die einst viel höheren Kraterränder ab – übrig blieben Reste der Schlotspitzen aus dem Inneren der einstigen Vulkane, deren ausgeprägteste Vertreter der Hohenstoffeln, Hohenkrähen, Hohenhöwen und Hohentwiel sind.

Den Singener Hausberg Hohentwiel ließen schwäbische Adlige 914 erstmals mit einer Burg bebauen, die sich unter den schwäbischen Herzögen zu einem bedeutenden Machtzentrum entwickelte. Im 16. Jahrhundert zum Festungsbollwerk ausgebaut, trotzte die stolze Ritterburg Jahrhunderte lang allen Anstürmen, bevor Napoleon sie 1802 schleifen ließ.

Heute ist die größte Festungsruine Deutschlands, die zu Besichtigungen einlädt, zum Kulturberg geworden. Jazz-, Pop-, Rock- und Klassikkonzerte locken alljährlich zahlreiche Besucher zum Hohentwiel-Festival. Mit über 13 Bühnen und reichhaltigem Programm innerhalb und unterhalb der

Vulkanlandschaft Hegau

Der Hegau vom Zeller See aus gesehen

Festung verwandelt das Burgfest die Ruine in
eine Bühnenlandschaft.

Der Hohentwiel und seine Umgebung stehen
heute unter Naturschutz. An seiner Südseite hat
der Berg – übrigens einer der sonnenreichsten
Orte Deutschlands – schwer zugängliche Fels-
wände mit mediterraner Vegetation und seltenen
Pflanzen- und Tierarten. Das ideale Klima für den
Duft- und Würzkräutergarten in Hilzingen, der
Natur- und Pflanzenliebhaber willkommen heißt.
Wer sich zu Fuß an den steilen Aufstieg zum Ho-
hentwiel gewagt hat, wird durch die Aussicht vom
688 Meter hohen Vulkan entschädigt. An schönen
Tagen reicht die Sicht bis zum Bodensee.

Vulkankegel

Siegwarth Gartenmanufaktur

Siegwarth Gartenmanufaktur
Manfred Siegwarth

Fabrikstraße 29
D-78224 Singen – Bohlingen

Telefon 0 77 31 / 2 30 95
Telefax 0 77 31 / 2 89 71
www.siegwarth.com
www.tavolaverde.com

Der Garten ist Lebensqualität – ein grünes Zimmer, in dem der Suchende gerne loslässt und entspannt. Gartengefühle entstehen – und das geht gut. Der Garten verändert sich das ganze Jahr über jeden Tag, wie wir auch.

Mit einer sorgfältigen Planung beginnt die Arbeit an einem neu zu gestaltenden Garten. Ob die Ausgangsbasis eine Fläche nackter Erde ist, ein fröhliches Durcheinander von verschiedenen Pflanzen oder ein hübscher alter Garten mit einzelnen Rosen, einem alten Fliederbusch und den Resten eines alten Steingartens – alle diese Gärten brauchen kompetente und vor allem individuelle Planung.

Mit einem nach Feng-Shui-Prinzipien gestalteten Garten erfüllt Manfred Siegwarth in einer Zeit, in der die beruflichen Anforderungen wachsen, das tiefe Bedürfnis nach Wohlbefinden und bietet ein Stück Lebensqualität. „Feng-Shui", was „Wind und Wasser" bedeutet, ist die chinesische Lehre von der Harmonisierung des Menschen mit seiner Umgebung. Fühlen, Riechen, Hören, Sehen – Natur wird zum Erlebnis. Durch Blickachsen gliedert sich

ein Garten in ruhigere und bewegtere Zonen. Stringente Formen und bizarr gewachsene Pflanzenstrukturen ergeben das klassische Gefühl der Balance. Die weichen Formen der Geländemodulation vermählen sich mit mäandrierenden Staudenbeeten in pastellenen Farbkombinationen. Wasser über den Quellstein rinnend oder im Brunnen – am Eingang oder an Plätzen – ist mit seinem Plätschern ideal zum Abfangen negativer Energie und zum Aufbau positiver Strömungen. Wasser ist, so Gartenplaner Manfred Siegwarth, das wichtigste Element in der Gartengestaltung.

Offenes Feuer und Gartenfackeln vermitteln Wärme. So entsteht in der Dunkelheit ein völlig anderer Bezug zu Raumgefühl und Pflanzen. Mit der hohen Transparenz der heutigen Bauarchitektur ist es zwingend notwendig, eine indirekte Gartenbeleuchtung zu installieren. Wird eine Baumrinde mit indirektem Licht beleuchtet, entsteht dadurch ein Relief, und Gräser oder Restblüten werden zu Skulpturen.

Emotionen, Genuss und Sinnliches verbindet Kosmopolit Manfred Siegwarth auch mit seiner Idee der „Tavola verde". Tavola verde – ein Tischkonzept mit Erlebnisgarantie. Ein mit einem alten Olivenbäumchen, einem Zitronenbäumchen und Gras bepflanzter Tisch bietet Gästen die Möglichkeit, Fühlung mit der Natur aufzunehmen, während sie mediterrane Köstlichkeiten genießen.

Die Veranstaltungsreihe „Garten, Kunst und Genuss", die sich wechselnden Themen widmet, ist unter Genießern längst zur festen Institution geworden. Jazz-Dichterlesungen und andere kulturelle Highlights sorgen für ein Erlebnis der besonderen Art.

Heikorn Kleidung

Heikorn Kleidung GmbH

August-Ruf-Straße 7–9
D-78224 Singen

Telefon 0 77 31 / 8 69 60
Telefax 0 77 31 / 8 69 63-6
www.heikorn.de

Die Zeiten, in denen Mann und Mode ein Widerspruch waren, sind lange vorbei. Dass Männer heute viel mutiger einkaufen und sich über Mode und Trends informieren, ist zumindest in der Region zwischen Stuttgart und Zürich kein Wunder: Als erstes Modehaus in Deutschland hat das Singener Modehaus Heikorn seine Herrenabteilung in eine Männerwohnwelt mit Casino, Fußballzimmer, Bibliothek und Weinkeller umgebaut.

„Auch Männer wollen ein Einkaufserlebnis", unterstreicht Inhaber Thomas Kornmayer, der das Geschäft zusammen mit seiner Frau Bettina führt und seine Kunden immer wieder mit Neuem zu

überraschen versteht. In dem aufwändig gestalteten Erlebniswelten-Geschäft auf drei Etagen kann die ganze Familie nach Herzenslust Mode zu einem guten Preis anprobieren und shoppen. Denn das Thema Familie wird bei den Eltern von Zwillingen nicht nur privat groß geschrieben. Über preisreduzierte Markenware können sich Kunden genauso freuen wie über spontane Aktionen, die jedem Käufer zusätzlich eine kleine Aufmerksam-

Kunden spüren. Wenn der Laden zum Beginn der neuen Saison dekoriert wird, packen die Mitarbeiter mit an, manchmal auch mit Material aus dem eigenen Dachbodenfundus.

Für den komfortablen, stressfreien Einkauf sorgen auch Wasserspender, die sich in jeder Abteilung finden. Größere, breitere Kabinen verschaffen Herren den nötigen Bewegungsspielraum. Niemand muss sich bei dem breiten Größenspektrum in Kleidung zwängen, die nicht passt – nahezu jede Konfektionsgröße ist in großer Auswahl vorhanden und was nicht vorrätig ist, wird im Handumdrehen bestellt. „Wir lernen täglich von unseren Kunden", erklärt Thomas Kornmayer sein ständiges Bemühen darum, seinen Kunden das Einkaufen so angenehm wie möglich zu gestalten.

keit bescheren. Dass es dem bodenständigen, experimentierfreudigen Geschäftsführer Spaß macht, seine Kunden selbst zu bedienen, glaubt man ihm sofort.

Bei Heikorn finden Modebewusste hochwertige Kleidung, bekannte und unbekanntere Marken, die andere Läden noch nicht im Sortiment haben. Die eigens organisierten Modeschauen, die früher in der Stadthalle stattfanden, sind ab sofort im Geschäft selbst zu sehen, damit Kunden den Schick gleich selbst anprobieren können.

Wer möchte, kann ungestört stöbern – auf die kompetente, persönliche Beratung der Fachverkäufer mit ihrem Gespür für die neuesten Trends muss trotzdem niemand verzichten, ob es um Damen- oder Herrenbekleidung, Young Fashion, Kindermode, Schuhe oder das passende Accessoire zum modischen Outfit geht. Besonders stolz ist Thomas Kornmayer auf die große Bräutigamabteilung, die die größte der Region ist. Der persönliche Umgang mit seinen Mitarbeitern, ein offenes Ohr, Lachen und Spaß miteinander liegen Thomas Kornmayer am Herzen, denn auch das Betriebsklima ist Teil der Einkaufsatmosphäre, die seine

Brillen Hänssler

Brillen Hänssler
Matthias Müller

Ekkehardstraße 11
D-78224 Singen

Telefon 0 77 31 / 6 21 45
Telefax 0 77 31 / 6 74 25
www.brillen-haenssler.de

Wer kennt das nicht: In einer Modezeitschrift trägt ein Model einen Traum von Brille und die Bildunterschrift verrät nicht, wo das begehrte Objekt zu haben ist. Wer das Geheimnis nicht selbst lüften kann, sollte sich zu Brillen Hänssler in Singen begeben. Denn ob es um eine bestimmte Fassung oder spezielle Kontaktlinsen geht – das Team von Inhaber Matthias Müller scheut keine Mühen, um für seine Kunden so gut wie alles möglich zu machen.

Nicht umsonst kann sich Augenoptikermeister Matthias Müller über den ersten Platz in einer stadtweit durchgeführten unabhängigen Kundenbefragung freuen. Dabei standen unter anderem Freundlichkeit, Beratungsqualität und das Preis-Leistungs-Verhältnis auf dem Prüfstand. Für die persönliche Beratung nehmen sich die Mitarbeiter viel Zeit. Das Fachgeschäft führt auch klassische Brillen – Kunden schätzen es jedoch vor allem wegen der großen Auswahl an trendigen Fassungen.

Daneben hat sich das Geschäft auf ein breites Sortiment an farblosen und farbigen Kontaktlinsen sowie Sonnenbrillen spezialisiert. Die Homepage des Geschäfts erklärt, was Kurz- und Weitsichtigkeit bedeutet, wie Augenoptiker Korrekturbrillen herstellen und welche Möglichkeiten es gibt, die Augen vor Sonnenlicht zu schützen. Auch der Schutz von Kindern liegt Matthias Müller sehr am Herzen. Sein soziales Engagement erstreckt sich von der Unterstützung des Kinderhilfsfonds „Widmann hilft Kindern in der Region e.V.", der sich unter anderem um die Essensausgabe an Kinder aus sozial schwachen Familien an Schulen kümmert, bis hin zu einem Auto, das er für eine Schule für Behinderte mitgesponsert hat, um nur zwei Beispiele zu nennen. Denn die Freude, die im Laden als gutes Betriebsklima zu spüren ist, möchte der Unternehmer gerne weitergeben. „Wir haben Spaß an der Optik und leben das auch", erklärt Matthias Müller – und das nicht nur, wenn „Fasnet" ist. Zu diesem Anlass haben die Mitarbeiter mit Augenzwinkern und viel Spaß einige uralte Kunststoffbrillen aus dem Keller ausgegraben und per Bauchladen an den Mann gebracht – innerhalb von einer Stunde wechselten 80 Prachtexemplare ihren Besitzer.

Weingut Beate & Georg Vollmayer

Weingut Beate & Georg Vollmayer
Beate und Georg Vollmayer

Elisabethenberg 1
D-78247 Hilzingen

Telefon 0 77 31 / 6 41 47
Telefax 0 77 31 / 6 04 72
http://weingut-vollmayer.homepage.t-online.de

Eine über 1000-jährige Tradition hat der Weinbau am Hohentwiel. Der imposante Hegau-Vulkan, der den Meeresspiegel um 688 Meter überragt, verfügt nicht nur über ein mediterranes Klima, sondern auch über mineralreiche Böden. An den Hängen, die zum Teil extreme Steillagen haben, gedeihen besondere, seltene Sorten mit höchsten Ansprüchen. Da die Wurzeln sieben bis acht Meter tief in die Erde reichen, kommen die Reben das ganze Jahr über ohne künstliche Bewässerung aus.

Dass es heute noch Hohentwiel-Wein gibt, ist Robert Vollmayer, dem Großvater des heutigen Besitzers zu verdanken. Nachdem der Weinbau Anfang des 19. Jahrhunderts durch Befall mit Mehltau und Reblaus zum Erliegen gekommen war, wagte der Koch und Sommelier gemeinsam mit seiner Frau Ende der 1920er Jahre einen Neuanfang. Heute führen Georg und Beate Vollmayer das Weingut nach traditionellen, aber auch innovativen Prinzipien. An den Hängen gedeihen

Müller-Thurgau, Bacchus, Riesling, Grauburgunder, Weißburgunder, Chardonnay, Traminer, Spätburgunder, Dornfelder, Cabernet und Regent.

Alle grundlegenden Arbeiten am Rebstock führt Winzer und Weinbautechniker Georg Vollmayer deshalb gemeinsam mit seinem angestellten Winzer selbst aus. Bei dem Rebschnitt im Januar wird schon der Grundstein für die hohe Qualität gelegt, denn je geringer der angezielte Ertrag, desto höher die Qualität – eine der entscheidenden Voraussetzungen, um einen Wein mit reichhaltigen Inhaltsstoffen alt werden zu lassen. Der „Leib-und-Seele-Winzer", der schon mit 21 Jahren den Betrieb übernahm, produziert mit um-

weltschonendem Pflanzenschutz und organischer Düngung im Einklang mit der Natur. „Die Weinlese ist traumhaft", sagt Georg Vollmayer, dem man ansieht, dass er gerne draußen ist. Zu dieser Philosophie gesellt sich eine sensible Kellerwirtschaft, durch die der Wein seine Ursprünglichkeit behält: Allein die Schwerkraft lässt den Traubensaft in den Keller fließen, wo er viel Zeit zum Reifen bekommt. Ein „Luxus", den das Weingut seinem Wein gerne gönnt.

„Wir geben unser Bestes und das schmeckt man dem Wein auch an", erklärt Beate Vollmayer. Die hohe Qualität des Familienbetriebs, der seine Weine meist in halbtrockener und trockener Variante ausbaut, wird international regelmäßig mit Preisen belohnt. In den Jahren 2008 und 2009 zeichnete die Fachwelt jeweils alle neun eingereichten Weine mit Gold und Silber aus. Zu einem begehrten Renner hat sich auch der prickelnde, fruchtig-frische, trockene „Twiel-Secco" entwickelt. Auf die individuelle Beratung ihrer Kunden legt Familie Vollmayer viel Wert – schließlich verkauft das Weingut 85 Prozent seiner Weine und selbst erzeugten Obstbrände direkt ab Hof und gilt unter Kennern als Geheimtipp in der Bodenseeregion.

Überlingen – Närrisches Treiben in der fünften Jahreszeit

Kaum sind die Heiligen Drei Könige durch Überlingen gezogen, beginnt am 6. Januar um punkt 12 Uhr die fünfte Jahreszeit in der Überlinger Innenstadt. Dann treten die „Hänsele" auf den Plan, die beim „Einschnellen" mit ihren drei bis fünf Meter langen Peitschen, genannt Karbatschen, ein ohrenbetäubendes Knallen verursachen. Der Hänsele ist die Hauptfigur der Überlinger Fasnet. Sein Häs – das Narrenkostüm – besteht aus einer Kappe mit einem Rotfuchsschwanz und einem Leinenanzug, auf den neben roten, grünen, gelben, blauen und schwarzen Filzplättchen auch Glocken aufgenäht sind.

Vor der eigentlichen Straßenfasnet bereitet die Narrenzunft ihr Narrenkonzert vor – ein Mundarttheater, das die politische Obrigkeit gehörig auf die Schippe nimmt. Nur wenige Tage später ist es am „Schmotzige Dunnschtig" – Donnerstag – soweit: Die Straßenfasnet beginnt – natürlich nicht ohne Radau. Scharen von Schülern ziehen durch die Straßen, um ihre Lehrer zu wecken, Mitglieder der Narrenzunft statten Behörden ihren Besuch ab. Nachdem der Oberbürgermeister abgesetzt ist und die Narreneltern die Amtsgewalt übernommen haben, ziehen die Narren vom Hänselebrunnen zur Hofstatt, wo sie den Narrenbaum aufstellen.

Überlinger Fasnet

Münster St. Nikolaus

Höhepunkt der Fasnet aber ist der Fasnet-Samschtig. Nach dem Preis-Karbatschen-Schnellen an diesem Samstag beginnt um 19 Uhr der Hänselejuck, der Narrensprung der Hänsele, stimmungsvoll ausgeleuchtet von bengalischen Feuern. Glocken läutend, springend, schnellend, juchzend und tanzend zeigen die Hänsele in den Gassen und Lokalen ihr fröhliches Treiben.

Als weitere Höhepunkte stehen der große Umzug am Fasnets-Sonntag und der Hemdglonker-Umzug am Fasnets-Montag, ein Höllenspektakel, auf dem närrischen Fahrplan. Mit einem wahrhaft traurigen Akt wird die Fasnet schließlich am Fasnets-Dienstag an verschiedenen Stellen in der Stadt um Punkt 24 Uhr beerdigt. Einziger Trost: Ab dieser Sekunde „goht's dagege", das heißt, mit jedem Tag kommt man der Fasnet des folgenden Jahres wieder ein Stückchen näher.

Kur und Touristik Überlingen

Kur und Touristik Überlingen GmbH

Landungsplatz 5
D-88662 Überlingen

Telefon O 75 51 / 9 47 15 22
Telefax O 75 51 / 9 47 15 35
www.ueberlingen.de

Das milde Klima der geschützten Südlage am fjordähnlichen Überlinger See und der mittelalterliche Stadtkern mit seinen prachtvollen Bauten machen Überlingen zu einem der beliebtesten Orte am Bodensee. Die „Riviera des Bodensees" mit der längsten Seeuferpromenade des Sees ist nicht nur Ausgangspunkt der Schwäbischen Barockstraße, sondern auch Baden-Württembergs einziges Kneippheilbad.

Das ganzheitliche Kurkonzept der Stadt hilft Gesundheitsurlaubern und Kurgästen, auf Dauer fit und gesund zu bleiben. Oasen der Ruhe wie die üppige Pflanzen- und Blütenpracht an der attraktiven Seepromenade, im Bad- und im Stadtgarten mit einem faszinierenden Kakteen-Freigelände laden zum Verweilen ein. Seit 2004 gehört Überlingen zum erlauchten Kreis der „Slow Cities", der internationalen Vereinigung lebenswerter Städte. Auf dem Gartenkulturpfad Überlingen, der die

prachtvollen Grünanlagen und Parks auf drei Wegen miteinander verbindet, lassen sich seltene und ungewöhnliche Pflanzen und Bäume auf dem „grünen Stadtrundgang" bestaunen. Wunderbare Ausblicke über den See und die historische Altstadt wechseln mit grünen Oasen der Ruhe. Und das nur wenige Gehminuten vom Stadtzentrum entfernt.

Keinesfalls versäumen sollte man einen Besuch im spätgotischen Münster St. Nikolaus mit seinem ungleichen Turmpaar. Mit dem holzgeschnitzten Hochaltar – einem Meisterwerk von Jörg Zürn – ist es eines der großen Kulturdenkmäler des süddeutschen Raums. Der Rathaussaal aus derselben Epoche ist ebenfalls ein Muss für alle Kunstinteressierten. Zauberhafte Winkel und Gassen verbinden Sehenswürdigkeiten wie die Franziskanerkirche, das städtische Museum, die Jodokkapelle und das Aufkircher Tor, das direkt am historischen Stadtgraben steht.

Wer Überlingen per Schiff erreicht, kommt auf dem Landungsplatz im Herzen der historischen Stadt mitten im Geschehen an. Wie wäre es jetzt mit einem Cappuccino in der Greth, dem einstigen städtischen Handels- und Kornhaus, dessen Markthalle und Restaurants darüber hinaus mit italienischen und badischen Köstlichkeiten aufwarten? Neben den kulinarischen hat Überlingen übrigens das ganze Jahr über jede Menge kulturelle Highlights zu bieten: In der Hochburg der Alemanni-

schen Fasnacht wird die Pflege von Traditionen groß geschrieben. Besuchermagneten sind auch die beiden historischen Schwedenprozessionen, die an ein Versprechen während des Dreißigjährigen Krieges erinnern. Im Sommer locken viele Wassersportveranstaltungen wie Segelregatten, die „Orgelmusik zur Marktzeit" und das Sommertheater des Stadttheaters Konstanz, um nur einige Glanzpunkte zu nennen. Glänzende Aussichten also für einen Besuch in der stilvollen, eleganten Stadt.

Orgelbau Raffin

Orgelbau Raffin GmbH
Wolfgang Kaupp, Rafael Engeser

Abigstraße 9
D-88662 Überlingen

Telefon O 75 51 / 95 29-0
Telefax O 75 51 / 95 29-29
www.raffin.de

Dass Musik auf der ganzen Welt verstanden wird, illustriert die bunte Postkartenwand im Familienbetrieb Raffin. Die unzähligen Grüße stammen von begeisterten Drehorgelspielern aus über 30 Ländern, unter ihnen gar Kunden aus China und Neuseeland. Mit dem Erwerb eines der handwerklich meisterlich gefertigten Instrumente erfüllen sich viele Musikfreunde einen Kindheitstraum. Auch als Leihinstrument sind Drehorgeln als Begleiter für Messen und Trödelmärkte, Betriebsjubiläen, Weinfeste oder Hochzeiten beliebt.

Begonnen hat alles mit Josef Raffin, der in Überlingen den Beruf des Orgelbauers erlernte. Mit einer Kiste voller Werkzeuge baute er nach seiner Meisterprüfung zunächst Boote und Kleinmöbel, bevor die für den Bau von Kirchenorgeln notwendigen Maschinen angeschafft werden konnten. Als Restaurierungsarbeiten an Drehorgeln zunehmend nachgefragt wurden, entwickelte Josef Raffin seine erste, bis heute beliebte 20-Ton-Notenbandorgel.

Mittlerweile kann das Familienunternehmen, das 2010 sein 50-jähriges Bestehen feiert, ein großes Sortiment an Drehorgeln anbieten: von der tragbaren Bauchorgel mit 31 Pfeifen über Flöten- und Spieluhren bis hin zur großen Konzertorgel mit Trompeten und 124 Pfeifen finden Drehorgelfans alles, was das Herz begehrt. Auf die weltweit einzigartige Präzision, mit der jedes einzelne Instrument von Hand gefertigt wird, sind die Inhaberfamilien Engeser und Kaupp besonders stolz. Beim Bau des Gehäuses wird jeder noch so ausgefallene Gestaltungswunsch erfüllt – ob aufwändige Intarsien, Gemälde oder ein Lieblingsmotiv, ob Handwagen nach Berliner Art oder Drehorgelständer. Sogar die Musik wird im Haus mehrstimmig Ton für Ton arrangiert – von Friedlinde Engeser, die ausgebildete Violinistin und Organistin ist. Grundsätzlich kann sie jedes Lied als mehrstimmiges Notenband setzen. „Auf besonderen Kundenwunsch habe ich auch schon chinesische Lieder arrangiert", erläutert sie. Rund 800 verschiedene Titel hat das Unternehmen mittlerweile im Sortiment und es werden täglich mehr.

Ihre Schwester Gudrun Kaupp fertigt die Notenbänder in Handarbeit, denn „Maschinen, die das so präzise übernehmen können, gibt es noch nicht", sagt Friedlinde Engeser. Die Begeisterung der Kunden, wenn das lang ersehnte gute Stück ins Haus geliefert wird, motiviert und bestärkt die Mitarbeiter. Riesengroß auch immer wieder die Freude über ein Lieblingslied, das neu auf Notenband erhältlich ist. Entsprechend herzlich fallen auch die regelmäßigen Treffen der Drehorgelfreunde aus – man kennt sich gegenseitig und musiziert gemeinsam, oft auch auf zwei Instrumenten, die genau aufeinander abgestimmt sind. Wer hören möchte, wie eine Drehorgel klingt, was sich in ihrem Inneren verbirgt, wie der Klang in der Orgel entsteht oder wie etwa die Musik in die Drehorgel kommt, der kann an einem Freitagnachmittag den Betrieb Raffin besuchen – wer mag, sogar bei Kaffee und Kuchen.

Dass „handgemachte" Musik im Elektronikzeitalter nach wie vor so viel Begeisterung weckt, ist nicht nur durch die liebevoll arrangierten Musikstücke zu erklären. Sicher rufen die heimeligen Klänge auch Kindheitserinnerungen wach – an Zuckerwatte, gebrannte Mandeln, Plüschtiere und Karussellfahrten.

Photographie Lauterwasser

Photographie Lauterwasser
Katharina Lauterwasser-Stielow

Münsterstraße 41
D-88662 Überlingen

Telefon 0 75 51 / 6 35 30
Telefax 0 75 51 / 6 72 41
www.foto-lauterwasser.de

Die früher gängige Meinung, dass ein Künstler schöpferisch tätig ist, während ein Fotograf sieht und abbildet, ist überholt. Die Arbeit mit der Kamera ist längst als eigenständige Kunstform akzeptiert – was eine wachsende Anzahl von Ausstellungen in Galerien, Museen und anderen Foren illustriert.

An der Grenzlinie zwischen Handwerk und Kunst bewegt sich Foto Lauterwasser schon seit 1867. Mittlerweile in der fünften Generation rückt das ausschließlich aus Frauen bestehende Team heute Menschen, Landschaft und Architektur sowie Stadtgeschichtliches ins rechte Licht.

Dabei wählt das Fotoatelier einen ganz eigenen Blickwinkel und versucht, die Stimmungen einer Situation einzufangen. „Wir fotografieren anders", erklärt Katharina Lauterwasser-Stielow, „wir möchten Menschen entspannt und natürlich, so wie sie sind, abbilden". Nach ihrer Fotografen-Ausbildung hatte die Studioinhaberin in Konstanz Grafikdesign studiert, bevor sie die Meisterprüfung ablegte. Ihr künstlerischer Anspruch führte sie weg von den gängigen Bildformaten, denn das Format einer Fotografie ergebe sich, wie sie ausführt, aus dem Bild selbst heraus.

Bei familiären Anlässen oder Hochzeiten wird daher nach Möglichkeit die Architektur oder die Landschaft mit einbezogen. Die Menschen bewegen sich natürlich, sollen nicht posieren. Mit dem Blick für das Wesentliche, oft aus einem unerwarteten Blickwinkel heraus, versuchen die Fotografinnen die Atmosphäre des Augenblicks einzufangen. Der einfühlsame beratende Um-

gang mit den Menschen und die Zeit, die sich das Team bei den Aufnahmen lässt, sind besonders in der Portrait- und Aktfotografie spürbar, bei der ausdrucksstarke Portraits und skulpturale „Körperlandschaften" in Schwarz-Weiß entstehen.

Eine gute Atmosphäre ist den Fachfrauen auch bei ihrer Arbeit wichtig, bei der sie sich gegenseitig ergänzen. Tochter Anna Lauterwasser ist als Fotografin und Assistentin für Foto- und Medientechnik unter anderem für die digitale Gestaltung verantwortlich.

Der Name Lauterwasser verbindet sich in Überlingen mit dem Stadt- und Bodenseearchiv, für das die Familie seit über 140 Jahren Menschen, ihr Brauchtum, Landschaften und Orte rund um den See dokumentiert.

Alexander Lauterwasser, Bruder der Inhaberin, machte mit seinen kunstvollen „Wasserklangbildern" von sich reden. Weltweit einen Namen gemacht hatte sich Vater Siegfried Lauterwasser als Fotograf des österreichischen Dirigenten Herbert von Karajan. 1999 mit dem Kulturpreis der Deutschen Gesellschaft für Photographie ausgezeichnet, setzte Siegfried Lauterwasser mit der künstlerisch-experimentellen Idee der „subjektiver Fotografie" gemeinsam mit der Gruppe „fotoform" ganz neue Maßstäbe in der Fotografie. Auf dieses Know-how kann das Lauterwasser-Team heute zurückgreifen.

Kunden, die auch von weit her anreisen um sich gekonnt ins Bild setzen zu lassen, fühlen sich offensichtlich gut aufgehoben bei diesem kreativen Quartett.

Margarethe Braun Woman

Margarethe Braun Woman
Margarethe Braun

Christophstraße 21
D-88662 Überlingen

Telefon 0 75 51 / 94 80 41
Telefax 0 75 51 / 94 80 42

Mode soll Spaß machen, sie ist ein Spiel, findet Margarethe Braun, deren Leben sich schon als Jugendliche maßgeblich um das Thema Mode drehte. Kleidung spiegelt den Zeitgeist wider – wer mit der Mode geht, bewegt sich auch mit der Zeit weiter. Die Modegeschäftsinhaberin legt dabei Wert auf eine sehr gute Auswahl hochwertiger Marken.

Die schlichte, schnörkellose Einrichtung und die mittelalterliche naturbelassene Steinmauer im hinteren Teil des Ladengeschäfts lenken den Blick auf das exklusive Sortiment: Neben internationaler, elegant raffinierter Mode von Strenesse Blue, Allude, René Lezard oder Philosophy di Alberta Ferretti finden Frauen bei Margarethe Braun auch ein sportives Segment, welches durch Labels wie Closed oder 7 for all mankind repräsentiert wird. Darüber hinaus führt die engagierte Inhaberin, die immer das Ausgefallene für ihre anspruchs-

vollen Kundinnen sucht, auch prominente Marken wie Just Cavalli und Gabriele Strehle. Jedes Teil, das Margarethe Braun für ihr Modegeschäft aussucht, besticht durch klare Linien, hervorragendes Material und hochwertige Verarbeitung, wie man nicht nur sehen, sondern auch fühlen kann.

Eine besondere Note kann die Kundin ihrer modischen Wahl noch durch eines der ausgefallenen Accessoires geben, die in Margarethe Brauns Vitrine ausgestellt sind, zum Beispiel den hochwertigen Modeschmuck von VIVA, der aus Swarovski-Kristallen, Natursteinen und -materialien hergestellt ist. Auch Taschen, Gürtel und Schuhe akzentuieren das modische Outfit.

Über die neuesten Trends informiert sich Margarethe Braun bei den führenden Modemessen in Düsseldorf, Berlin, München und Mailand. Nach den eher gedeckten Modefarben früherer Jahre freut sich die Geschäftsinhaberin über das Comeback kräftiger Farben. Dennoch steht nicht jeder Frau jede Farbe und so holt sich Margarethe Braun für eines ihrer zahlreichen Events eine Farbberaterin ins Haus, die Frauen zu ihrem Typ fachlich berät und ihnen Tipps gibt. Diese individuelle und ehrliche Beratung wird hoch geschätzt.

Nicht nur ihren Kundinnen gegenüber ist Margarethe Braun Ehrlichkeit wichtig – auch im Umgang mit ihren Mitarbeiterinnen legt sie Wert darauf. „Das richtige Maß" ist ein wichtiger Grundsatz für die Geschäftsfrau, der auch gesunde Ernährung mit wertvollen Zutaten am Herzen liegt. Denn hochwertige, schonend verarbeitete Rohstoffe und viel Frisches sind schließlich nicht nur die Bestandteile gesunder Ernährung, sondern auch die Basis traumhaft schöner Mode.

Der Wolken-Kuckucks-Kinderladen

Angelika Bischoff – Der Wolken-Kuckucks-Kinderladen
Angelika Bischoff

Münsterpassage
D-88662 Überlingen

Telefon 0 75 51 / 6 65 63
Telefax 0 75 51 / 6 06 50

Die Gechichte vom Wolkenkuckucksheim, einer Stadt in den Wolken, von Vögeln erbaut, hat Angelika Bischoff ihren Kindern vorgelesen, als sie noch klein waren. Damals überlegte die gelernte Bankerin gemeinsam mit einer Freundin, wie sie ihre Kinder erziehen und gleichzeitig berufstätig sein könnte: Die Idee für einen Kinderladen bekam Flügel.

Seit über 30 Jahren ist Angelika Bischoff mit ihrem etwas versteckt liegenden Geschäft im alten Gewölbe der Münsterpassage die Überlinger Adresse für ein breites Angebot an Kinder- und Teenagermode, Schuhen und Taschen für Mädchen. Von der Babybekleidung bis zur Größe 176 umgeht Angelika Bischoff mit ihren individuellen, gehobenen, modischen Textilien aus Deutschland, Italien und Frankreich gekonnt das Einerlei der Massenware. Und sie denkt dabei auch an die Mütter und Väter – denn in den Laden kommt nur Kleidung, die gut waschbar, tragbar und bequem ist. „Verkaufen lassen sich nur Artikel, von denen

ich selbst überzeugt bin", betont Angelika Bischoff. Marken wie Steiff, Petit Bateau, Jottum, Pampolina oder Timberland sind nicht nur qualitativ hochwertige, sondern auch haltbare Textilien. Angelika Bischoffs Sinn für das Besondere zeigt auch ein Badeanzug mit eingenähten Styroporschwimmhilfen, die nach und nach einfach herausgenommen werden können. Das erspart den Kindern die lästige Prozedur, sich in Schwimmflügel zwängen zu müssen.

Viele der Mütter, die heute mit ihren Kindern im Laden nach neuen Trends Ausschau halten, haben selbst schon mit ihren Müttern hier eingekauft und vertrauen auf die ehrliche Beratung von Angelika Bischoff. Wer einmal überzeugt ist, scheut selbst die Fahrt aus dem 50 Kilometer entfernten Sigmaringen nicht, wenn es um das modische Outfit der Sprösslinge geht.

Vielleicht liegt es auch an den einfühlsamen, kindererprobten Verkäuferinnen, dass Familien gerne wiederkommen. Oder an den Sonderangeboten, die regelmäßig neben der Korbbank vor dem Laden zu finden sind. Oder einfach daran, dass der Kinderladen mit den himmelblau gestrichenen Wänden, den Wolken an den Fenstern und dem regenbogenbunten Belüftungsrohr als „schönster Kinderladen Deutschlands" gilt, sofern man den Kundinnen glauben darf.

Lunoa

Lunoa
Jens Ulrich

Hafenstraße 6
D-88662 Überlingen

Telefon O 75 51 / 9 47 20 12
Telefax O 75 53 / 91 80 74
www.lunoa.de

Seit Januar 2008 ist die Altstadt von Überlingen um eine Attraktion reicher. Liebhaber origineller, hochwertiger Einrichtungsaccessoires finden in dem reich bestückten Laden in der Hafenstraße alles, was das Wohnen und Leben schöner macht. Die Küchenutensilien und Einrichtungsgegenstände bestechen durch Witz und Farbigkeit und vermitteln dadurch pure Lebensfreude.

Trendig, bunt und bruchsicher muss Geschirr sein, finden neben Delia und Jens Ulrich auch immer mehr andere junge Familien, die sich für Geschirr oder Besteck aus Melamin entscheiden. Das angesagte dänische Essgeschirr von Rice ist nicht nur frei von Weichmachern und giftigen Farben, sondern entsteht auch ohne Kinderarbeit. Und das ist den Eltern zweier Kinder wichtig.

Mittlerweile sind weitere namhafte Marken, wie House Doctor, Greengate, Maileg oder Sebra dazugekommen. „Der Kerzenleuchter ist unser Starprodukt", erklärt Delia Ulrich und deutet auf einen handbemalten Kerzenständer mit farbenfroher Blütenpracht – ein extravaganter, origineller Hingucker. Die gelernte Raumausstatterin hat neben Buntem, Trendigem auch Nostalgisches im Angebot – für's Herz und weil es Freude macht.

Eine wahre Augenweide für die geschmackvoll gedeckte Tafel im Landhausstil ist auch die toskanische, handgetöpferte Keramikserie von Rice. Vom handbemalten Kuchenteller über große Platzteller in zarten Pastelltönen bis zu Servierplatte und stilvoller Teekanne reicht die charmante Serie, die sich nach Herzenslust kombinieren lässt.

Da nicht nur Mütter die farbenfrohen Produkte lieben, sondern auch Kinder für Buntes zu haben sind, ergänzen nostalgisches und ausgefallenes Kinderspielzeug wie dänische Puppenmöbel oder liebevolle Gestaltungselemente für das Kinderzimmer das Sortiment. Witzige, verspielte Knäufe in allen Farben und Formen werden zum Blickfang – und das nicht nur im Kinderzimmer, sondern auch an der eintönigen Küchenfront oder Kommode.

Doch Schönes soll auch praktisch sein, lautet Delia Ulrichs Credo. Die thailändischen Sitzkissen mit Kapok-Füllung sind nicht nur schön und

bequem, sondern lassen sich je nach Bedarf zu Sitzen zusammenklappen oder als Spielmatratzen ausbreiten. Ein großes Spektrum an Körben in allen Farben, Formen und Größen – sowohl aus Bast als auch bunten Plastikstreifen geflochten – bietet Platz für all die Kleinigkeiten des Alltags. Ebenso praktisch sind die mit Wasser abwaschbaren farbenfrohen Kunststoffteppiche für Bad, Terrasse oder Balkon. Hochwertige Textilien und Quilts lassen von kuscheligen Sofa-Abenden träumen.

Wer denkt, er habe schon alles gesehen, wird regelmäßig mit Neuem überrascht, denn das Sortiment wechselt saisonal bedingt schnell. Dies gilt auch für die kleine, feine Auswahl an dänischer Mode, Taschen und schmucken Accessoires. „Am meisten Spaß macht uns die Arbeit, wenn wir die Erwartungen unserer Kunden noch übertreffen können", berichtet Delia Ulrich. „Eine Kundin schrieb von einer Schweizer Alm: ‚Ich freue mich so sehr über den Kerzenleuchter – er steht da, als sei er schon immer da gewesen'."

Die Greth

Die Greth
Überlinger Bürgerfonds Greth GbR

Landungsplatz 14
D-88662 Überlingen

Die Greth ist eines der bekanntesten Gebäude Überlingens. Das ehemalige Getreidelager- und Kaufhaus im Herzen der Stadt zwischen Markt- und Landungsplatz gilt unter Einheimischen und Gästen als beliebter Treffpunkt.

Das mittelalterliche Getreidelager- und Kaufhaus entstand um 1382, sechs Jahre vor Baubeginn des Konzilgebäudes in Konstanz. Ihr klassizistisches Erscheinungsbild verdankt die Greth einem Umbau aus dem Jahr 1788. Vor ihrer Sanierung im Jahr 1998 war sie allerdings alles andere als ein Schmuckstück.

Der historische Baubestand wurde sorgfältig erhalten und saniert und das ursprünglich große Raumgefüge wieder hergestellt. Das Ungewöhnliche an dem Sanierungskonzept war, dass es sich nur durch das enge Zusammenwirken zwischen der öffentlichen Hand und einem eigens von mehreren Bürgern gegründeten Überlinger Bürgerfonds als Ideengeber, Finanzier und Bauherr umsetzen ließ. Zusammen mit örtlichen Planern, Handwerkern, der Stadt Überlingen und dem Denkmalschutzamt des Landes gelang es, das außergewöhnliche Projekt zu stemmen.

Seine heutige Anziehungskraft verdankt das markante Kulturdenkmal nicht zuletzt dem, was in ihm steckt: Die Greth beherbergt ein Kino, zwei Restaurants und Ladengeschäfte, ein Café, eine Werbeagentur sowie die an sieben Tagen pro Woche geöffnete Markthalle mit einem Metzger, einer Wein-, einer Obst- und Gemüsehandlung sowie einem Kiosk.

GRETH

Allegretto Café Pizzeria

Allegretto Café Pizzeria
Giuseppe Arena, Nicola Tatavitto

Telefon O 75 51 / 91 63 25
Telefax O 75 51 / 91 63 27
www.pizzeria-allegretto.de

Ristorante Arena

Telefon O 75 51 / 91 63 26
www.arena-ristorante.de

Wer sich in der Stadt mit Freunden verabreden will, trifft sich im Café-Ristorante der Greth, denn das „Allegretto" gilt als der Überlinger Treffpunkt schlechthin.

Das quirlige Treiben an der Uferpromenade kann man bei sonnigem Wetter bei einem Aperitif draußen an der See-Bar genießen. Innen erwartet den Gast ein großzügiges, helles Restaurant mit einer großen, modernen Bar, das von der Pasta über Risotti bis zu Fischgerichten keine Wünsche offen lässt und mit Trüffeln und anderen saisonalen Gerichten abseits der typischen italienischen Speisekarte auch Ungewöhnliches auf den Tisch bringt.

Wer es lieber „andante" mag, kann im „Arena" ein Stockwerk höher mit Blick auf den See kulinarische Köstlichkeiten wie Lammfilet in Barolosauce oder Seeteufel in Basilikum schlemmen – und das zu fairen Preisen. Mit über 200 Weinen aus allen Regionen Italiens offeriert die kommentierte Weinkarte zu jeder Speise den passenden guten Tropfen. „Wenn sich alle wohlfühlen, ist Essen nicht nur Nahrungsaufnahme, sondern ein sinnliches Fest", sagt Inhaber Giuseppe Arena, dessen Leidenschaft auch den schönen Künsten gilt. Neben dem historischen Drachen-Fresko von 1539 machen die Werke moderner Künstler das Ristorante zu einem Gesamtkunstwerk italienischer Kochkunst und Lebenslust. Dieser Idee ist auch „La Grande Tavola" verpflichtet, eine lange Tafel für bis zu 24 Personen, die einen kulinarischen Rahmen für Firmenfeiern, Seminare oder Besprechungen samt modernster Konferenztechnik bietet.

Vinogreth Dirk Limberger

Vinogreth Dirk Limberger
Dirk Limberger

Telefon 0 75 51 / 93 66 79
Telefax 0 75 51 / 93 77 02

An sieben Tagen der Woche geöffnet, ist die Vinogreth der Weintreffpunkt in Überlingen, denn ein Glas Wein, Bodensee-Secco oder frisch gepresster Saft nach dem Wochenmarkt gehört für viele zum samstäglichen Ritual. Im Direktverkauf des Weingutes Markgraf von Baden können Weinfreunde, kompetent beraten von Weinfachmann Dirk Limberger, einen guten Tropfen erwerben. Oder ein ausgewähltes Sortiment an Spitzenweinen des

Weingutes im offenen Ausschank genießen – bei schönem Wetter auch auf der Terrasse direkt am See. Und wem zusätzlich der Sinn nach kleinen Köstlichkeiten aus der regionalen Küche steht, der ist nach wenigen Schritten vis-à-vis im „Weinstein" – mit der urgemütlichen Lounge vor dem Kamin bietet Familie Limberger einen weiteren beliebten Treffpunkt.

Marco Waibel Obst, Gemüse, Brände

Marco Waibel Obst, Gemüse, Brände
Marco Waibel

Telefon 0 75 51 / 83 83 74
Telefax 0 75 51 / 83 83 75
www.seegenuss.de

Um sechs Uhr auf dem Feld geerntet, um sieben Uhr verladen und um acht Uhr im Gemüseregal oder in der Restaurantküche: Taufrisch sind Obst und Gemüse, die der Obstbaubetrieb Marco Waibel aus Nesselwangen an seine Kunden in Gastronomie und Handel liefert.
Entsprechend knackig präsentiert sich die vitaminreiche Ware auch im firmeneigenen Laden in der Markthalle der Greth, in dem auch eigene, feine Obstbrände aus besten Früchten angeboten werden. Regionale Produkte des Qualitätslabels „Gutes vom See" und von der Insel Reichenau sind dort ebenso zu finden wie saftige Südfrüchte. Und nicht nur die benachbarten Gastronomen schätzen die Möglichkeit, sich noch schnell einen grünen Salat oder ein Sträußchen Kräuter zu sichern – auch Feriengäste und einheimisches Publikum treffen sich hier gerne.

Metzgerei Scholz

Metzgerei Scholz GbR
Johann und Manfred Scholz jun.

Telefon 0 75 51 / 91 60 69

Die Fleisch- und Wurstwaren der Metzgerei Scholz stammen von Neuland-Schweinen und -Geflügel aus artgerechter Haltung. Mit fast 700 Artikeln ist die Metzgerei hervorragend sortiert und bietet von feinen Pasteten und Schinkenspezialitäten über Salate und Fischsalate bis zum vielfältigen Sortiment von Käsespezialitäten herzhafte und deftige Genüsse vom Feinsten. Der hauseigene Catering-Service verwöhnt gekonnt große und kleine Gesellschaften.

Dass alle eigenproduzierten Fleisch- und Wurstwaren ohne Geschmacksverstärker auskommen, spricht für sich. Durch die spezielle Reifung des Rindfleisches erhält das reichhaltige Grillsortiment eine ganz besondere Geschmacksnote. Ein beliebter Anlaufpunkt ist die heiße Theke mit ihren täglich wechselnden, frisch gekochten Gerichten. Ein wahrer Run aber setzt samstags und sonntags ein, wenn es die begehrten knusprigen halben Enten und Haxen gibt.

P.C.O. Textilhandel

P.C.O. Textilhandels GmbH
Peter Würden

Telefon 0 75 51 / 30 10 34
Telefax 0 75 51 / 30 10 35

Durch das große Schaufenster können Kinobesucher vom Treppenhaus der Greth aus schon einen Blick auf das sportliche Sortiment von P.C.O. men werfen. Der weit gereiste Inhaber, der für große Modelabel 30 Jahre lang weltweit Stoffe einkaufte, Kollektionen erstellte und Produktionen in China und der Türkei leitete, verkauft heute, was ihm Spaß macht. Dazu zählen Marken wie Armani Collezioni, Ralph Lauren, Huberman's, Sand, Mabrun, EA7 und Stone Island.

Inhaber Peter Würden, der außerdem zwei Damenboutiquen, P.C.O. women style und women casual, in Überlingen hat, weiß, dass der weltbeste Denim in Japan gewebt wird. Neben vielen Accessoires von Stone Island und Emporio finden sich deshalb Jeans aus japanischem Stoff der amerikanischen Marke „Citizen of Humanity" im Laden.

SPECTRUM Wohnaccessoires

SPECTRUM Wohnaccessoires
Christiane und Hansjörg Kübler

Telefon 0 75 51 / 6 80 80
Telefax 0 75 51 / 6 80 00
www.spectrum-geschenke.de

„Würde der Stuhl nicht wunderbar auf die Terrasse passen? Und die Vase sähe auf der Kommode toll aus", sagt sich sicher manch einer, der den üppig mit ausgefallenen Wohnaccessoires bestückten Laden im ersten Stock der Greth betritt. Je nach Saison bietet der Laden Besonderes – von aktuellen Tischdekorationen, Kerzen, Glaswaren und Kissen über Schmuck, Uhren, Bücher und Handtaschen bis hin zu Lampen und Kleinmöbeln. Für Kinder gibt es Rucksäcke von Captain Sharky, Schulutensilien von Lillifee und vieles mehr.
Ein Einkauf im SPECTRUM, das in der Saison auch Sonntagnachmittags geöffnet hat, ist bei vielen Überlingern und Gästen zum Ritual geworden wie der abschließende Cappuccino in der Greth.

Kino-Betriebe Lailach

Kino-Betriebe Lailach GmbH
Thomas Lailach

Telefon 0 75 51 / 6 35 69
Telefax 0 75 51 / 6 53 07
www.kino-ueberlingen.de

Im geräumigen Satteldach, dem ehemaligen Taubenschlag der Greth, haben Thomas und Nicole Lailach drei Kinosäle – davon zwei rollstuhlgerecht – eingerichtet. Mit viel Gespür für die Wünsche des Publikums und stets am Puls des aktuellen Programmangebots bieten sie zusammen mit ihrem Kino Kammer Tivoli die Auswahl unter fünf parallel laufenden Filmen.

Gerade die ungewöhnlichen Filme fernab des Massengeschmacks locken anspruchsvolle Besucher seit Jahren ins Kino und auch die achte Auszeichnung für ein „herausragendes Filmprogramm", die das Ehepaar 2008 vom Innenministerium und der Medien- und Filmgesellschaft des Landes erhielt, spricht für sich. Trotz Fernsehen, DVDs und Internet – die schönsten Geschichten werden immer noch im Kino erzählt.

vergissmeinnicht Werbeagentur

vergissmeinnicht Werbeagentur GmbH
Wolfgang Gerstenhauer, Achim Günter, Jens Schröder

Telefon 0 75 51 / 9 47 29-0
Telefax 0 75 51 / 9 47 29-29
www.vergissmeinnicht-werbung.de

Eine Blume sagt mehr als tausend Worte – zumindest, wenn es darum geht, eine Marke in den Herzen und Köpfen von Menschen zu verankern. Das kreative Geschäftsführer-Trio der Werbeagentur „vergissmeinnicht" wirft insgesamt mehr als vier Jahrzehnte Agentur- und Markenerfahrung in die Waagschale. In der ehemaligen Schreibstube des alten Gemäuers stärken die jungen Köpfe seit Anfang 2008 Marken wie Rieker Schuhe, Deutsche Post DHL, Ravensburger Spiele oder die Sparkasse Bodensee.

Von Flyern über Mailings, Internetauftritte, Point-of-sale-Maßnahmen, TV-Spots bis hin zum Imagefilm oder der Kreation eines Logos: Mit Kreativität, breiter Erfahrung und Professionalität lassen die „strategischen Werber" ihre Kunden über sich hinauswachsen.

Landgasthof zum Adler

Landgasthof zum Adler
Peter und Verena Vögele

Hauptstraße 44
D-88662 Überlingen-Lippertsreute

Telefon O 75 53 / 82 55-O
Telefax O 75 53 / 82 55-7O
www.adler-lippertsreute.de

Wer badische und moderne Küche in einem der schönsten Gasthäuser des Linzgaus genießen möchte, ist im „Adler" in Lippertsreute bestens aufgehoben. Das Anwesen lädt mit seinem prächtigen, 300 Jahre alten Fachwerkhaus, Gästezimmern, Apartments und Ferienwohnungen ein, badische Gastlichkeit zu genießen.

Seit 1989 warten Peter und Verena Vögele in ihrem Landgasthof in der elften Generation mit traditionellen badischen Gerichten und anspruchsvollen kulinarischen Menüs aus der verfeinerten Landküche auf. Am liebsten kocht Peter Vögele klassische Landgasthofgerichte wie geschmorten Ochsenschwanz, Schweinsbäckle, geschnetzelte Lammleber, gefüllte Kalbsbrust oder Krautwickel. Gerne überrascht er seine Gäste auch mit internationalen Schmankerln à la Lammfilet süß-sauer mit asiatischen Glasnudeln, Tiroler Gröschtl oder auch Maischolle. Ebenso köstlich sein Bodenseefischteller, Felchen, Seeforelle oder Saibling, denn Peter Vögele weiß die Nähe zum Bodensee für seine Fischspezialitäten zu nutzen. Je nach Saison stehen auch Meeresfische auf der Karte. Nicht zu vergessen die hausgemachten Parfaits, Mousses, frischen Obstdesserts oder das leckere Ananassorbet.

Nicht zuletzt die unzähligen Würdigungen in Form eines Bib Gourmand im Michelin, dem Varta-Tipp, 14 Punkten im Gault-Millau, zwei Bestecken im Schlemmeratlas und die hervorragenden Bewertungen im „Feinschmecker" sind „ausgezeichnete" Gründe genug, sich im „Adler" einen genussreichen Abend zu gönnen.

Am meisten aber haben sich die Gastleute über das Kompliment eines Gastes gefreut: „Das hat ja geschmeckt wie daheim!", kommentierte der 80-Jährige.

Genießen kann der Gast die Köstlichkeiten an den urigen, blank gescheuerten Ahorntischen in der Gaststube oder im Kreis von Freunden oder Familie im „Ahnenstüble". Im Sommer sitzt es sich auch wunderbar in der lauschigen, blumenumrahmten Gartenwirtschaft vor dem Haus. Verena Vögele verbreitet nicht nur gute Laune, sondern sorgt mit viel Engagement für auch für den passenden guten Bodenseewein aus dem Naturfelsenkeller, der ehemals als Eiskeller diente. Auch die alte Backstube des Anwesens ist noch in Betrieb und verwöhnt Gäste mit ofenfrischem Brot.

Wer selbst einmal gern zum Kochlöffel greift, kann dem Küchenchef bei einem der drei- bis viermal jährlich stattfindenden, begehrten Kochkurse im „Adler" über die Schulter schauen. Unter dem Motto „Kochen macht glücklich" zaubern Gäste an einem lehr- und genussreichen Verwöhn-Kochtag fachmännisch ein komplettes Menü mit Peter Vögele, der die traditionellen Tugenden seines Handwerks in Ehren hält.

Meersburg

Eiszeitliche Hügel, Flussläufe durch wildroman-tische Tobel, üppige Obstplantagen und sonnen-verwöhnte Weinberge: Der Linzgau zählt zu den schönsten Regionen am Bodensee. Im Rücken von Meersburg und Überlingen bieten die Höhenzüge Heiligenbergs einen fantastischen Blick über das liebliche Salemer Tal bis zum Bodensee.

Das Renaissance-Juwel Schloss Heiligenberg mit seinem berühmten Rittersaal prägt die Landschaft ebenso wie die Wallfahrtskirche Birnau in ihrer schwindelerregenden barocken Pracht. Entlang der Oberschwäbischen Barockstraße begegnen Besucher auf Schritt und Tritt den Arbeiten des Schnitzers und Stukkateurs Joseph Anton Feucht-mayer, der sich im Salemer Ortsteil Mimmenhausen niederließ. Das Wohnhaus des Schöpfers der Birnau-Stukkaturen zeigt heute Zeugnisse aus Leben und Werk des bekannten Barockkünstlers. Wahre Künstler sind auch die „Linzgau-Köche". Genuss mit allen Sinnen haben sich die Küchen-chefs auf die Fahne geschrieben und verwöhnen ihre Gäste mit Köstlichkeiten, die sie aus frischen Produkten der Region zubereiten. Mit Feinschmecker-Abenden, begleitet von Musik und guten Weinen der Region, kochen sich die kulinarischen Verführer regelmäßig in die Herzen der Gäste.

Wen nach solchen Gaumenfreuden die Lust auf Bewegung packt, der sollte in die Wanderschuhe schlüpfen. Obst- und Naturlehrpfade laden neben gut ausgeschilderten Wanderwegen dazu ein, die abwechslungsreiche Landschaft zu entdecken: Idyllische Natur pur verspricht der Aachtobel. Und auch der mittelalterliche Jakobsweg zwischen Pfullendorf und Überlingen besticht durch seine Naturschönheit. Wer sich auf die Pfade der Zister-ziensermönche begeben will, der nehme am Schloss Salem den herrlichen Prälatenweg, der bis zur Klosterkirche Birnau führt. Welche Pfade Entdeckungsfreudige auch gehen – garantiert sind schöne Aussichten für Genießer!

Burg Meersburg

Hagnau

Affenberg Salem – Ein tierisches Erlebnis

Der schönste Fußweg in den Linzgau beginnt wohl an der Klosterkirche Birnau. Auf dem sieben Kilometer langen, reizvollen Weg, der vom See bis zum Schloss Salem führt, lässt sich die typische Linzgaulandschaft erkunden. Nach halber Wegstrecke lädt der Mendlishauser Hof zum Zwischenstopp ein. Dort klappern Weißstörche auf den Dächern, die hier am Affenberg ebenso großgezogen werden wie Berberaffen.

Die in den marokkanischen und algerischen Gebirgen beheimateten, aufgeweckten Tiere fühlen sich im milden Bodensee-Klima sichtlich wohl. Ein Riesenvergnügen für Kinder, den tierischen Verwandten hautnah begegnen und sie sogar mit speziellem Popcorn füttern zu dürfen. Auch für Erwachsene wird ein Spaziergang durch das fast 20 Hektar große Waldstück, in dem über 200 Berberaffen klettern, schaukeln und faulenzen, zum besonderen Erlebnis. Schattige, angenehme Waldwege führen am idyllischen alten „Salemer Weiher" vorbei zur ehemaligen Zisterzienserabtei Salem.

Vom Kloster zum hochherrschaftlichen Schloss

Eingebettet in die malerische Landschaft des Linzgaus liegt Schloss Salem, eines der schönsten und bedeutendsten Kulturdenkmäler der Bodenseeregion. 1134 gegründet, entwickelte sich das Zisterzienser-Kloster zu einer der reichsten Abteien im Bodenseeraum, bevor die Markgrafen von Baden 1802 hier ihren Wohnsitz nahmen. Heute sind große Teile der Anlage, in der auch die weltweit bekannte Internatsschule Schloss Salem beheimatet ist, Landeseigentum.

Die weitläufige Klosteranlage mit ihren prächtigen Gärten und Teichanlagen bietet Besuchern Kunst und Weinkultur in prachtvollem historischem Ambiente. Ein Muss für jeden Kunstliebhaber ist der Besuch des imposanten gotischen Münsters. Auch zeitgenössische Kunst, Theater, Konzerte und Feste locken zahlreiche Besucher ins Schloss, das mit einer vorzüglichen Gastronomie aufwartet. Neben dem Weingut Markgraf von Baden beherbergt das Schlossareal zahlreiche selbstständige Kunsthandwerksbetriebe, die in bester Handwerkstradition Schönes und Nützliches fertigen. Sie allein sind schon einen Besuch im facettenreichen Schloss wert.

Schloss Salem - Unteres Tor

Weingut Markgraf von Baden

Weingut Markgraf von Baden
Bernhard Prinz von Baden

Schloss Salem
D-88682 Salem

Telefon 0 75 53 / 8 12 84
Telefax 0 75 53 / 8 15 69
www.markgraf-von-baden.de

Mit Rebflächen, Produktions- und Verkaufsstandorten am Bodensee und in der Ortenau gehört das Weingut Markgraf von Baden zu den größten privat geführten Weingütern in Deutschland. Am Bodensee bewirtschaftet es heute noch die im Mittelalter angelegten Kloster-Rebflächen Birnauer Kirchhalde, Bermatinger Leopoldsberg und Kichberger Schlossberg. Neben der langjährigen Erfahrung mit dem Anbau von Müller Thurgau und Spätburgunder hat das Weingut aber auch mit Exoten wie der aromatischen Rebsorte Sauvignon Blanc schon internationale Spitzenplätze belegt. „Wir versuchen, das Lebensgefühl des Sees und den Charakter der Region in die Flasche zu bringen", erklärt der kaufmännische Betriebsleiter Sebastian Beemelmans. Nicht umsonst wissen Weinkenner die mineralische Leichtigkeit des eleganten, spritzigen Weins zu schätzen. Mit seiner neuesten Errungenschaft – einem Leichtwein mit 8,5 Prozent Alkoholgehalt – wagt sich das Weingut auf Neuland vor. Dass der Müller Thurgau bei Weinproben regelmäßig ausgetrunken wird, ist dabei das beste Kompliment für die Winzer.
In den Verkaufsräumen im Schloss Salem, in dem noch der originale Torkel von 1706 steht, finden Genießer ein breites Angebot an Wein-Zubehör. Die Weinveranstaltungen im barocken Prälaturkeller, wo heute noch die Spitzenweine des Hauses lagern, erfreuen sich besonderer Beliebtheit, denn hier darf gekostet werden, wie gut „Wild und Wein", aber auch „Wein und Schokolade" zusammenpassen.

Markgräflich Badischer Gasthof Schwanen

Markgräflich Badischer Gasthof Schwanen
Horst Biedermann

Im Schlossbezirk 1
D-88682 Salem

Telefon 0 75 53 / 2 83
Telefax 0 75 53 / 64 18
www.schlosshotel-schwanen.de

In einem markgräflichen Schloss darf natürlich nicht fehlen, was Leib und Seele zusammenhält – eine gute Küche. Das 300 Jahre alte ehemalige Postwirtshaus ist heute das gemütliche Drei-Sterne-Hotel „Gasthof Schwanen" mit 14 Doppel- und zwei Einzelzimmern – allesamt mit Ausblick auf die barocke Schlossfassade und ihre prachtvollen Außenanlagen. Nicht nur Bodenseeurlauber, sondern auch Geschäftsleute wissen den Komfort des Hauses zu schätzen.

Gäste können aus einem reichhaltigen Angebot regionaler und internationaler Genüsse wählen. Auf den Tisch kommen dabei ausschließlich Produkte heimischer Bauern aus dem Salemer Tal. Je nach dem, was die Saison gerade bietet, bereichern Pilz-, Kartoffel- oder Käsegerichte die Speisekarte. Gerichte mit Wild und Fisch aus markgräflicher Jagd runden das kulinarische Angebot ab. Ein guter Tropfen aus der Weinkellerei des Markgrafen von Baden darf dabei natürlich nicht fehlen. Wer einen der Spitzenweine lieber in der Weinstube „Zum alten Gefängnis" genießen möchte, wird sicher „gefesselt" sein von den kleinen Spezialitäten, die die reichhaltige Vesperkarte bietet. Das Gerichtsgebäude aus der Epoche der Renaissance erzählt nicht nur Geschichte, sondern bietet auch einen urgemütlichen Rahmen für gesellige Abende. Und wer nachmittags eine Pause einlegen möchte, dem sei das „Museums-Café" empfohlen. Bei Kaffee und Kuchen inmitten der Atmosphäre einer Kunstausstellung lässt es sich prima entspannen.

Glasbläserei Roger Schräpler

Glasbläserei Roger Schräpler
Roger Schräpler

Sennhof
D-88682 Salem

Telefon O 75 53 / 65 87
Telefax O 75 53 / 65 87

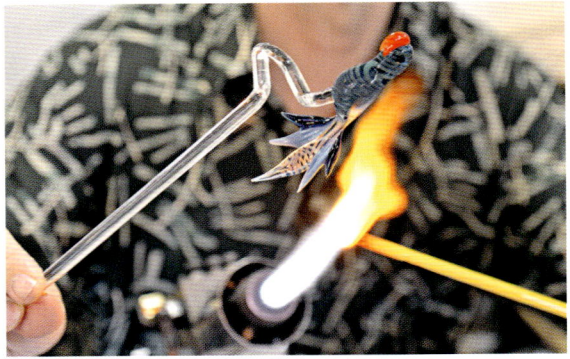

Aus einem der ältesten Werkstoffe der Menschheit stellt Roger Schräpler seit vielen Jahren Schönes und Nützliches her. Durch freihändiges Arbeiten mit Händen und Mund entstehen aus der 1000 Grad Celsius heißen Glasmasse kreative Schalen, kostbare Karaffen, Kerzenständer, formschöne Vasen, Flaschen mit mehreren Kammern, farbenfroher Schmuck, dekorative Orchideenhalter, filigrane Glasschreiber, tanzende Flaschenteufel, Weihnachtsschmuck und vieles mehr.
Am liebsten aber tüftelt Roger Schräpler an ganz individuellen Kundenaufträgen für Jubiläen, Geburtstage oder Hochzeiten: Dann zaubert er Zahlen oder auch einen Ferrari aus Glas in eine Flasche, rote Herzen an langstielige Weingläser und verleiht allen nur erdenklichen Wünschen Gestalt aus dem zarten Stoff.

Sabine Wissen Goldschmiedemeisterin

Mit viel Leidenschaft und Herzblut entwirft und schafft die Goldschmiedemeisterin seit 2004 in ihrem eigenen Atelier im Schloss Salem edle Unikate. In handwerklich hochwertiger Ausführung entstehen in einer klaren Formensprache dynamisch bewegte Einzelstücke – Unikate, die die Individualität der Trägerin unterstreichen.
„Wenn ich ein Schmuckstück kreiere, fließt bis zum letzten Schliff viel von meiner Persönlichkeit mit ein", sagt Sabine Wissen. Schließlich soll der Schmuck vor allem gern getragen und wertgeschätzt werden. Schmuck als Seelenschmeichler, zur Erinnerung an erlebte Momente und Stimmungen.

Sabine Wissen Goldschmiedemeisterin
Sabine Wissen

Unterer Langbau 1
D-88682 Salem

Telefon O 75 53 / 8 27 97 91

Schuhhandlung & Schuhmacherei Boehne

Schuhhandlung & Schuhmacherei Boehne
Christian und Peter Böhne

Marstall
D-88682 Salem

Telefon 0 75 53 / 3 23
Telefax 0 75 53 / 84 71

Stilvoll, funktionell, langlebig und von bester
Qualität ist das rahmengenähte Schuhwerk, das
Christian Böhne hauptsächlich in englischen
Manufakturen für seine Kunden auswählt. In der
Schuhhandlung findet sich außerdem ausgesucht
schönes Zubehör und hochwertige, klassische
Bekleidung wie Jacken, Pullover, Strümpfe und
Schals. Gürtel, Hemden, Börsen und Taschen
ergänzen das Sortiment.
Neben traditionellen Schuhmodellen bietet das
Geschäft auch modifizierte neue Leistenformen,
wobei das Augenmerk immer auf der Harmonie in
Linienführung und Passform liegt. Ein umfassen-
des Angebot bester Schuhpflegeprodukte sowie
handwerklich anspruchsvolle Reparaturen verstehen sich für das Unternehmen, das in der vierten
Generation Schuhe für seine Kunden einkauft und
restauriert, von selbst.

Michael Denker – Kunstschmiede und Schlossermeister

Michael Denker Kunstschmiede und Schlossermeister
Michael Denker

Im unteren Langbau
D-88682 Salem

Telefon 0 75 53 / 6 05 19
Telefax 0 75 53 / 6 04 42
www.schmiede-denker.de

„Unmöglich gibt's nicht", sagt Michael Denker,
denn ob es um eine Gartenbank, ein Fenstergitter,
ein historisches Schloss, ein Geländer oder gar
eine Sonnenuhr geht – alles, was ein klassischer
Dorfschmied einst gemacht hat, kann der Schmiede-
meister für seine Kunden fertigen. Dass er dabei
kreativ sein kann, macht dabei für ihn den besonderen Reiz in einem Metier aus, das nur noch
selten zu finden ist. Jedem Entwurf geht eine
Ortsbegehung voran, dann entsteht gemäß dem
individuellen Wunsch des Kunden eine Zeichnung,
die in Eisen und Stahl, Bronze oder Kupfer umgesetzt wird. Die Grenzen zur Bildhauerei sind
dabei fließend: Die bunt bemalte „Wetterhexe"
als aufwändiges, mit Liebe zum Detail gefertigtes
Unikat scheint dem Betrachter auf dem Besenstil
verschmitzt davon reiten zu wollen.

Reck's Hotel Restaurant

Reck's Hotel Restaurant GmbH & Co. KG
Bernhard und Elfriede Reck

Bahnhofstraße 111
D-88682 Salem

Telefon 0 75 53 / 2 01
Telefax 0 75 53 / 2 02
www.recks-hotel.de

Am Portal ein behaglich dasitzender Pelikan, im Garten das Genießerschwein: Die beiden Skulpturen von Peter Lenk, dem Künstler der Satire und Übertreibung, stimmen schon darauf ein, was den Gast erwartet – ein Haus voller Kunst mit ausgezeichneter Küche und komfortablem Wohnambiente.

Bodenseeurlauber, die die Ruhe des Hinterlandes schätzen, sind in Reck's Hotel bestens aufgehoben. An einer alten Streuobstwiese in der idyllischen Landschaft des Salemer Tals zwischen Mimmenhausen und Neufrach gelegen, bietet es Feriengä-

sten und Geschäftsleuten mit seinen 18 großzügigen, hellen Doppelzimmern und zwei Apartments individuelle Gastlichkeit.

Mit Freude am Detail, persönlichem Service und ihrer herzlichen Art verstehen es Annette, Christine und Alexandra Reck, ihre Gäste wie Freunde zu empfangen. Bevor die drei Schwestern in den elterlichen Betrieb einstiegen, bauten sie ihr

Know-how in führenden Häusern der Hotellerie aus. Alexandra Reck, ausgebildet im Colombi-Hotel in Freiburg und heute Küchenchefin, kocht nach ihrem letzten Schliff bei Drei-Sterne-Koch Dieter Müller eine spannende Kombination aus traditionellen Gerichten und Nouvelle Cuisine. Damit ist sie eine der jüngsten in der ausgewählten Riege der Linzgau Köche. Besonders wichtig sind ihr die hochwertigen, unverfälschten Grundprodukte, die sie überwiegend in der Region einkauft. Ihre frische, saisonale, gehobene Küche kommt nicht nur bei Gourmets, sondern auch bei Michelin und Feinschmecker immer wieder ausgezeichnet an. Ob Tagung oder Familienfeier – gespickt mit Kunstwerken und Antiquitäten des leidenschaftlich Kunst sammelnden Hausherrn bietet das Haus eine kontrastreiche Auswahl an Räumlichkeiten: Wer es rustikal liebt, wählt die „Hans Thoma-Stube", die mit ihren geschnitzten Stühlen, Lampenfiguren, Bildern und einem alten Kachelofen Gemütlichkeit verbreitet. Die „Salemer Stube" mit ihrer Stuckdecke, barocken Antiquitäten und Kunstwerken präsentiert sich edel und festlich. Für besondere Ereignisse oder festliche Gesellschaften bietet sich dagegen das mit Blütner-Flügel und modernen Druckgrafiken ausgestattete „Piano-Zimmer" an, gleichzeitig der Frühstücksraum für die Hotelgäste. Bei schönem Wetter können die Gäste ihr Frühstück auch auf der von Platanen beschatteten

Gartenterrasse genießen. Wer Größeres vorhat, kann für bis zu 120 Personen gar die „Galerie" mieten. Den ehemaligen Theater- und Kinosaal – ein altes Fachwerkhaus – hat Familie Reck sorgsam renoviert und dabei nicht nur die Jugendstilfenster, sondern auch das Eichenparkett erhalten. Nicht nur für die zweimal jährlich stattfindenden Konzertabende – von Annette Reck organisiert – ein festlicher Rahmen.

Ein schöner Garten und ein duftender Lavendelweg laden zum Lustwandeln ein. Ein Besuch auf dem Reckschen Anwesen ist ein ganz und gar sinnliches Erlebnis.

Pfahlbauten – Frühgeschichte zum Anfassen

Eine Touristenattraktion waren die Pfahlbauten in Unteruhldingen schon, bevor die Insel Mainau sich Besuchern öffnete. 1922, als die Erforschung der Frühgeschichte noch in den Anfängen steckte, entstand das erste Pfahlbau-Dorf. Da die Forscher lediglich auf Bodenfunde zurückgreifen konnten, entwarf das Pfahlbaumuseum zunächst ein ideologisch gefärbtes, idealisiertes Bild der Stein- und Bronzezeit. Heute stellt das Museum das Bild kritisch in Frage und präsentiert seinen Besuchern aktuelle wissenschaftliche Erkenntnisse.

Drei Dorfanlagen mit insgesamt 20 Häusern aus der Jungsteinzeit und Bronzezeit sowie das Museum stehen Besuchern heute offen. Die lange Zeit strittige Frage, ob die Pfahlbauten im Wasser oder an Land standen, gilt heute als geklärt. Bei Hochwasser erreichten die Bewohner sie watend oder mit dem Einbaum, bei Niedrigwasser trockenen Fußes. Archäologie wird hier im wahrsten Sinne des Wortes begreifbar gemacht: Besucher dürfen Brot backen oder im Einbaum paddeln – für Kinder wie Erwachsene ein Erlebnis!

Pfahlbauten, im Hintergrund Klosterkirche Birnau

Meersburg – Mittelalterliche Stadt mit Südhanglage

Die mittelalterliche Burg sowie drei rötliche und gelbe Barockbauten prägen das Stadtbild von Meersburg. Das hoch gelegene mittelalterliche Städtchen mit seinen verwinkelten Gassen, schönen Plätzen und Fachwerkhäusern bietet wunderschöne Ausblicke.

Einer dieser Panoramapunkte ist das Alte Schloss, das mit seinem mächtigen Dagobert-Turm inmitten der Oberstadt thront. Neben Rittersaal, Verlies und Burgküche sind dort die Wohnräume der Schriftstellerin Annette von Droste-Hülshoff zu besichtigen.

Den barocken Gegenpart zur Burg bildet das Neue Schloss, die 1710–1712 errichtete, repräsentative Residenz der Konstanzer Fürstbischöfe. Das prächtige Treppenhaus gestaltete Balthasar Neumann, für die prunkvolle Innengestaltung verpflichtete man italienische Meister. Trotz der vielen Touristen hat sich die Stadt ihren mediterranen Charme bewahrt. Vor allem abends, wenn wieder Ruhe einkehrt und die vielen kleinen Lokale in der Steigstraße und an der Uferpromenade zum Essen, Trinken und Plaudern einladen.

chmucke Häuserreihe

Eriskircher Ried – Zauber des Natürlichen und Ursprünglichen

Die üppigste Farbenpracht zeigt sich von Mitte Mai bis Anfang Juni. Dann sind die Riedwiesen in das Blau tausender Sibirischer Schwertlilien getaucht.

Das wild wuchernde, weitläufige Eriskircher Ried ist das größte Naturschutzgebiet am nördlichen Bodenseeufer und eines der letzten Rückzugsgebiete für die bedrohte Tier- und Pflanzenwelt des Obersees. Im Feuchtgebiet an den Ufern der Schussen haben Haubentaucher und Blässralle ihre Reviere, in den Auenwäldern sind Pirol und

Gelbspötter zu beobachten. Im Herbst kommen bis zu 20 000 Reiher und Tafelenten hinzu, die hier Rast einlegen.

Weil die artenreichen Streuwiesen nur einmal im Jahr gemäht werden, wachsen im Ried auch zahlreiche seltene Pflanzen, die so klangvolle Namen wie Sumpfherzblatt, Heilziest, Teufelsabbiss und Kantlauch tragen. Das Naturschutzzentrum im alten Bahnhof bietet fachkundige Führungen durch das Ried an, das sowohl für Einheimische als auch Touristen ein ganz besonderes Erholungsgebiet ist.

Obersee

Lindau – Leuchtturm am Fuße der Alpen

Fährt ein Schiff auf dem Bodensee dem Lindauer Hafen entgegen, so nähert es sich dem südlichsten Seezeichen Deutschlands. Bayerns einziger Leuchtturmwärter verrichtet seinen Dienst innerhalb der historischen Befestigungsanlagen aus dem 13. Jahrhundert.

Das „Happy End Deutschlands", wie sich Lindau in der stadteigenen Werbung nennt, erlebte seine frühe Blüte im Mittelalter. Hier begann die Linie des „Mailänder Boten", einer wichtigen Reiter- und Kutschenverbindung von Süddeutschland nach Norditalien. Davon zeugen heute noch die prachtvollen Kaufmannshäuser aus der Barockzeit in der noch vollständig erhaltenen Altstadt. Dieser Stadtkern, die malerische Hauptstraße, die mittelalterlichen Gassen, die teilweise erhaltene Stadtmauer mit ihren charakteristischen Türmen, der barocke Marktplatz und natürlich der berühmte Seehafen stehen sämtlich unter Denkmalschutz. Der repräsentative Mittelpunkt der ehemaligen freien Reichsstadt ist das alte Rathaus, erbaut zwischen 1422 und 1436. Hier fand 1496 der Reichstag statt, woran heute noch die Freskomalereien an der Fassade erinnern.

Marktplatz

Altes Rathaus

Hotel Seehof

Hotel Seehof GmbH
Frank und Jürgen Hallerbach

Am Yachthafen
D-88090 Immenstaad am Bodensee

Telefon 0 75 45 / 9 36-0
Telefax 0 75 45 / 9 36-133
www.seehof-hotel.de

Wer nach badischer Gemütlichkeit, südlichem Charme und modernem Komfort sucht, findet bei den Brüdern Frank und Jürgen Hallerbach den Schlüssel dazu. Das gemütliche Drei-Sterne-Hotel liegt direkt am Bodensee und bietet von allen Balkonzimmern aus einen traumhaften Blick über das Alemannische Meer. Auf der Speisekarte der prämierten Küche finden sich Köstlichkeiten aus der Region ebenso wie aus der großen Küche jenseits des Linzgaus.

„Ich koche, damit es meinen Gästen schmeckt und sie sich wohlfühlen", erklärt Jürgen Hallerbach. Der Küchenchef, den seine Lehr- und Wanderjahre zu namhaften Adressen wie den Gebrüdern Haeberlin im Elsass oder Gualtiero Marchesi in Mailand führten, übernahm zusammen mit Bruder Frank 1993 den Seehof von seinen Eltern. Heute führen die beiden Brüder das Haus, das 2009 sein 125-jähriges Bestehen feiert, in der fünften Generation.

Stammgäste wissen daher, dass eine zeitige Reservierung empfehlenswert ist, um im edlen Ambiente des Lokals oder in der Gartenwirtschaft am See unbeschwert zu genießen. Und wer mag, lässt der Tag bei einem Glas Wein sachte ausklingen und den Blick über den Yachthafen von Immenstaad schweifen.

Das Restaurant bezieht seine Produkte vor allem aus der Region. Nur wenige Schritte entfernt legen die Bodenseefischer an. Aus dem, was sie in ihren Netzen mitbringen, zaubern Jürgen Hallerbach und seine Crew Gerichte wie „Hausgemachte Maultaschen vom Bodensee-Felchen auf Lauchgemüse in Müller-Thurgau-Sauce". Auf der wohlausgewogenen Speisekarte erkennt man den Einfluss traditioneller badischer, schwäbischer und bayerischer Küche ebenso wie den seiner großen Lehrmeister aus der Hochküche. Bei aller Originalität ist es dem Koch wichtig, dass seine Gäste die Küche verstehen. Dementsprechend ist auch die Sprache seiner Speisekarte geradlinig und verständlich.

Für sein Anliegen, Gästen bewusst zu machen, wie wertvoll frisch gekochtes Essen aus der Region ist, hat Jürgen Hallerbach sich etwas ganz Besonderes einfallen lassen. Was liegt näher, als die traditionellen Kässpätzle, die alle Bodenseeanrainer zu schätzen wissen, zu einem Hochgenuss zu machen? Nach Machart des Schweizer Käsefondues reibt der Koch vier verschiedene Alpenkäse, dazu kommen Mehl aus der Mühle in Langenargen, Zwiebeln von der Reichenau und Bodensee-Eier aus Freilandhaltung. Das Ganze verziert mit einer hauchdünnen Scheibe Blattgold – ein Hochgenuss für Auge und Gaumen!

Auch wenn die „Goldenen Kässpätzle" eine besondere Hommage an unsere Nahrung sind, soll Essen „vor allem Spaß bereiten, aber auch satt machen", resümiert Jürgen Hallerbach. Seine Küche kann sich neben 14 Punkten im Gault Millau auch über ihre durchgehend sehr guten Bewertungen in Restaurant-Führern wie dem Aral Schlemmeratlas und dem Guide Michelin freuen. Anerkennung findet auch die hohe Qualität zu einem fairen Preis.

Weingut Robert und Manfred Aufricht

Weingut Robert und Manfred Aufricht
Robert und Manfred Aufricht

Höhenweg 8
D-88719 Meersburg-Stetten

Telefon 0 75 32 / 24 27
Telefax 0 75 32 / 24 21
www.aufricht.de

Inmitten des Meersburger Landschaftsschutzgebietes abseits der Touristenströme liegt das im wahrsten Sinne des Wortes „ausgezeichnete" Weingut Aufricht. Sein auf Stelzen errichtetes, freundlich-helles Verkaufsgebäude aus heimischem Sandstein und Linzgauer Eiche – eine moderne Interpretation der steinzeitlichen Pfahlbausiedlungen – fügt sich in dieses schöne Fleckchen Erde harmonisch ein.

In viel Wärme und Licht gedeihen die „außergewöhnlichen Weine eines außergewöhnlichen Ortes", denn das Weingut Aufricht liegt nicht nur inmitten des südlichsten deutschen Weinanbaugebiets, sondern auch im höchstgelegenen nördlich der Alpen. „Die einzigartige Lage kommt auch unseren Weinen zugute, die in sich stimmig und harmonisch sind", sagt Manfred Aufricht, der gemeinsam mit Bruder Robert, Ehefrau Hildegard und Vater Josef Aufricht das Familienunternehmen betreibt. Schon während seiner Ausbildung zum Weinkaufmann und Weinwirtschafter war ihm die hohe Qualität toskanischer und französischer Weine ein großer Ansporn.

Traditionsbewusst und modern zeigt sich Familie Aufricht auch in der Pflege von Rebsorten, die andernorts kaum mehr zu finden sind: Einige Sorten wie Auxerrois, Gelber Burgunder und Blauer Frühburgunder stammen aus dem Mittelalter und stehen hier unter weinbaulicher Denkmalpflege. „Sie machen uns genauso viel Spaß wie die Cuvéetierung harmonisierender Sorten zu individuellen Weinen", freut sich Manfred Aufricht.

Für die Burgundersorten Weiß-, Grau- und Spätburgunder, die auf den schweren, mineralreichen Böden ohne künstliche Bewässerung gedeihen, hat das Weingut ein besonderes Händchen – Aufricht Weine sichern sich seit Jahren Spitzenplätze bei nationalen und internationalen Weinbewertungen. Die feinen Aromen wissen nicht nur Weinliebhaber, sondern auch die Spitzengastronomie bundesweit zu schätzen.

Genießern sei verraten, dass neben dem Gaumen auch alle anderen Sinne zum Zuge kommen: Die Terrasse, auf der man den Wein vor dem Kauf probieren darf, gibt einen einzigartigen Blick auf den Bodensee bis hin zum gegenüberliegenden Ufer frei – bei guter Sicht sogar bis zu den Alpen.

DUO Einrichtungen | design und objekt

DUO Einrichtungen GmbH | design und objekt
Ingeborg Tjarks

Zeppelinstraße 8
D-88677 Markdorf

Telefon 0 75 44 / 7 30 30
Telefax 0 75 44 / 7 30 90
www.duo-einrichtungen.de

DUO steht für „Design und Objekt". Und das kommt nicht von ungefähr, denn das kreative, engagierte Unternehmen bereichert Markdorf und Umgebung mit einem großflächigen Einrichtungshaus für hochwertige Möbel. Es wurde 1993 vom Inhaber-Duo Ingeborg und Gert Tjarks gegründet und steht seitdem Privat- und Firmenkunden bei der Einrichtung von Wohn- und Geschäftsräumen mit kompetentem Rat und Tat zur Seite.

Ankommen und sich wohlfühlen – ob in den eigenen vier Wänden oder im Büro: Dass das möglich ist, hat sich Ingeborg Tjarks zur Aufgabe gemacht. In Zusammenarbeit mit Architekten und Innenarchitekten gestaltet sie Wohn- und Arbeitswelten mit viel Fingerspitzengefühl nach individuellen Wünschen und Bedürfnissen. Die Messlatte legt sie dabei hoch: Ob Wohnen, Speisen oder Arbeiten – handwerkliche Qualität, zeitloses

Design und Komfort sind bei der Möbelauswahl das Maß aller Dinge. Dementsprechend geradlinig und wenig verspielt zeigen sich die Sitzmöbel, Tische, Schränke, Büromöbel und Leuchten. Die Liste der Hersteller der Bauhaus- und klassischen Möbel ist exquisit: USM, Vitra und Thonet stehen für zeitloses Sitzdesign, Möbeldesigner wie Marcel Breuer, Eileen Grey und Charles Eames erfüllen höchste Qualitätsansprüche. Warme Möbel sind mit der Massivholzlinie ebenso vertreten wie Möbel in Alu und Weiß. „Ein kühles Möbel kann durch den Kontrast eines farbigen Plaids oder eine besondere Beleuchtung ausgeglichen werden", weiß Ingeborg Tjarks, die auch Beleuchtungskonzepte für ihre Kunden entwickelt. Dazu besucht die gebürtige Wilhelmshavenerin ihre Klienten zu Hause oder im Büro, um bei der Auswahl passender Möbel, Teppiche und Stoffe zu beraten. Viele Ärzte, Steuerberater, Banken, Rathäuser und Industrieunternehmen greifen gerne auf den fachkundigen Service der sympathischen Inhaberin zurück.

Mit trendigen Accessoires wie Teppichen, Gardinen oder witzigen Aufbewahrungssystemen setzen die Einrichtungsberater dabei gekonnt „Farbtupfer". Die Ideen dazu liefern die Messen „Tendenz" und „Ambiente" sowie die internationale Möbelmesse in Mailand.

Jede Menge Hingucker bietet aber auch das Ladengeschäft selbst. Das Stuhlregal im Eingangsbereich stimmt auf das vielfältige Sortiment ein. Von originellen Pfeffer- und Salzstreuern in allen Formen über ausgefallene Espresso-Tassen bis hin zur Gartenfackel reicht das kreative Spektrum. Wer ein ausgefallenes Geschenk sucht, wird hier garantiert fündig. Auch wenn die Wünsche sich verändern: Qualität, Geschmack und Stil haben Bestand.

Atelier 33, Steinwerkstatt Lutz Gruna

Atelier 33, Steinwerkstatt
Lutz Gruna

Wirrensegel 7
D-88677 Markdorf

Telefon O 75 44 / 57 82
www.A33-skulpturen.de

Wer auf der Schwäbischen Dichterstraße von Meersburg aus in Richtung Ravensburg unterwegs ist, kommt unweigerlich durch den 33-Seelen-Weiler Wirrensegel. Auf einem eigens gepachteten Bauernhof direkt an der Bundesstraße 33 lebt und arbeitet der Bildhauermeister Lutz Gruna. In seinem Atelier finden sich Abstraktes und Konkretes, Kritisches und „Gefälliges" – allem aber eigen ist die meisterhafte Beherrschung des Materials. Der Künstler arbeitet frei, übernimmt aber auch Auftragsarbeiten.

Lutz Gruna arbeitet vorwiegend in Stein und bevorzugt dabei Marmor und Diabas. Dabei reizt es ihn besonders, dem Stein seine Schwere zu nehmen und ihm dabei trotzdem gerecht zu werden, ihm eine neue Form und Linie abzuringen und damit die innere Spannung einer Skulptur herauszuarbeiten. Dieser Gestaltungsprozess führt zu einer kraftvollen, ästhetischen Dynamik.
Der bearbeitete Stein steht für die menschliche Sehnsucht nach Ewigkeit und Unendlichkeit. Von gewaltigen Kräften geformt und Millionen von Jahren alt, verlangt das Material dem Künstler sowohl Demut als auch Kraft ab. Oft widersetzt sich der Stein seiner Bearbeitung und überrascht

mit Rissen, Einschlüssen oder Schichtungen. Der Stein fordert den Künstler und den Handwerker, es gibt keine Farbe, die übertünchen oder ablenken kann. Der Bildhauer kann an der Skulptur, die er schafft, nur wegnehmen, nichts hinzufügen. Aber auch andere Materialien wie Holz, Metall oder Tierknochen inspirieren den gebürtigen Friedrichshafener. In seinem Schauraum in der Scheune findet sich zum Beispiel ein vergoldeter Stierschädel mit langen, gebogenen Hörnern, der auf einer Steinstele steht und den Titel „Memento mori" als Erinnerung an die Vergänglichkeit trägt. Daneben das Werk „Gedanke II" – eine Skulptur, die in Stein gehauene Wellen zeigt. Fast kubistisch mutet die „Idee einer Katze" an, die aus Carrara-Marmor gefertigt ist. Beeindruckend auch die Akte, die Lutz Gruna in seiner Scheune ausstellt, Körper, die sich aus einem Steinblock herausentwickeln, zum Teil aber noch unvollendet in ihm stecken. Für die größeren Werke dient der Garten als erweiterte Ausstellungsfläche, in den Lutz Gruna den Besucher gerne führt. Hier findet sich etwa ein imposanter Dinosaurier, der aus verrosteten Landmaschinenteilen besteht, neben den „Stützen der Gesellschaft" aus Sandstein, die aussehen, als drohten sie im Boden zu versinken. Die Skulptur „Das Ende der Unschuld" zeigt ein

riesiges, perfekt poliertes Ei aus Kalkstein, das von Eisenklauen gesprengt, aber gleichzeitig auch gehalten wird.

Viele von Lutz Grunas Werken befinden sich mittlerweile in in- und ausländischem Besitz. Auch das Landratsamt Friedrichshafen hat eine Gruna-Skulptur angekauft. Die Skulpturenserie „Raum-Welt" fand eine Firma für Luft- und Raumfahrttechnik in Immenstaad so „spacig", dass sie sie im Eingangsbereich installieren ließ.

Stadt Friedrichshafen

Stadt Friedrichshafen

Adenauerplatz 1
D-88045 Friedrichshafen

Telefon 0 75 41 / 2 03-0
Telefax 0 75 41 / 2 03-11 99
www.friedrichshafen.de

Park an der Strandpromenade

Am baden-württembergischen Ufer des Bodensees im Dreiländereck Deutschland, Österreich und der Schweiz gelegen, ist Friedrichshafen ein beliebtes touristisches Ziel. Mit ihrer herrlichen Lage, zahlreichen Cafés an der schönen Uferpromenade, attraktiven Einkaufsmöglichkeiten und buntem Kulturprogramm lockt die Geburtsstadt der Zeppeline.

Mit Blick auf das imposante Alpenpanorama der österreichischen und Schweizer Berge schlendert es sich wunderbar die weitläufige Uferpromenade entlang. Wasserratten kommen bei einem erfrischenden Bad im See, beim Segeln, Tauchen oder Wasserskifahren voll auf ihre Kosten. Auf dem Bodenseepfad können Spaziergänger Tiere, Pflanzen und Natursehenswürdigkeiten, anschaulich auf Tafeln erklärt, entdecken. Ganz neue Perspektiven auf die Bodenseelandschaft eröffnen sich allen, die mit dem Zeppelin abheben. Der nahezu lautlose Riese schwebt beinahe schwerelos durch die Lüfte – ein faszinierendes, weltweit einzigartiges Erlebnis.

Wasserfontäne vor der Kulisse Friedrichshafens

St. Nikolauskirche

Theater, Kino und Kabarett, begleitet von internationalen Spezialitäten, alljährlich Anfang August in eine belebte Kulturmeile. Auch mit dem renommierten Internationalen Bodenseefestival im Frühjahr, das mit Orchestern und Künstlern von Weltrang aufwartet, kann sich das Kulturprogramm der Stadt schmücken.

Ihr internationales Flair verdankt die Messemetropole aber auch dem Bodensee-Airport Friedrichshafen und direkten Fährverbindungen in die Schweiz. Mit der modernen Katamaran-Fähre sind Gäste darüber hinaus im Handumdrehen in der Konstanzer Innenstadt.

Nur eineinhalb Fahrstunden sind es bis München und Zürich, drei nach Mailand: Friedrichshafen bietet eine hervorragende Lage, um alle Sehenswürdigkeiten rund um den See zu entdecken.

Dramatik und Leichtigkeit bieten auch Kunst, Kultur und Feste. Im ehemaligen Hafenbahnhof an der langen Seepromenade gelegen, ist das Zeppelin Museum längst zur ersten Adresse für technisch Interessierte und Kunstliebhaber geworden. Zur der weltweit größten Schau zum Thema Luftfahrtgeschichte gesellt sich die Kunstabteilung, die sich Skulpturen, Gemälden und Grafiken der Bodenseeregion widmet, repräsentiert durch namhafte Künstler wie Otto Dix. Revolutionäre Flugkonstruktionen in authentischer Umgebung lassen sich auch im Dornier Museum am Flughafen bewundern.

Temperamentvoll, bunt und voller Lebensfreude zeigt sich das abendliche Kulturleben der „Häfler": Das Graf-Zeppelin-Haus, der Bahnhof Fischbach und das Kulturhaus Caserne bereichern die Szene mit Theater, Musicals und Konzerten, in mancher Kneipe geht es auch jazzig zu. Das K42 mit Medienhaus, Theaterraum, trendiger Gastronomie und Shopping-Gelegenheit ist zum neuen Treffpunkt avanciert. Zur Institution geworden ist das legendäre „Kulturufer". Mit Zelten oder Open Air verwandelt sich die Promenade mit Konzerten,

Zeppelinbrunnen

Zeppelin Museum Friedrichshafen

Zeppelin Museum Friedrichshafen GmbH
Dr. Ursula Zeller

Seestraße 22
D-88045 Friedrichshafen

Telefon 0 75 41 / 38 01-0
Telefax 0 75 41 / 38 01-81
www.zeppelin-museum.de

Einzigartig in Deutschland ist das Zeppelin Museum Friedrichshafen: Nicht genug, dass es die weltweit größte Sammlung zur Luftschifffahrt beherbergt – als einziges deutsches Haus widmet es sich der Verbindung von Technik und Kunst. Denn das Museum hat sich der Kunst des Bodenseeraums verschrieben und besitzt neben wertvollen Kunstbeständen unter anderem die Sammlung Otto Dix.

Wer weiß schon, dass Roald Amundsen gemeinsam mit Umberto Nobile als erster Mensch den Nordpol sah – und zwar an Bord eines Luftschiffs – bevor er sich auf den Weg zum Südpol machte? Dieses und mehr erfahren Besucher in der Ausstellung zum Thema „66°30' Nord – Luftschiffe über der Arktis", eine der regelmäßig stattfindenden Wechselaustellungen, die meistens ein Begleitprogramm, ein wissenschaftliches Begleitbuch oder -programm für Kinder bieten.
Die Dauerausstellung lädt auf 2300 Quadratmetern zu einem Rundgang durch die Geschichte der deutschen Luftschifffahrt ein, ihr Herzstück ist die Zeppelinhalle. Hier lässt sich die 33 Meter lange originalgetreue Rekonstruktion eines Luftschiff-Teils der „Hindenburg" bewundern. Persönliche Führungen und Audio-Guides bieten vertiefende Kenntnisse. Die rekonstruierten Passagierräume der „Hindenburg" versetzen Besucher in die Jahre 1936–1937 und sie können als Zeppelinpassagiere dem einmaligen Erlebnis einer

Transatlantikreise mit dem Luftschiff nachspüren.
In dieser Zeit entstand auch die eindrucksvolle
Luxuslimousine „Maybach Zeppelin DS 8", die das
hohe technologische Niveau des Luftschiffbaus
illustriert. Noch heute ist der Luftschiffbau ein
Innovationsträger auf den Gebieten des Leicht-
baus, der Aerodynamik und der Motoren- und
Getriebeentwicklung. Details zum Fahrbetrieb
und die unterschiedlichen Einsatzgebiete von
Luftschiffen erfährt der Besucher ebenfalls.
Die Reise in die Vergangenheit führt Kunstinteressierte schließlich in die Region Bodensee-Ober-
schwaben der letzten 500 Jahre. Vom Mittelalter
bis zu zeitgenössischen Künstlern spannt sich
der Bogen der Kunstsammlung, die gerade einmal
auf ein halbes Jahrhundert Geschichte zurückblicken kann. Werke von Künstlern, die sich
während des Dritten Reiches in der Inneren Emi-
gration an den Bodensee zurückzogen hatten,
wie Otto Dix, Max Ackermann, Willi Baumeister,
Erich Heckel oder Julius Bissier, bilden einen besonderen Schwerpunkt. Highlights sind auch die
Druckplatte der ältesten Asien-Landkarte sowie
die umfangreiche graphische Sammlung.
Die moderne Gebäudearchitektur mit dem Flair
des Luftschiffbaus samt Restaurant und Catering-
Service, Vortragsräumen, Bibliothek und Museumsshop zieht nicht nur Besucher und Forscher
in den Bann, sondern macht das Zeppelin Museum
darüber hinaus zu einer kontrastreichen Veran-
staltungs-Location.

Deutsche Zeppelin-Reederei

Deutsche Zeppelin-Reederei GmbH
Thomas Brandt

Allmannsweiler Straße 132
D-88046 Friedrichshafen

Telefon 0 75 41 / 59 00-0
Telefax 0 75 41 / 59 00-4 99
www.zeppelinflug.de

Drei Exemplare gibt es weltweit und eines davon schwebt nahezu lautlos über der Bodenseeregion: Als Meisterwerk deutscher Ingenieurskunst bietet der Zeppelin seinen Fluggästen auf elf verschiedenen Routen eine einzigartig schöne Perspektive auf den Bodensee, das Allgäu, den Rheinfall oder Sankt Gallen.

Der leichtgewichtige Gigant ist mit seiner reißfesten Dreischicht-Polyester-Hülle, die circa 7400 Kubikmeter Helium fassen kann, ein Vertreter der „Leichter-als-Luft-Industrie". Die innen liegende Tragstruktur eines Zeppelins, die aus Aluminium- und Karbonfachwerkträgern besteht, erlaubt es, die Motoren weitab von der Passagierkabine anzubringen, so dass die Fluggäste nur ein leichtes Surren der Motoren wahrnehmen. Am Bodensee fliegt der Zeppelin neuer Technologie bei einer Geschwindigkeit von 70 Stundenkilometern in 300 Metern Höhe – ruhig und langsam schwebend bietet sich dem Gast ein unvergesslicher Blick aus der Vogelperspektive.

Hangar und Werft zu einem begehrten Ort für Veranstaltungen werden. Vor der Kulisse des Zeppelins werden Feste und Unterhaltung, aber auch Informationsveranstaltungen zu einem Vergnügen. Bühnenbauten, Licht- und Tonkonzepte verwandeln den Hangar in eine ganz eigene Erlebniswelt.

Zeppelinbegeisterte können sich dienstags und freitags durch die packende Welt der Zeppelinwerft führen lassen – und die faszinierende Leichtigkeit des Seins erleben. Und natürlich direkt am Start- und Landeplatz des Zeppelin die neue Erlebnisgastronomie im Zeppelin-Hangar auf dem Flughafengelände Friedrichshafen genießen und dabei hautnah den Flugbetrieb beobachten.

Die Vorfreude beginnt in der Abflughalle, die mit ihrem Check-in-Schalter, freundlichen Stewardessen und einem Warteraum mit Ausblick auf das Flugfeld wahres Reisefieber auslöst. Im Anschluss an den Flug können die Passagiere bei einem Glas Sekt das gemeinsame, oft geradezu philosophische Erlebnis Revue passieren lassen.

Durch den vibrationsarmen Flug bietet der Zeppelin aber auch die ideale Plattform für Forschungsprojekte. Die Klimaforschung setzt heute Zeppeline ein, um die unterste Schicht der Erdatmosphäre exakt zu untersuchen. Die ruhigen Flugeigenschaften sind ideale Voraussetzungen für gute Video- und Fotoaufnahmen, weshalb der Zeppelin auch bei der Überwachung und Steuerung des Verkehrs und bei Großveranstaltungen wie Fußballspielen im Einsatz ist. Sogar zur Diamantensuche in Südafrika wurde ein Zeppelin schon erfolgreich eingesetzt.

Die Faszination, die der Zepplin ausübt, lässt

frischmut,

frischmut,
Christine Frischmuth

Eugenstraße 57
D-88045 Friedrichshafen

Telefon 0 75 41 / 3 81 76 60
Telefax 0 75 41 / 3 81 76 62
www.frischmut.de

Einfach anziehend!

Friedrichshafen gilt bislang noch nicht als Nabel der Modewelt. Doch vielleicht ändert sich das bald. Immerhin arbeitet hier eine Modedesignerin, deren Kleider sehr individuell sind und nicht nur am See gerne getragen werden.

Ältere Damen bleiben oft vor den beiden Schaufenstern in der Friedrichshafener Eugenstraße Nr. 57 stehen und stellen entzückt fest: „Das ist ja wie früher!" Ihr Blick fällt auf schick angezogene Schneiderpuppen, Stoffballen, Bänder und Bordüren. Doch hinter der Fassade verbirgt sich keine einfache Schneiderei, sondern das Kleidungsdesign-Geschäft von Christine Frischmuth, die hier 2008 ihr eigenes Geschäft eröffnet und sich in den vergangenen Jahren mit ihrem Label „frischmut," einen Namen gemacht hat. Schon seit 2003 entwirft und produziert Christine Frischmuth Damenoberbekleidung in den Größen 36 bis 42.

Wenn die Kleidungsmacherin das eine oder andere Stück ihrer neuen Kollektion hervorzieht, gerät sie ins Schwärmen: „Fühlen Sie mal diesen Rock, er ist aus reinem Kaschmir. Und dieses Muster hier wurde nicht gedruckt, sondern durchgängig gewebt. So etwas gibt es heute nur noch selten." Wer „frischmut,"-Kleider kauft, erwirbt mit der qualitativ hochwertigen und doch bezahlbaren Kleidung immer auch ein Werk, das Geschichte hat. Ihre Kollektionen, von denen sie zwei bis drei im Jahr entwirft, folgen stets einer literarischen oder künstlerischen Inspiration. So zieht das Gedicht „Nur eine Rose als Stütze" von Hilde Domin die aktuelle Winterkollektion in ihr literarisches Kleid.

So individuell die einzelnen Kleidungsstücke à la „frischmut," auch sind, sie haben alle eine Linie: sehr weiblich, sehr klassisch und sehr formbetont. Von gängigen Modetrends lässt sich Christine Frischmuth nicht beeinflussen. Sie setzt ausschließlich ihre eigenen Ideen um, sucht und kauft die Stoffe und Utensilien in Europa selbst ein, fertigt zusammen mit zwei Näherinnen die Musterkollektion in ihrem Friedrichshafener Geschäft und lässt sie dann auf der Schwäbischen Alb in kleinen Serien fertigen.

Stoffe waren schon immer die Leidenschaft von Christine Frischmuth. Umso verwunderlicher, dass sie vor der Schneiderlehre Maschinenbau studierte und mehrere Jahre lang als Ingenieurin arbeitete. Sie bildete sich als Designerin und Schneiderin fort, um schließlich ihr eigenes Label zu gründen. Mit Erfolg. In immer mehr Boutiquen in Deutschland, Österreich und der Schweiz wird frischmut,-Kleidung mittlerweile verkauft, und das Geschäft in Friedrichshafen kann bereits einen großen Stammkundinnenkreis aufweisen.

Und dabei zählt die Klientel nicht unbedingt zu den sogenannten gut Betuchten. Christine Frischmuth liegt alles andere im Sinn, als Luxusmode zu produzieren. Stil ist für sie keine Frage des Geldbeutels, sondern des Bewusstseins. In diesem Sinne will sie den Wert von Qualität vermitteln. „Überall hört man, dass Kleidung vor allem funktionieren muss. Das mag schon sein, doch Kleidung muss auch eine Seele haben", erklärt sie.

Sie freut sich, wenn ihre Kundinnen Zeit mitbringen und sich gerne beraten lassen. Wenn sie dann noch fündig werden, und das eine oder andere Kleidungsstück seinen Weg in die Einkaufstasche findet, und so das Label „frischmut," in die Welt hinausgetragen wird – umso besser.

Dornier Museum Friedrichshafen

Dornier Museum Friedrichshafen
Museumsdirektorin Christina Becker

Claude-Dornier-Platz 1
D-88046 Friedrichshafen

Telefon 0 75 41 / 7 00 56 00
Telefax 0 75 41 / 7 00 56 09
www.dorniermuseum.de

Die Sagengestalten Ikarus und Dädalus verkörpern die uralte menschliche Sehnsucht, wie ein Vogel fliegen zu können. Derselbe Pioniergeist ist auch am Flughafen Friedrichshafen spürbar, wo das Dornier Museum Friedrichshafen seit Juli 2009 zu einem einzigartigen Erlebnis einlädt.

Luft- und Raumfahrtgeschichte zum Anfassen bietet die moderne und luftige Architektur, die technologischen Fortschritt in authentischer Umgebung präsentiert. Der Grundriss des einem Flugzeughangar nachempfundenen Museumsgebäudes basiert auf einer gedachten Abzweigung vom Rollfeld des Flughafens. Vergangenheit verbindet sich so mit Gegenwart. Der international anerkannte Licht-Künstler James Turrell hat speziell für das Museum eine eigene Lichtinstallation entwickelt. Kernstück der Dauerausstellung ist die sogenannte Museumsbox, die in einem Rundgang die Geschichte des Dornier-Konzerns und die Entwicklung der Luft- und Raumfahrt in den letzten 100 Jahren im Spiegel der Zeitgeschichte erlebbar macht. Mit einer Vielzahl revolutionärer Flugprojekte wie dem Riesenflugschiff Do X oder dem Senkrechtstarter Do 31 leistete die Firma Dornier Pionierarbeit in der Luftfahrt. Nach seinem Maschinenbaustudium war Claude Dornier bei der Luftschiffbau Zeppelin GmbH eingestiegen und legte mit unzähligen Weltrekorden, Patenten und technischen Höchstleistungen Grundsteine für zahlreiche Innovationen in unterschiedlichen Forschungsgebieten und Technologiefeldern. So zeigt etwa ein Gerät zur Zertrümmerung von Nierensteinen den Besuchern, wie Technologie aus der Luftfahrt in der Medizintechnik zum Einsatz kommt.

Die Faszination des Fliegens wird im Hangar spürbar. Zahlreiche, zum Teil noch flugfähige Originalflugzeuge können hier aus nächster Nähe bestaunt werden. Eines der Highlights ist der Dornier Merkur, der originalgetreue Nachbau eines Verkehrsflugzeuges aus den 1920er Jahren. „Das Museum soll ein Ort der kulturellen Begegnung und des Austausches sein – ein Treffpunkt für alle Menschen, die aus der Vergangenheit lernen wollen und den Chancen und Aufgaben der Zukunft zugewandt sind", wünscht sich Silvius Dornier, Sohn von Claude Dornier und Initiator des Dornier Museums.

Das Gesehene und Erlebte auf sich wirken lassen können Besucher im hauseigenen Restaurant. In modernem Ambiente mit Aussicht auf die legendären Flugzeugklassiker hat es mit traditionellen und regionalen Spezialitäten bis hin zu knackigen Salaten für jeden Geschmack etwas zu bieten – bei schönem Wetter auch auf der Terrasse mit Blick auf das Rollfeld des Flughafens Friedrichshafen. Ein Museumsshop und eine als Spielplatz umgebaute Do 27 für kleine Besucher runden das Angebot ab. Vielfältige Veranstaltungsflächen können darüber hinaus von Firmen oder Privatpersonen gemietet werden und bieten für jeden Anlass das passende Ambiente.

Event Center Bodensee

Event Center Bodensee
Jerome Schmid

Halbinselstraße 42
D-88142 Wasserburg

Telefon O 83 82 / 7 15 93 21
Telefax O 83 82 / 7 15 93 33
www.event-center-bodensee.de

So vielfältig wie die Bodenseelandschaft, so abwechslungsreich die Freizeitmöglichkeiten. Das Event Center Bodensee hat Firmen, Urlaubern und Ortsansässigen alles zu bieten, was Spaß macht: Von Kanu- oder Quadtouren über Golfkurse, kulinarische Events oder Klettertouren bis hin zu Wildwasserfahrten im Bregenzer Wald – kaum ein Wunsch bleibt unerfüllt.

„Mit uns können Sie was erleben!" verspricht Inhaber Jerome Schmid seinen Kunden. Der ausgebildete Kaufmann, der ein Jahr lang intensiv recherchiert, Kontakte geknüpft und alle Locations am Bodensee besichtigt hat, bevor er sein Geschäft eröffnete, wurde in Krefeld geboren und wuchs im Ruhrgebiet auf, bevor es ihn an den Bodensee zog. Ein idealer Ort für ein Event Center: Im Winter liegen die Skigebiete vor der Haustür, im Sommer genießen Touristen das mediterrane Klima.

Mehr als 80 Vertragspartner in Deutschland, Österreich und der Schweiz helfen dem Wasserburger dabei, einfache bis ausgefallene Kundenwünsche zu erfüllen. Selbst ein Hubschrauber-Event ist im Programm, bei dem Mutige nach einer Stunde Schulung den Helikopter selbst fliegen dürfen. Ob es um Hotelzimmer, Transfers, sportliche Aktivitäten oder Eintrittskarten für kulturelle Veranstaltungen rund um den Bodensee geht – alle Leistungen sind über das Internetportal buchbar. Alternativ können sich Kunden aber auch von Jerome Schmid und seinem Team individuell beraten lassen.

Selbst Anfragen aus „Down under" erreichen Jerome Schmid. Für australische Kunden hat er einen abwechslungsreichen Bodensee-Erlebnis-Urlaub zusammengestellt – mit einem Ausflug nach Neuschwanstein, Fallschirm-Springen mit den

„Skydive Nuggets" im Allgäu, einem Spaziergang über die Mainau und einer Canyoning-Tour durch den Bregenzer Wald.

Ganze Event-Pakete erfreuen sich auch bei Firmen zunehmender Beliebtheit. Die Business-Pakete, nach Bedarf individuell geschnürt, umfassen den kompletten Tagungs- und Kongress-Service – von der Suche einer geeigneten Location über die Buchung von Übernachtungen, die Beschaffung von Trainern, das leibliche Wohl der Teilnehmer bis hin zum Rahmenprogramm. Für firmeninterne Veranstaltungen ist das findige Unternehmen ebenfalls bestens gewappnet, denn gibt es eine schönere Zielregion für einen Betriebsausflug als den Bodensee? Ob Bus und Shuttle-Service, Grillabend, Stadtführung, Besichtigungen oder die abendliche Unterhaltung – das Bodensee Business Center ist um keine Idee und Lösung verlegen. Auch im Bereich der Organisation außergewöhnlicher Musikveranstaltungen ist das Bodensee Event Center kein unbeschriebenes Blatt. Zum Auftakt holte Jerome Schmid Boney M. auf das Bodensee-Event-Schiff „MS Sonnenkönigin" – für alle Partybegeisterten eine Zeitreise zurück in die 1970er Jahre, mit Diskokugel, Schlaghosen und Glitzer – knallig, plüschig, schrill und bunt. „Wir bieten den Bodensee mit all seinen Möglichkeiten aus einer Hand", bringt es Jerome Schmid auf den Punkt.

Lindau vor der Alpenkulisse

Restaurant, Café Hoyerberg – Schlössle

Restaurant, Café Hoyerberg-Schlössle
Harald Marschall

Hoyerbergstraße 64
D-88131 Lindau/ Bodensee

Telefon O 83 82 / 2 52 95
Telefax O 83 82 / 18 37
www.hoyerberg.de

Das Hoyerbergschlössle gehört zu jenen seltenen gastronomischen Glücksgriffen. Zur traumhaften Lage des romantischen Sandsteinschlösschens gesellt sich eine gehobene, französisch orientierte Küche, die ihre Gäste mit vorwiegend einheimischen Produkten im Reigen der Jahreszeiten verwöhnt. Mit seinem atemberaubenden Blick über den Bodensee und die alte Inselstadt Lindau bis hin zu den Österreicher und Schweizer Alpen ist das Lokal ein kulinarisches, harmonisches Erlebnis.

Eine Lindauer Adelsfamilie ließ sich das Schlösschen mit dem Turm Mitte des 19. Jahrhunderts als Sommerwohnsitz erbauen. Um die Jahrhundertwende kaufte es die Stadt Lindau und das Schloss wurde zum Ausflugslokal. Spitzenkoch Friedbert Lang, der es 1979 übernahm, brachte das denkmalgeschützte Haus auf den heutigen Stand und machte aus dem Speiserestaurant einen kulinarischen, sternegekrönten Geheimtipp.
1998 übernahm Restaurantfachmann und Koch Harald Marschall die Geschäfte und brachte das Restaurant zusammen mit Küchenchef Peter Eckmaier in die Spitzenliga der deutschen Gastronomie. Trotzdem ist das Team des HoyerbergSchlössles, das im Restaurant-Führer Gault Millau mit 16 Punkten abschneidet, bodenständig geblieben. „Die Produkte kommen weitestgehend aus der Region und fast 60 Prozent aller Zutaten stammen aus biologischem Anbau", erklärt Harald Marschall. Alles wird à la minute gekocht und mit frischen Kräutern aus dem eigenen Garten serviert. Gepaart mit einem unaufdringlichen, aufmerksamen Service und dem eleganten Ambiente der Restauranträume bietet das Schlössle seinen Gästen nicht nur einen wahren Gaumenschmaus, sondern auch Erholung vom Alltag. Wer zeitig anruft, bekommt auch diabetische oder Trennkost serviert. Drei kreative Menüs stehen täglich zur Auswahl: Ein viergängiges vegetarisches Vitalmenü, das ebenfalls viergängige Hoyerberg-Menü und das Gourmet-Menü, das in sieben Gängen serviert wird. Eine harmonische Geschmacksabstimmung, Leichtigkeit und Bekömmlichkeit sind Attribute, mit denen man auf dem Hoyerberg in Sachen Geschmack ganz oben angekommen ist. Auch der Blick auf das À la carte-Angebot ist verheißungsvoll: Eine der Spezialitäten des Hauses ist die Bodenseelachsforelle, die mit einer leichten ChablisSauce auf jungem Blattspinat kredenzt wird. Den heimischen Rehrücken genießt man am besten mit frischen Waldpilzen und grünen Böhnchen an einer Portweinsauce. Auch einen sommerlichen „Feuerabend", bei dem es Barbecue im Garten gibt, sollten Gourmets sich nicht entgehen lassen. Ein hervorragend sortierter Weinkeller mit vorwiegend italienischen und französischen Weiß- und Rotweinen, aber auch heimischen edlen Gewächsen der Lindauer Spitalhalde rundet das kulinarische Erlebnis ab. Ob man auf einem der beiden Restaurantstockwerke oder auf der Terrasse sitzt – die Aussichten für Genießer sind herrlich.

Biedermann en Vogue

Biedermann en Vogue
Marit Anita Biedermann-Eide

Maximilianstraße 2
D-88131 Lindau

Telefon 0 83 82 / 94 49 13
Telefax 0 83 82 / 94 49 14
www.biedermannenvogue.de

Man muss nicht unbedingt in die Fashion-Metropolen dieser Welt reisen, um internationale Trends aufzuspüren, vielmehr genügt ein Besuch bei Marit Biedermann-Eide und Wolfgang Biedermann, um in Sachen Mode up to date zu sein. Die beiden großzügigen Ladengeschäfte auf der Lindauer Insel halten, was das schlicht gehaltene Logo „Biedermann en Vogue" verspricht: Hell und in klaren Linien präsentiert das Ehepaar seine internationale Designermode.

Ein Schachbrett-Marmorboden, das 400 Jahre alte überputzte Backsteingewölbe und die Natursteinmauern aus Bodenseesteinen bilden den kontrastreichen Rahmen für die kühle Eleganz der Glasvitrinen und Hochglanz-Regale – alles optimal beleuchtet von natürlichem Licht, das durch das Oberlicht in den Laden fällt, einzelnen Spots und Farbakzenten. Ein heller Wintergarten lädt zum Verweilen ein.

Marit Biedermann-Eide setzt mit „Biedermann en Vogue Femme" auf das gehobene Segment – italienische Designermode von besten Firmen, die sie auf den führenden Modemessen in Mailand, Paris, New York, München und Berlin für ihre Kundinnen auswählt.

Durch ihren Mann zur Mode gekommen, startete die kreative Geschäftsfrau 1974 mit einer Damenboutique für Designermoden in die Selbstständigkeit. Mit viel Gespür für Trends kauft sie Mode ein, die ihr selbst gefällt. Ihr vielfältiges Sortiment bietet von der lässigen Freizeitbekleidung über Businessmode bis hin zur eleganten Abendgarderobe für jeden Anlass das ideale Outfit.

Marken wie Armani finden sich ebenso wie Marc Jacobs, Etro, RL Black Label, Martucci, Fay, Feretti, Chloé oder Lanvin. Hochwertige Accessoires wie Gürtel, Taschen und Schmuck von Kieselstein sowie Schuhe von Etro, Marc Jacobs, Lanvin und Chloé komplettieren das Angebot.

Mit Mode, die sonst nur in Großstädten zu finden ist, trifft Marit Biedermann-Eide den Nerv der Zeit und die Wünsche ihrer Kundinnen, die aus dem ganzen Bundesgebiet zu ihr kommen. Die große Auswahl, die Ruhe im Geschäft, die persönliche Beratung und das oft langjährige Vertrauensverhältnis zur Inhaberin ziehen modebewusste Frauen immer wieder in die Maximilianstraße auf Lindau Insel.

Herren müssen übrigens keinesfalls zurückstehen, denn auf der gegenüberliegenden Straßenseite bietet Wolfgang Biedermann ein ebenso exklusives wie hochwertiges Sortiment für Herren an: von der Jeans von Armani, Kiton oder Brioni bis hin zu Maßanzügen, Jacken, Hosen und Hemden von Scabal, Etro, Boglioni, New Man, Acqua di Constanza, Brioni, Kiton, Moncler, A. Barni und Fedeli – sportlich-leger bis stilvoll-elegant. Hinzu kommen rahmengenähte Schuhe von Kiton, Bontoni, Kuckelkorn und Lario. Wer es eher sportlich-lässig mag, wird bei Sabelt oder Armani fündig. Absolut trendy sind auch die Gürtel von Gräfin von Lehndorff und Kroko Maximia.

Die Zufriedenheit der Kunden steht bei „Biedermann en Vogue" an oberster Stelle: Mode, die nicht da ist, wird beschafft, Ware auf Wunsch zur Ansicht ins ganze Bundesgebiet verschickt. Und was nicht auf Anhieb passt, wird im hausinternen Atelier von Meisterhand geändert.

Atelier Cemerin

Atelier Cemerin
Angelika Cemerin

Bindergasse 19
D-88131 Lindau

Telefon 0 83 82 / 2 13 12

Wenn einem auf dem Fußweg von Wasserburg nach Lindau am Bodensee entlang eine Frau begegnet, die bizarr geformte Äste und Baumwurzeln im Gepäck hat, dann könnte es sich um Angelika Cemerin handeln. Die überzeugte Fußgängerin und freischaffende Künstlerin betreibt ein Atelier in einer Altstadtgasse der Lindauer Insel und lässt sich gerne von der Natur inspirieren.

Angelika Cemerins Atelier betritt man durch das Sandsteinportal eines Hauses von 1596. Es liegt im hinteren Teil eines langen, gemütlichen Ausstellungsraums, in dem sie ihre Acrylgemälde und fantasievolle Einrichtungsgegenstände wie Lampen und Kerzenleuchter aus Treibholz, Baumwurzeln, bemaltem Holz und Steinen ausgestellt hat. Eine ganze Weile muss das Holz vor seiner Verarbeitung im Wasser gelegen haben, damit es die richtige Patina bekommt.

Auf eine Stilrichtung festlegen lässt sich die sympathische Künstlerin, deren Vater im Krieg erblindete und der später trotzdem als Bildhauer tätig war, nicht gerne. Nachdem sie schon als Kind mit dem Malen begonnen hatte, eröffnete die gebürtige Sächsin in den 1970er Jahren ein Atelier in der Schweiz, wo sie auch die ersten von zahlreichen späteren Ausstellungen im In- und Ausland hatte. Viele Kunden aus allen Teilen der Republik schauen bei ihren Bodensee-Besuchen seit Jahren immer wieder im Atelier Cemerin vorbei, um zu sehen, was es Neues gibt. Besonders begehrt ist

ein beleuchtetes Objekt, das aus Tausenden von kleinen, an Drähten aufgefädelten Aststücken derselben Stärke besteht. An einem schmiedeeisernen Ring aufgehängt, reicht das Leuchtobjekt mit seinen zwei Metern Länge fast bis zum Boden und verbreitet ein gemütliches Licht im Raum. Die Kunst von Angelika Cemerin ist sowohl gegenständlich als auch abstrakt. Auch Textilbilder hat die Künstlerin schon gefertigt. Immer wieder sind es jedoch Naturstrukturen, wie etwa jene von Moosen und Schachtelhalmen, die sie faszinieren und in ihre Werke einfließen. Niemals bilden die Werke nur ab – so entstehen abstrakte Kunstwerke manchmal durch das Betrachten eines Grashalms oder eines Schneckenhauses, die Angelika Cemerin jeweils in Farbe und Form verfremdet. Nach ihrer Vorgehensweise gefragt, sagt die Künstlerin, die sich auch gerne an Kunstevents beteiligt: „Ich male wild darauf los, ich fange einfach an, selten habe ich ein vorher festgelegtes Konzept." Deshalb führt sie auch kaum Auftragsarbeiten aus – und nur dann, wenn sie viel Freiheit in Konzeption und Gestaltung hat.

„Beim Malen kann man loslassen", erklärt Angelika Cemerin, die einmal pro Woche auf den Lindauer Hausberg Pfänder steigt, von dem aus man sowohl die Alpen als auch einen Großteil des Bodensees sehen kann.

Böhm – Die Einrichtungen

Böhm – Die Einrichtungen GmbH & Co. KG
Irmgard Böhm

Maximilianstraße 21
D-88131 Lindau Insel

Telefon 0 83 82 / 94 88-0
Telefax 0 83 82 / 94 88-28
www.boehm-dieeinrichtungen.de

Die einladend als Esszimmer, Salon und Gartenzimmer dekorierten Schaufenster lassen das weitläufige Einrichtungshaus, das sich über mehrere Etagen und Häuser erstreckt, auf den ersten Blick nicht erahnen: Auf über 1200 Quadratmetern Geschäftsfläche bietet „Böhm – Die Einrichtungen" klassische und moderne Wohnkultur von zeitloser Eleganz und unaufdringlichem Luxus. Das Angebot reicht von hochwertigen Möbeln über Gardinen, Tapeten und Bezugsstoffe bis hin zum Wohnaccessoire.

Die eigene Persönlichkeit und das individuelle Lebensgefühl durch seine Einrichtung zum Ausdruck zu bringen ist oftmals gar nicht so einfach. Die anfängliche Begeisterung für die Neugestaltung des eigenen Lebensraums endet allzu oft in Verwirrung und Enttäuschung. Damit es gar nicht erst so weit kommt, gibt es Einrichtungsberater wie die des Einrichtungshauses Böhm auf der Lindauer Insel: „Es braucht viel Fingerspitzengefühl, Menschenkenntnis und eine profunde Marktkenntnis, um die Wünsche und Vorstellungen eines Kunden umzusetzen. Schließlich geht es darum, durch die Einrichtung die Persönlichkeit des Menschen zu unterstreichen und zum Ausdruck zu bringen." – so ist aus dem Haus zu hören. Die ungewöhnlich große Verkaufsfläche des Einrichtungshauses, das sich durch die langjährige Zusammenarbeit mit führenden Herstellern und Designern und durch feinste Materialien und solide Qualität seit 1920 europaweit einen Namen gemacht hat, gibt den Kunden reichlich Raum und Gelegenheit, sich „hautnah" inspirieren und informieren zu lassen. Die Beratung findet sowohl im Haus als auf Wunsch auch bei den Kunden statt, wo sozusagen „vor Ort" ein Einrichtungskonzept erstellt wird. Gerade bei größeren Projekten ist es wichtig, einen Eindruck und eine Vorstellung von dem zu gestaltenden Objekt zu bekommen. So kann noch besser auf die Wünsche und Vorstellungen der Kunden eingegangen werden. Dabei spielen Entfernungen keine Rolle: Die Konzepte der engagierten Einrichtungsberater finden sich europaweit in Wohnungen, Hotels, exklusiven Penthäusern, Villen und Schlössern und auch auf Jachten. Die hauseigene Polsterei, Näherei und die eigenen Monteure garantieren die Umsetzung selbst anspruchsvollster Wohnideen. Das umfassende Möbelsortiment bietet namhafte Hersteller wie Pol International, Minotti, Giorgetti, Baxter, John Hutton und vieles mehr. Die beeindruckende Stoffabteilung ist durch Markennamen wie Pierre Frey, Rubelli, Nobilis oder Colefax & Fowler vertreten, um nur einige zu nennen. „Wir beraten unsere Kunden bei der Wahl eines Bilderrahmens ebenso wie beim Erstellen schlüsselfertiger Gesamtkonzepte. Es gibt wohl kaum einen Wunsch, den wir nicht erfüllen können", ist sich Firmeninhaberin und Geschäftsführerin Irmgard Böhm sicher.

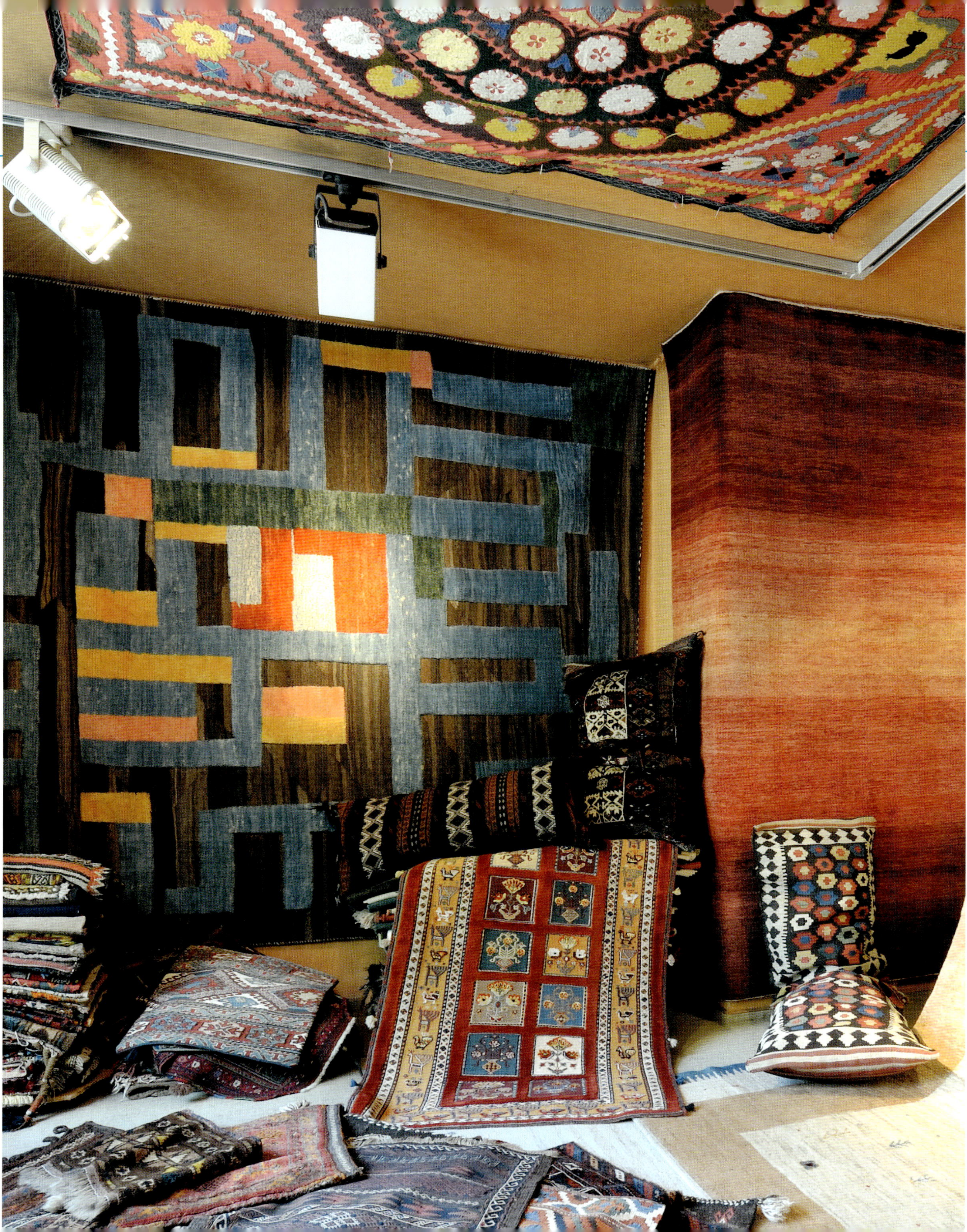

Die Galerie

Die Galerie
Herbert Ullrich

Auf dem Wall 2
D-88131 Lindau

Telefon 0 83 82 / 42 58
www.DieGalerieTeppiche.de

Auf südpersische Bauern- und Nomadenteppiche hat sich Herbert Ullrich spezialisiert und sein Anspruch ist hoch: Alle Teppiche müssen von erwachsener Menschenhand gemacht und ohne Chemie gewebt, geknüpft oder gewirkt sein. Die künstlerisch wertvollen Unikate bestechen durch Ausstrahlung, Harmonie, Originalität und Kraft.

Seine Liebe zu qualitätvollen Nomadenteppichen entdeckte Inhaber Herbert Ullrich vor fast 50 Jahren, als er als Prokurist für ein Tübinger Teppichfachgeschäft arbeitete. Seitdem hat ihn diese Leidenschaft nicht mehr losgelassen und wer Lindau Insel über die Brücke erreicht, trifft als erstes auf seine schön gelegene Eckgalerie für „hochwertige, echte Teppichkultur". Mit bemerkenswerter Abstraktionskraft stellen persische Bauern die Teppiche, von denen jeder einzelne ein Unikat ist, nach uralter Tradition spontan und „aus dem Bauch heraus" her, wie Herbert Ullrich erklärt. Der Teppichhändler, der in Vorträgen erläutert, woran ein künstlerisch wertvoller Teppich zu erkennen ist, kauft nur einzigartige Spitzenstücke an. In Zürich, dem Hauptumschlagplatz für Perserteppiche, hat sich Herbert Ullrich für seine Kunden aus aller Welt das Erstkaufrecht für Teppiche „allererster Sahne" gesichert. Dabei nimmt er vor allem Farbe, Form und Flächengestaltung des Werks genau unter die Lupe. „Mir liegen menschliche, kreative, mit viel Liebe gefertigte Teppiche am Herzen", sagt Herbert Ullrich. Ein Teppich muss Charakter haben, er sollte nicht nur die Wohnung selbst, sondern vor allem deren Bewohner geistig bereichern. Er darf auch einmal krumm und schief sein, wenn er denn Ausstrahlung, Kraft und Seele hat. So wie das eindrucksvolle Exemplar, auf dessen unifarbenem

Hintergrund einzelne Tiere zu sehen sind. Im Hintergrund speit ein glühender Vulkan knallrote Farbtupfer über den Teppich. „Teppiche haben mit ihrer harmonisierenden, stabilisierenden Wirkung einen therapeutischen Effekt", ist Herbert Ullrich überzeugt. Obwohl der Inhaber sicher ist, dass sich jeder Kunde den zu ihm passenden, richtigen Teppich instinktiv aussucht, ist ihm die persönliche Beratung sehr wichtig. Zu schnell ist ein zu großes Format gewählt oder die Raumwirkung nicht bedacht. Als besonderen Service bietet das Geschäft aber auch an, das gute Stück probeweise zu Hause auszulegen, bevor sich der Kunde definitiv entscheidet. Neben Teppichen üben auch Steine – genauer gesagt selbst gefundene Kalkalpensteine – eine unwiderstehliche Anziehungskraft auf Herbert Ullrich aus. Indem er die Naturkunstwerke mit ihren Kreuz-, Kreis- und Linienzeichnungen auf seine Teppiche legt, schafft er neue Kunstwerke – der Teppich erhält so eine ganz persönliche Deutung. Seine Leidenschaft teilt der Künstler übrigens mit den zahlreichen Besuchern, die seine Ausstellungen in Berlin, München, Stuttgart und im chinesischen Nanking besucht haben. Dass der vielseitige Teppichhändler auch malt und schon mehrere Bücher über seine Aquarell- und Steinkunst veröffentlicht hat, ist ein Grund mehr, ihn in seinem Laden zu besuchen. Offensichtlich aber scheinen Teppiche Fantasie und Kreativität zu beflügeln.

Der Pfänder – Hausberg mit Seesicht

Der Pfänder, Hausberg von Bregenz, ist zwar nur einen starken Kilometer hoch, aber dafür bietet er droben und drumherum so einiges, was ihn von anderen Bergen unterscheidet. Ein Gradmesser seiner Beliebtheit wäre zum Beispiel, dass die Pfänderbahn im Jahr etwa eine Viertelmillion Besucher von 421 auf 1022 Meter Seehöhe befördert – und das in sechs Minuten.

Auf dem Gipfel lässt sich nicht nur das Dreiländereck, sondern bei guter Sicht fast der ganze Bodensee überblicken. In derart luftiger Höhe bietet die Adlerwarte von Mai bis Oktober herrliche Greifvögel-Flugschauen. Der Alpenwildpark in unmittelbarer Nähe ist ganzjährig geöffnet und lockt mit einem Kleintiergehege und der längsten Trockenrutsche Vorarlbergs. Wem das zu wenig Bewegung ist, der kann beim Radeln Kalorien lassen – oder sich auf den Käsewanderweg begeben, der neben Informationen zur Käseerzeugung natürlich auch Kostproben bereithält.

Im Hochsommer ist die Zeit der Alphorn-Seminare: ein einzigartiges Erlebnis, zwischen Berg und See dem 2000 Jahre alten Brauchtum zu begegnen und den Klängen der Instrumenten-Kunstwerke aus Fichtenholz zu lauschen.

Pfänderbahn

Dornbirn – Lebendig und vielfältig

Größte Stadt Vorarlbergs, Messestadt und wirtschaftliches Zentrum: Das ist Dornbirn. Als relativ junge Stadt hat sie keine nennenswerte historische Altstadt vorzuweisen, doch findet man in fast allen Stadtvierteln neben interessanten, modernen Bauten noch alte Bauernhäuser.

Seit 2003 findet in Dornbirn die „inatura" statt, eine Erlebnisausstellung über die Natur des Rheindeltas und des Bregenzer Waldes. Wer sich lieber selbst auf den Weg macht, kann den 975 Meter hohen Karren besteigen oder das imposante Naturdenkmal „Rappenlochschlucht", eine der größten Schluchten der Ostalpen, durchwandern. Abgesehen von seinen landschaftlichen Reizen ist Dornbirn ein florierender Wirtschaftsstandort mit vielen innovativen und pfiffigen Firmen, die Vorarlberg über die Grenzen Österreichs bekannt gemacht haben. Autobegeisterte schätzen die Stadt vor allem wegen ihres berühmten Rolls-Royce-Museums.

Allein schon eine Reise wert sind die landestypischen Schmankerln dieses selbstbewussten Bundeslandes, in dem gemütliche Gasthäuser und Cafés zum Genießen einladen – echte, österreichische Kaffeekultur inklusive.

olls-Royce-Museum

Rappenlochschlucht

Vorarlberg mit Bregenzerwald – Innovative Idylle

Aus aller Welt strömen Architekten in den Vorarlberg, um die eigenwilligen und innovativen Bauwerke der Region zu studieren, die hier seit den 1970er Jahren entstanden sind. Architekten begannen damals, mit heimischem Holz aus dem Bregenzerwald Häuser in einfachen, modernen Formen zu bauen. Rathäuser, Verwaltungsgebäude und selbst Supermärkte sind architektonische Hingucker.

Wer aus Deutschland kommend seine Reise durch das westlichste österreichische Bundesland beginnt, legt ganz sicher den ersten Zwischenstopp in Bregenz ein. Die Landeshauptstadt Vorarlbergs strotzt geradezu vor Kultur- und Freizeitangeboten, ist aber auch idealer Ausgangspunkt für Touren ins Montafon, Klostertal, Brandnertal oder nach Feldkirch. Rund 6000 Kilometer ausgebauter und beschilderter, wunderschöner Wanderwege laden

Uferpromenade

Festspielhaus

zu Entdeckertouren ein – wer mag, kann auf speziell präparierten Wegen auch barfuß laufen. Für Kulturverwöhnte ist die Schubertiade in Hohenems und Schwarzenberg vor der atemberaubenden Bergkulisse obligat. Auch Bildende Kunst gibt es allerorten: Der an Stahlseilen aufgehängte Freiluft-Kunstraum „Galerie 365" in Schnepfau ist an 365 Tagen jährlich 24 Stunden lang geöffnet – Kunst, die für jedermann frei zugänglich sein will.
Natürlich kommen auch die Liebhaber der Vorarlberger Küche auf ihre Kosten: An den „Genusstagen Bregenzerwald" werden allerlei Köstlichkeiten kredenzt. Ein weiteres kulinarisches Highlight ist die „Käsestraße Bregenzerwald". Neben den äußerst schmackhaften Gaumenkitzlern gibt es Informationen satt von einschlägigen Sennereien, Käsewirten und Bauernhöfen.
Die vielen Freizeitmöglichkeiten dieser sagenhaften Landschaft sind ungezählt: Skifahrer kommen im Winter voll auf ihre Kosten. Ob Langlauf oder Alpin – die Schneelage lässt alles zu. Wem das Wandern auf Schusters Rappen zu gewöhnlich ist, der kann aufs Mountainbike umsteigen. Noch einen drauflegen können Abenteuerlustige bei Wildwasserfahrten in tosenden Gebirgsbächen. Die Region hat so viel zu bieten, dass es sicher nicht bei einem Besuch bleiben wird ...

Martinsturm

Seebühne

Bregenz Tourismus & Stadtmarketing

Bregenz Tourismus und Stadtmarketing GmbH

Rathausstraße 35a
A-6900 Bregenz

Telefon 00 43 (0) 55 74 / 49 59-0
Telefax 00 43 (0) 55 74 / 49 59-59
www.bregenz.ws

James-Bond-Filme spielen grundsätzlich an den interessantesten und schönsten Plätzen der Welt. Kein Wunder also, dass der Geheimagent in „Ein Quantum Trost" in Bregenz landete. Mit der größten Seebühne, Bergen direkt am See, Kultur, Sport, Bildung und einer dynamischen Wirtschaft hat die charmante Stadt am See alles, was das Leben lebenswert macht.

Im Vierländereck Deutschland, Österreich, Schweiz und Liechtenstein gelegen, ist Bregenz nicht nur Freizeit- und Einkaufsstadt, sondern auch kulturelle Hochburg einer ganzen Region. Die weltberühmten Festspiele, hochkarätige Events, die meisterhafte Architektur, das Kunsthaus, zahlreiche Theater und Galerien bieten hier das ganze Jahr über Programm. Der Hafen, die Gebäude der 2000 Jahre alten Stadt mit der mittelalterlichen Oberstadt und die größte Seebühne der Welt tragen zur unverwechselbaren Silhouette von Bregenz bei. Doch damit nicht genug: Jedes Jahr bietet die Seebühne in atemberaubender Kulisse Bühnenbilder der Extraklasse und unvergessliche Abende. Einzigartige Operninszenierungen mit den Wiener Philharmonikern locken internationale Besucher jedes Jahr in die Hauptstadt Vorarlbergs.

Kultur ist der „rote Faden": Zwischen Seeufer und Stadt prangt das „Kunsthaus Bregenz KUB". Der preisgekrönte poetische Kubus des Architekten Peter Zumthor ist nicht nur selbst Kunstwerk, sondern präsentiert regelmäßig Werke hochrangiger zeitgenössischer Künstler. Kunst findet sich in vielen Facetten wieder: von den sieben internationalen Galerien über Theater und Landesmuseum bis zu wechselnden Ausstellungen im Festspielhaus.

Genuss versprechen auch die mehr als 120 Restaurants, Gasthäuser, Bars und Cafés zwischen Berg und See, die oft auch über Gastgarten oder Terrasse verfügen. Viel Lokales dominiert die Speisekarte, ob fangfrische Bodenseefelchen, zarte Forellen aus der Bregenzerach oder delikates Wildbret vom Pfänder. Auch der Käse aus den nahen Alpen und der typisch gute, österreichische Kaffee dürfen nicht fehlen. Feinschmecker wissen besonders die unverwechselbare, persönliche Note der gastronomischen Betriebe, den perfekten Service und die natürliche Freundlichkeit der Vorarlberger zu schätzen.

Nachtschwärmer kommen beispielsweise im Casino Bregenz oder in einer der unzähligen Bars, Diskos, Szenelokale und der Beachbar auf ihre Kosten. Und schnell gewöhnen sich Gäste daran, dass die Nächte hier ein bisschen länger sind. „Rien ne va plus" – „Nichts geht mehr" – werden Besucher in Bregenz dennoch wohl eher selten zu hören bekommen. Denn irgendetwas geht immer in dieser Stadt. Trend und Tradition, Designer-Labels und altes Handwerk laden zum Shoppen im verkehrsfreien, belebten Stadtzentrum ein. Und wer hoch hinaus will, kann vom Hausberg Pfänder aus das Panorama über Bodensee, Alpen und Allgäu genießen. Wanderer, Radler, Jogger, Drachenflieger und Rollerblader finden hier endlos grüne Flächen zum Abschalten und Ausspannen. Warum also nach Rom, Mailand oder Florenz reisen, um einen guten Kaffee oder südländisches Ambiente zu genießen? Mediterranes Flair in landschaftlich reizvoller Umgebung und herzlich-österreichische Gastfreundschaft – Bregenz bietet das Mehr am See.

Salon Martinique Deluxe

Salon Martinique Deluxe
Martina Lehenbauer

Leutbühel 1
A-6900 Bregenz

Telefon 00 43 (0) 55 74 / 5 89 89
Telefax 00 43 (0) 55 74 / 5 89 91
www.salon-martinique.at

Das arabische Zeichen für Schönheit, das aussieht wie eine Flamme, ziert das Logo des exklusiven Friseursalons in der Bregenzer Altstadt, mit dem sich Inhaberin Martina Lehenbauer einen Traum erfüllt hat. Mit Leidenschaft und Kompetenz hat sie sich gemeinsam mit ihrem Team in den Dienst der Schönheit ihrer Kunden und Kundinnen gestellt.

Die hellen Räumlichkeiten auf zwei Ebenen schaffen mit ihrem dunklen Granitboden, weißen Ledermöbeln und frischen Blumen eine freundliche Wohlfühlatmosphäre. Raumgliedernde Spiegelelemente, die vom Boden bis zur Decke reichen, unterstreichen das geradlinige, edle Ambiente. Kunden genießen die Aussicht vom ersten Stock aus. Sie haben einen wunderbaren Ausblick auf das Innenstadtleben vor dem Fenster, sitzen aber selbst nicht im Schaufenster.

Martina Lehenbauer, die ihre Kunden gemeinsam mit ihrem Team gerne verwöhnt und umsorgt, weiß, dass kompetente Beratung und die perfekte Umsetzung des Kundenwunsches oberste Priorität haben. „Ich sehe den Menschen als Ganzes", erklärt die passionierte Friseurin, die Wert darauf legt, dass ihre Kunden sich wohl fühlen. So verwöhnt Salon Martinique seine Gäste mit Gratis-Handmassagen; aktuelle TV-Programme auf großzügigen Bildschirmen sorgen für Unterhaltung während der Haarpflege. Wer möchte, macht die Augen zu und genießt die Kopfmassage beim Haarewaschen. Farbiges Licht unterstreicht die entspannende Atmosphäre. Ein schicker VIP-Room für die Einzelbehandlung schützt Kunden vor neugierigen

Blicken. Nicht die typischen Frisurenfotos zieren die Wände. Stattdessen Bilder von Künstlern, denn Martina Lehenbauer legt Wert auf Kultur und Kunst und hat schon mehrere Ausstellungen in ihrem Salon veranstaltet. Zum umfangreichen Angebot des Salons, der noch eine Zweigstelle in Hohenems hat, gehören neben dem Haarstyling für Damen und Herren auch Haarverdichtung und -verlängerung, Maniküre und dekorative Kosmetik.
Eine Visagistin nimmt sich viel Zeit für eine eingehende Typberatung. Ob Farben, Produkte oder Haarschnitte – der Salon bietet stets die neusten Trends. Wichtig ist dem Fachteam jedoch auch, dass die Kundinnen zu Hause mit dem neuen Styling zurechtkommen. Eine einfühlsame, eingehende Beratung ist dabei das A und O für das Team, das auch gerne Herausforderungen, annimmt: Bei Modeschauen sorgt es immer wieder für den perfekten Look der Models.
Die angenehme Stimmung im Salon ist regelrecht spürbar und auch die Mitarbeiterinnen fühlen sich sichtlich wohl. „Das menschliche Miteinander und der gegenseitige Respekt sind mir sehr wichtig", erklärt die niederösterreichische Chefin.

Praeg – Atelier für Schmuck und Uhren

Praeg – Atelier für Schmuck und Uhren
Matthias Praeg

Anton-Schneider-Straße 4
A-6900 Bregenz

Telefon 00 43 (0) 55 74 / 4 31 65
Telefax 00 43 (0) 55 74 / 4 31 65-6
www.praeg-bregenz.at

Schmuck ist der schönste Ausdruck von Persönlichkeit und Individualität. Er ist nicht nur edles Material und schöne Form, sondern stimuliert unsere Gefühle und weckt die Sinne. „Schmuck soll Herzklopfen verursachen" ist der hohe Anspruch von Goldschmiedemeister Matthias Praeg, der das traditionsreiche Geschäft bereits in der fünften Generation führt.

„Atelier für Schmuck und Uhren" steht auf der dunklen Schieferfassade des schlichten Geschäftshauses in der Anton-Schneider-Straße in der Bregenzer Innenstadt, hinter der sich eine ideenreiche Kombination aus Verkaufsraum und Goldschmiedeatelier verbirgt. Den edlen Innenraum hat Matthias Praeg besonders großzügig gestaltet, damit seine Kunden sich in Ruhe umschauen können. Diesem klaren, reduzierten Stil folgt auch der Schmuck, der im Atelier Praeg entsteht. „Man findet wenig Vergängliches bei mir, sondern bleibende Qualität mit klaren Formen und Linien", erklärt Matthias Praeg. „Ich versuche, unsere Zeitepoche zu dokumentieren", fügt der gelernte Gold- und Silberschmied hinzu, der gerne Auftragsarbeiten übernimmt, bei denen er die Freiheit hat, ein kreatives, unverwechselbares Schmuckstück zu fertigen. Dabei inspirieren

ihn alle Formen und Stile – selbst aus altmodisch wirkenden Erbstücken zaubert Matthias Praeg freche Unikate.

Bei den Zeitmessern setzt das Atelier auf kleine, feine Nischenprodukte und Designermarken. Ein-Zeiger-Uhren von Meistersinger, Uhren von Zenith und Nomos-Glashütte, die ihre Uhrwerke noch selbst herstellen sowie hochwertige Mode-uhren von Gucci und Armani sind hier zu haben. Liebhaber des Besonderen finden einzigartigen, modernen Schmuck von Niessing und Lapponia, Perlenketten und -schmuck von Schoeffel und Gellner sowie ausgefallenen Designerschmuck von Angela Hübel und Monika Seitter, um nur einige zu nennen. Auch bei den Trauringen setzt der Juwelier auf besonders persönliche und pfiffige Modelle.

Nachdem das Atelier schon 2007 zu den Top 50 der einzigartigen Schmuckgeschäfte im deutschsprachigen Raum gekürt wurde, gelang Matthias Praeg auch zwei Jahre später wieder der Sprung unter die 100 schönsten Juweliergeschäfte. Kein Wunder also, dass sowohl Architektur- als auch Schmuck- und Uhren-Freunde keinen Weg scheuen, um zu schauen, was es Neues gibt in der Bregenzer Kreativ-Werkstätte.

Buongustaio

Buongustaio Einzelhandels GmbH
Spezialitäten aus Italien
Gerhard Rainalter, Michaela Wiesner

Anton-Schneider-Straße 10
A-6900 Bregenz

Telefon 00 43 (0) 55 74 / 58 12 92 02
Telefax 00 43 (0) 55 74 / 58 12 92 99
www.buongustaio.at

Was kann es Schöneres geben, als bei einem Espresso oder einem Glas Chianti in guter Gesellschaft die Zeit verstreichen zu lassen? Feine italienische Ess- und Trinkkultur bei ausgewählten Antipasti, Trüffelprodukten, Pasta, zahlreichen Käsesorten, Weinen und weiteren Köstlichkeiten erwarten Fans der „Cucina italiana" im Buongustaio. Tische im Freien laden – ganz im italienischen Stil – zum Verweilen und Genießen ein.

Ein hochwertiges Sortiment an italienischen Delikatessen und ausgewählten Weinen sowie Spirituosen bietet das Buongustaio den Vorarlberger „buongustai" – Feinschmeckern – in seinem Ladenlokal in der Anton-Schneider-Straße. Der schwarze Schieferboden, weiße Wände und Regale aus dunklem Holz mit besonderen Pastasorten, Weinen, kalt gepressten Olivenölen, eingelegten Gemüsen und Pilzen, Risotti, Kaffeespezialitäten, Saucen und Gewürzen schaffen ein einladendes Ladenambiente, in dem es sich wunderbar genießen lässt. Mit ausgezeichneten, qualitativ hochwertigen Produkten von kleineren Herstellern lädt das Delikatessengeschäft als kulinarischer Botschafter des südlichen Nachbarn Italophile dazu ein, das Alltagstempo hinter sich zu lassen, innezuhalten und sich Zeit zu nehmen für ein mediterranes

Schmankerl. Und das lohnt sich, denn mit ausgesuchten Qualitätsprodukten setzt das Buongustaio auf „100 Prozent fatto a mano" – Produkte von kleinen, feinen Traditionsbetrieben aus ganz Italien, die seit Generationen im Familienbesitz sind und im Einklang mit der Natur produzieren. Also Hausgemachtes, mit Sorgfalt Handgemachtes von Sizilien bis ins Val d'Osta.
Rezeptbücher und die Rezepte auf der Homepage geben Kennern die Möglichkeit, die lokalen Spezialitäten mit Geschichte auch zu Hause zu genießen und dabei ein Stück italienisches Lebensgefühl mitzunehmen. „Unsere Kunden kommen hierher, um abzubremsen", erklärt Geschäftsführer Gerhard Rainalter. „Italiener verweben Leben, Essen und Trinken miteinander, sie gehen mit dem Leben etwas anders um als wir", versucht Gerhard Rainalter italienische Lebensphilosophie in Worte zu fassen. Deshalb ist auch die Atmosphäre beim Genießen so wichtig. Die Lounge bietet den Rahmen, um in etwas anderem Ambiente ungezwungen zusammenzukommen, auch bei Geschäftsessen. Kochkurse bieten die Möglichkeit, die gesunde italienische Küche mit hochwertigen, schmackhaften Zutaten kennenzulernen. Der Catering-Service verwöhnt Gäste bei Familienfeiern und Firmenveranstaltungen. Die Idee, möglichst viele Sinne anzusprechen, spiegelt sich bei Veranstaltungen wie „Jazz und Genuss" oder „Kunst und Genuss" und in der farbkräftigen, sinnlichen Kunst der wechselnden Ausstellungen im Restaurant wider. Demnächst können auch die Bodenseeanrainer auf deutscher Seite ihre Sehnsucht nach Italien und mediterraner Lebensweise stillen, denn das Buongustaio plant, seine italienische Lebensfreude auch an deutsche Standorte zu exportieren.

Health & Beauty

Health & Beauty
Gesundheitspraxis & Kosmetikinstitut
Manuela Linhart Knafl

Deuringstraße 9
A-6900 Bregenz

Telefon 00 43 (0) 55 74 / 5 34 11
Telefax 00 43 (0) 55 74 / 5 41 18
www.health-beauty.at

Gesunde, gepflegte Haut ist schön.. Ein typgerechtes Make-up, Styling, Kosmetik und Wellness unterstützen dabei, die natürliche Schönheit und Ausstrahlung zur Geltung zu bringen, zu entspannen und zu genießen. Wer aus der quirligen Bregenzer Fußgängerzone kommend im modernen, blumengeschmückten Kosmetikinstitut „Health & Beauty" von sanften Klängen begrüßt wird, weiß: „Hier bin ich richtig".

„Es muss doch möglich sein, dass Frauen sich ihre Schönheit so lange wie möglich erhalten – ohne Skalpell und Nadel," war der Gedanke von Manuela Linhart Knafl, als sie vor fünf Jahren ihre Tages-Beauty-Farm eröffnete. Zuvor hatte die gelernte Kosmetikerin, Fußpflegerin, Stylistin und Make-up-Artistin bei Professor Mang Patienten nach kosmetischen Operationen behandelt. Heute führt sie Anti-Aging-Behandlungen durch und nimmt sich dabei viel Zeit für die einzelnen Gäste, die auf der Suche nach Wellness, Ruhe, Schönheit und Entspannung zu ihr kommen.

Mit ihrer angenehmen und behutsamen Art sorgen Manuela Linhart Knafl und ihr Team dafür, dass es ihren Kunden an nichts mangelt. Tagesgäste werden mit einer Tasse Tee empfangen oder zwischendurch mit einem Gläschen Sekt verwöhnt. Mit modernstem Equipment kann das Team die Zeichen der Hautalterung deutlich hinauszögern. Mit Beauty-Tox wird Sauerstoff in tiefere Hautschichten gebracht. Muskelpartien können sich entspannen, Linien und Falten werden reduziert – eine unschädliche Alternative zu Botox. Auch Dauer-Haarentfernungen per Laser sind gefragt,

zunehmend auch bei Männern. Bei der Nagelverstärkung setzt Health & Beauty auf Produkte, die selbst das Nahrungsmittelgesetz zulässt.

Für die Fachfrau und ihr Team gehören Wellness und Körperbewusstsein unbedingt zusammen. Neben intensiven Kosmetik- und Anti-Aging-Behandlungen, dekorativer Kosmetik, Wimpernverlängerungen, Maniküre und Pediküre bietet Manuela Linhart Knafl außerdem straffende Bodyforming-Programme an und setzt dabei auf die „Power Plate", Massagen und Fußreflexzonenmassagen. Viele Kundinnen nehmen sich einen halben Tag Zeit, um sich im Spa bei Verwöhn-Programmen wie „Happy Agers", „Day Spa" oder „Balancing Treatment" zu entspannen.

Auch in der Modebranche hat sich die vielseitige Crew um Martina Knafl Linhart, die seit 2004 offizielle Maskenbildnerin des ORF-Landesstudios Vorarlberg ist, einen Namen gemacht. Sie stylt Models für den Catwalk und für Fotoshootings. Bei TV-Produktionen, Theater und Film sorgt das Team mit der passenden Maske für Glanz und Glamour, zuletzt bei einem James Bond-Film. In Bregenz und Umgebung hat sich das längst herumgesprochen, denn das Unternehmen genießt einen ausgezeichneten Ruf, der selbst Gäste aus dem fernen Wien regelmäßig an den Bodensee lockt.

Frank Kipping Orthopädieschuhmachermeister

Frank Kipping Orthopädieschuhmachermeister
Frank Kipping

Maurachgasse 14
A-6900 Bregenz

Telefon 00 43 (0) 55 74 / 4 48 00
Telefax 00 43 (0) 55 74 / 4 48 00-6
www.loveyourfeet.at

„Liebe deine Füße", lautet das Credo von Frank Kipping, der 2007 sein modern ausgerüstetes Gesundheits- und Wohlfühlzentrum rund um den Fuß eröffnete. Ausgezeichnet mit dem Innovationspreis der Stadt Bregenz macht der Spezialist in Sachen Einlagetechnik und Orthopädie seitdem Füße glücklich.

„Wir möchten so vielen Menschen wie möglich ein besseres, gesünderes und schmerzfreies Laufen ermöglichen", erklärt der Orthopädieschuhmachermeister, der sein Handwerk in der vierten Generation von Grund auf gelernt hat und auf eine über 100-jährige Firmengeschichte und Schuhtradition zurückblickt.
Mit modernster Technologie in Verbindung mit alter Handwerkskunst fertigt der „love your feet"-Betrieb maßgeschneiderte Einlagen in ansprechenden Farben – je nach Kundenwunsch passend für Straßen-, Lauf-, Ski- oder Spezialschuhe. Nach dem Einscannen der Füße, der digitalen Vermessung der Abrollbewegung und der elektronischen Druckmessung erstellt der Computer ein individuelles Laufprofil und gibt die Daten direkt zur Bearbeitung an die Fräsmaschine weiter. Sogar mobil können die Fußspezialisten das Analysegerät einsetzen.

Zur Versorgung von Fuß-, Knie-, Hüft- und Rückenleiden stellen Frank Kipping und sein Team, bestehend aus drei Schuhmachermeistern, fünf Gesellen und zwei Azubis, Maßeinlagen her, denn Fehlstellungen der Füße können zu vielfältigen Problemen am gesamten Bewegungsapparat führen. In der Gesunderhaltung der Füße sieht Frank Kipping deshalb eine seiner wichtigsten Aufgaben: Auch Sportler können ihre Sportschuhe durch eine Einlage optimieren und ihre persönliche Leistung steigern. Wer sich gesunder Füße erfreut, wird sich jedoch ebenfalls für die Dienstleistungen des Schuhateliers erwärmen können, denn Frank Kipping und sein Team fertigen auch Schuhe nach Maß – ob Wanderstiefel oder Sportschuhe, ob in Über- oder Untergröße. Die Reparatur hochwertiger Schuhe im Auftrag von Firmen zählt ebenfalls zu den Aufgaben des Teams.
Die steigende Nachfrage nach den hippen Einlagen – von Einheimischen und Touristen, Stammkunden und prominenten Seebühnengästen – lassen Frank Kipping schon über weitere Standorte nachdenken, an denen er Menschen mehr Achtsamkeit für ihre Füße vermitteln kann. Schließlich kann nur beherzt durchs Leben gehen, wer sich auf den eigenen Füßen wohlfühlt.

Nasahl Optik + Hörgeräteakustik

Nasahl Optik + Hörgeräteakustik
Optometrist Hubert Mangold

Schulgasse 4
A-6900 Bregenz

Telefon 00 43 (0) 55 74 / 45 91-5
Telefax 00 43 (0) 55 74 / 45 91-59

Der Trend geht heute wieder hin zu „mehr Brille". Ob klassisch oder trendig, ob aus Edelmetall, Horn und Kunststoff – oder sollen es lieber Kontaktlinsen sein? – bei Optik Nasahl ist für jeden Geschmack, Bedarf und Anlass die passende Brille geboten. Neben einer breiten Auswahl an Brillen und Kontaktlinsen hat Nasahl Optik weitere Sehhilfen und Hörgeräte in seinem umfangreichen Sortiment.

Das moderne, helle Optikgeschäft ist nicht zu verfehlen, denn in riesigen Lettern prangt die Zahl „0,0000000001 mm" des Tiroler Konzeptkünstlers Heinz Gappmayr auf der Hausfassade. Dem verschwindend kleinen Maß steht die riesige Auswahl an rund 4000 Brillenfassungen gegenüber, die Optik Nasahl zu dem Bregenzer Vollanbieter in Sachen Optik und Akustik macht. Das großflächige Shop-in-Shop-System mit klassischen und sportlichen Brillenfassungen, Jugend-, Kinder- und Sonnenbrillen schafft das Ambiente für ein angenehmes Einkaufserlebnis. Kinderfreundlich zeigt sich der Laden mit seiner bunt gestalteten Kinderecke. Modebewusste werden mit edlen Fassungen von Dior, Gucci und Chanel fündig. Die eine Brille hat ohnehin ausgedient, denn heute besitzen Brillenträger häufig vier und mehr Fassungen: Eine Brille soll sich heute perfekt an das Leben des Einzelnen anpassen. Deshalb geht der Trend hin zu Brillen für jede Gelegenheit – ob es nun die trendige oder klassische für den Alltag, den Sport oder die schicke Abendgarderobe ist. Das Erfolgskonzept des sympathischen Geschäfts beruht auf einem perfekten Rundum-Service, auch bei Kontaktlinsen. „Jedes Auge ist einmalig wie ein Fingerabdruck", erklärt Hubert Mangold, „deshalb ist es wichtig, Linsen individuell an die Augen anzupassen." Denn durch unangeglichene Kontaktlinsen, die sich heute rasch im Internet bestellen lassen, können Augen nachhaltig Schaden nehmen. So viel Zeit sollten sich Kunden also nehmen, denn die ausführliche, freundliche und kompetente Beratung der 14 Mitarbeiter ist „ausgezeichnet". Nicht umsonst kann sich das Geschäft österreichweit über den zweiten Platz in der Bewertung durch die Optikervereinigung freuen. Neben dem professionellen Service waren die Prüfer auch von der exzellenten Ladeneinrichtung, modernsten Messgeräten und der innovativen Produktauswahl beeindruckt. Um modisch am Puls der Zeit zu sein, kauft Hubert Mangold für seine Kunden regelmäßig bei Mailänder Modedesignern sowie auf der Silmo-Brillenmesse in Paris den aktuellen Look ein. Doch auch technisch ist das Geschäft in der Schulgasse stets up to date – und dies nicht zuletzt im Dienste der Augengesundheit seiner Kunden. Denn für Klienten mit einer Sehschärfe unter 10 Prozent bietet der Inhaber mit seiner „Low-Vision"-Abteilung neben der fachlichen Beratung die neuesten Produkte. So sollen Lupenbrillen, Lesegeräte und Visolett-Lupen Sehbeeinträchtigten das alltägliche Leben erleichtern. Kundenfreundliche Weitsicht beweist das Unternehmen auch bei kleineren Reparaturen, der professionellen Ultraschallreinigung von Brillengläsern und kostenlosen Seh- und Hörtests: Bei so viel Service erhält garantiert jeder den optimalen Durchblick!

RADCULT

RADCULT GmbH & Co KG
Bruno Gorbach

Jahnstraße 11
A-6900 Bregenz

Telefon 00 43 (0) 55 74 / 4 23 19
www.radcult.at

Wer auf der Suche nach dem optimalen Fahrrad ist, der muss entweder unzählige Bikes Probe fahren, sich durch die einschlägige Fachliteratur arbeiten oder Freunde befragen. Kompetenten Rat kann er sich aber auch bei Bruno Gorbach holen.

Maßgeschneiderte Fahrräder bietet der erfahrene Rennrad- und Marathon-Biker seinen Kunden in seinen Geschäften in der Bregenzer Altstadt und Wolfurt an. Mit seiner Eigenmarke „Radcult" kann er ganz individuell auf die Bedürfnisse seiner Kunden eingehen, was die Art des Fahrrads, Ausstattung, Größe, Gewicht und natürlich die Lackierung anbelangt. Von klassischen Damen- oder Herrenrädern für die tägliche Fahrt zur Arbeit über sportliche Trekking-Räder für den Camping-Urlaub am Bodensee und das voll gefederte Mountainbike von „Cube" für die Cross-Country-Tour bis hin zum Rennrad für die Alpenüberquerung reicht das breit gefächerte Sortiment. Kinder- und Jugendräder, BMX- und Einräder vervollständigen das Produktportfolio. Für das passende Outfit sorgt die trendige Eigenmarke von Radcult, die insbesondere für Frauen eine große Auswahl an Textilien bietet. Neben Schuhen, Fahrradhelmen und -computern ist das gesamte Fahrradzubehör erhältlich. Besonders wichtig ist Bruno Gorbach,

der auch Trainingspläne für Radsportler erstellt und bei der richtigen Ernährung berät, die fachkundige Beratung seiner Kunden. Weil Qualität dabei höchste Priorität hat, gilt er mit seinem Geschäft unter Kennern als eine der besten Adressen für Radprofis. Spezielle Wünsche – wie etwa ein in Russland gefertigter Titanrahmen oder ein mit 6,1 Kilogramm ultraleichtes Karbon-Rennrad, das er in seiner Werkstatt aufgebaut hat – bezeichnet Bruno Gorbach als „schöne Herausforderungen". Besonders im Trend liegen Elektroräder, mit denen Biker garantiert staufrei und unverschwitzt ins Büro kommen. Neben der bequemen Fortbewegung sichern die motorunterstützten Räder aber auch ein gutes Stück Lebensqualität. Denn wer nicht mehr so flink unterwegs ist, kann motorisiert trotzdem wieder viel unternehmen.
Die Wünsche und Bedürfnisse seiner Kunden, die Bruno Gorbach „Partner" nennt, sind der Motor des sympathischen Ladeninhabers, dem man den Spaß bei seiner Arbeit ansieht. Dazu gehört auch ein optimaler Werkstatt- und Winterservice – wer sich ein neues Fahrrad zulegt, bekommt den ersten Service gratis. Diverse Rahmenveranstaltungen für Kunden, die an Radrennen teilnehmen möchten, komplettieren das „runde" Angebot.

Wolford Boutique   WOW Restaurant

Wolford Boutique

Wolfordstraße 1
A-6901 Bregenz

Telefon 00 43 (0) 55 74 / 6 90 14 58
www.wolford.com

WOW Restaurant

Wolfordstraße 1
A-6901 Bregenz

Telefon 00 43 (0) 55 74 / 6 90 14 58
www.wolford.com

Seit knapp 60 Jahren steht die Marke Wolford für höchste Qualität, innovative Stricktechnologie, Kreativität und Luxus. Der Hauptsitz der internationalen Premiummarke in Bregenz am Bodensee spiegelt diese Attribute eindrücklich wieder. Der puristische Gebäudekomplex mit Anlehnungen an die typische Vorarlberger Architektur beherbergt neben der Zentrale eine Boutique und ein Restaurant. In direkter Nachbarschaft befindet sich zudem das Wolford Factory-Outlet.

Die zweigeschossige, rund 600 Quadratmeter große lichtdurchflutete Boutique zieht Damen nicht nur mit hochwertigen Strümpfen an, sondern bietet auch Kleider, verführerische Bodys, kostbare Pullover und Cardigans, reizvolle Lingerie und für die Sommersaison eine modische Bademodenkollektion an. Hier findet sich Essenzielles für die Garderobe mit Modellen, welche unter behutsamer Einbeziehung aktueller Trends dennoch zeitlos sind und mit hohem Qualitätsanspruch, modischer Umsetzung und Tragekomfort Frauen aus aller Welt begeistern. Im ersten Stock der Boutique findet sich darüber hinaus ein anspruchsvolles, hochwertiges Sortiment an Markenprodukten für den Herrn. Dem hohen Anspruch des Hauses wird auch das angeschlossene Wolford Restaurant gerecht. Es bietet die ideale Atmosphäre um bei leichten,

köstlich-mediterranen Gerichten einen Shoppingausflug zu starten. Bei gutem Wetter laden die schönen Außenplätze der Terrasse ein zum Verweilen bei Kaffee und Kuchen. Wasserbecken und Grünflächen sorgen für ein angenehmes, erfrischendes Ambiente. Jeden ersten Samstag im Monat kommen Genießer zudem bei einem gemütlichen Brunch auf ihre Kosten.

Als einstiger Beinbekleidungs- und Bodyanbieter hat sich Wolford heute als internationale Luxusmarke mit breitem Portfolio etabliert und bietet kreative, qualitativ hochwertige Produkte an. Neue Technologien und Fertigungstechniken, ein ausgeprägtes Modegespür und die Verwendung exklusiver Materialien machen die Wolford AG in ihrer Branche zu einer österreichischen Marke mit globaler Bedeutung und Präsenz. Auch für die fotografischen Inszenierungen der Kollektionen ist Wolford bekannt und kooperiert dafür gerne mit international anerkannten Fotografen und Künstlern. So setzten bereits Helmut Newton, Howard Schatz, Jean-Baptiste Mondino oder Francis Giacobetti die Wolford Mode effektvoll in Szene. Der Anfahrtsweg zum Hauptsitz in Bregenz ist mit den saisonalen Fotos wirkungsvoll plakatiert und lässt Interessierte das Ziel entsprechend nicht verpassen.

KOKON Lifestyle Haus

KOKON Lifestyle Haus Handels GmbH

Lindauerstraße 64
A-6911 Lochau

Telefon 00 43 (0) 55 74 / 5 48 20
Telefax 00 43 (0) 55 74 / 5 48 21
www.kokon.cc

Seit 1999 verkauft KOKON ungewöhnliche Wohnerlebnisse in die nächste Nähe und die weite Welt.

„Wir verkaufen Dinge, die man nicht braucht, die aber jeder gern haben möchte", so KOKON-Geschäftsführer Günter Knittel. Nein, nicht die Tische, die hier stets Einzelstücke sind und aus Indonesien importiert werden. Aber ganz sicher die massiven Holzkugeln, die einem ganzen Wohnraum gleich ein besonderes Flair verleihen. Chinesische Hochzeitsschränke oder Gartenmöbel aus Teak, thailändische Sonnenschirme oder marokkanische Gartenlaternen und natürlich vieles, vieles mehr, was sich unter dem Begriff „moderner Lifestyle mit Flair" zusammenfassen lässt. Immer im Angebot sind die aus Asien importierten Schränke oder die alten Landhaustische, die alle eines gemeinsam haben: Es gibt sie immer nur ein einziges Mal. „Reine Unikate, die sich genau in dieser Form, Farbe und Musterung nicht nachbeschaffen lassen", sagt Günter Knittel.
Solche Trouvaillen, aber auch die Leinenservietten, die Teller und Gläser sowie die zahlreichen

Bücher, Topfpflanzen und Terrakotta-Objekte sind rasch zu finden. KOKON Lochau befindet sich unübersehbar zwischen Bregenz und Lindau, gerade einmal 200 Meter von der deutsch-österreichischen Grenze entfernt. Auf 700 Quadratmetern Ausstellungsfläche kaufen nicht nur die Vorarlberger, die Bayern oder die Schweizer ein, von hier aus gehen auch Lieferungen nach Hamburg, Sylt, Portugal oder Italien. Die eigene Floristikabteilung vervollständigt das Unternehmen, das mit seiner geschickten Dekoration Maßstäbe setzt und pure Einrichtungslust weckt. Nicht zufällig ist KOKON längst eine Marke, die auch in München für Lifestyle-Träume sorgt. Da KOKON-Gründer Helmut Ronstedt und sein Team ständig in der ganzen Welt unterwegs und auf der Suche nach neuen Stücken sind, wird auch das Angebot in den Geschäften immer wieder erweitert: um Nützliches und um einfach nur Schönes!

Fischerheim am Schleienloch

Fischerheim am Schleienloch
Darko Roposa

Am rechten Rheindamm 60
A-6971 Hard

Telefon 00 43 (0) 55 74 / 7 82 20
Telefax 00 43 (0) 55 74 / 7 82 20
www.fischerheim.at

Fischspezialitäten in einer fast unwirklich schönen Umgebung am Rheindamm – das Restaurant am Schleienloch gehört zu den kulinarischen Geheimtipps im Dreiländereck.

Früher waren es nur die Fischer, die sich im Fischerheim zum Schleienloch trafen und vor allem unter sich blieben. Später schenkte man auch Limonade an vorbeifahrende Wanderer aus. Doch seine heutige Gestalt nahm das „Fischerheim am Schleienloch" erst nach dem großen Hochwasser von 1999 an. Man renovierte von Grund auf und machte aus der einfachen Hütte einen gastronomischen Geheimtipp mit gemütlichem Gastraum und großer Terrasse, der inzwischen viele Stammgäste sein Eigen nennen kann.

Pächter und Küchenchef Darko Roposa hat, wie es sich für den Wirt eines Fischerheims gehört, ein Händchen für frischen Fisch. Bodenseefisch gehört schließlich zu den Spezialitäten, für welche die kleine Hütte an der Rheinmündung bekannt geworden ist. Vor allem in den Sommermonaten machen Ausflügler zu Fuß oder mit dem Rad gern Station in Hard, quartieren sich im geschützten Gastgarten ein, bestellen Gespritzten oder Veltliner und fragen nach, was denn heute besonders

empfohlen wird. Das Angebot an Egli, Felchen und Zander aus dem Bodensee schwankt freilich von Tag zu Tag – doch wenn der Fischer erfolgreich war und einen größeren Fang vorbeigebracht hat, spricht sich diese Nachricht schnell herum. Doch es wäre grundfalsch, das Fischerheim, das längst zum Geheimtipp bei den Vorarlbergern und den Ostschweizern geworden ist, auf die Themen Gastgarten und Fisch zu reduzieren. Darko Roposa und sein Team verfügen auch über einen behaglich eingerichteten Innenraum und bieten den Gästen zu jeder Jahreszeit Salate, Kleinigkeiten wie Wurstsalat oder ein nach allen Regeln der Kunst gebackenes Wiener Schnitzel an. Spezialisiert hat sich das Fischerheim auch auf Familienfeiern und andere Veranstaltungen, die allein aufgrund der einzigartigen Umgebung zum Erlebnis werden!

ConTempi

ConTempi GmbH
High End Interiors

Kornmarktstraße 20
A-6900 Bregenz

Telefon 00 43 (0) 55 74 / 2 07 95
Telefax 00 43 (0) 55 74 / 2 07 95 15
www.contempi.at

Hochwertige Möbel – individuell und nicht von der Stange gekauft: ConTempi hat sich auf außergewöhnliche Wohn- und Bürolösungen spezialisiert.

Nicht nur zur Festspielzeit ist Bregenz eine kleine Metropole, die ihren Besuchern eine ganze Menge mehr bietet, als diese erwarten. Eine historische Altstadt, eine gastronomische Kultur, die regionale und mediterrane Einflüsse zusammenführt und interessante Geschäfte, die man eher in echten Großstädten erwarten würde. Daniel Hämmerle, Geschäftsführer von ConTempi, will beispielsweise nicht einfach nur Möbel verkaufen, sondern Einrichtungskonzepte vermitteln. Der gelernte Innenarchitekt hat sich mit seinem kleinen Team darauf spezialisiert, zusammen mit seinen Kunden Ideen und Pläne für einzelne Räume und ganze Wohnungen, für Häuser und Büros zu entwickeln. Was im Showroom an der Kornmarktstraße 20 nahe dem Kunsthaus ausgestellt wird, ist nur ein kleiner Teil dessen, was möglich ist. Tische und Stühle, Sofas oder Sessel, Sideboards, Leuchten und Betten: Daniel Hämmerle macht sich Gedanken, schlägt Klassisches oder verspielt Mediterranes vor und sucht das, was gerade im Moment nicht verfügbar ist, bei exklusiven Herstellern zusammen. Arper, Flexform, Schramm, Thonet und USM sind nur ein paar Labels, die aktuell mit ConTempi in Kooperation stehen. Einige davon gibt es in Vorarlberg nur bei ConTempi.

Einen wichtigen Tätigkeitsbereich von ConTempi stellt der Vertrieb der USM-Möbelbausysteme dar – schließlich ist das Möbelstudio, dessen Name so viel wie „mit der Zeit gehen" bedeutet, offizieller USM-Partner. Die verschiedenen Module können aber nicht nur zu Office-Lösungen zusammengefügt werden, sie eignen sich auch als zeitlose Ergänzung von Wohnräumen. Vor allem dann, wenn sie auf

bestmögliche Weise mit Leuchten und Accessoires kombiniert werden. Und natürlich, wenn auch noch die Teppiche, Bodenbeläge und Bilder zum Gesamtkonzept passen. Auch in diesen Bereichen kennt sich ConTempi aus – und macht so manchen Bregenz-Besuch zum Wohnerlebnis!

Dornbirn

Stadt Dornbirn

Stadt Dornbirn

Rathausplatz 2
A-6850 Dornbirn

Telefon 00 43 (0) 55 72 / 3 06
Telefax 00 43 (0) 55 72 / 3 06 10 08
www.dornbirn.at

Dornbirn ist nicht nur die größte Stadt im Bundesland Vorarlberg – es ist auch eine der sympathischsten Metropolen Österreichs. Und ein Ort, der mehr bietet, als selbst viele Einheimische vermuten.

Strategisch günstiger könnte eine Stadt kaum gelegen sein. Dornbirn ist die mit mehr als 46 000 Einwohnern größte Stadt des Bundeslands Vorarlberg, ist von überall her in der Bodenseeregion rasch zu erreichen – und ist trotz aller Vielfalt immer noch ein Ort mit kleinstädtischem Charme geblieben. Dornbirn hat sich in den vergangenen Jahrzehnten zudem als Einkaufsparadies etabliert. Nicht nur die Österreicher reisen gern in die Stadt, die mit zahlreichen Fachhändlern aufwartet, auch die Ostschweizer, die Süddeutschen oder die Liechtensteiner schätzen die strategisch günstige Lage Dornbirns. Im Vierländereck hat sich die Stadt eine Position erarbeitet, die sie auch ihrer klugen Wirtschaftspolitik verdankt.

So wurden stillgelegte Textilfabriken weitblickend in Einkaufszentren verwandelt, so hat man die Innenstadt rund um den berühmten Dornbirner Marktplatz aufwendig restauriert und zu einem charmanten Ort des alpenländischen Laisser-faire umgestaltet. Hier treffen sich Einheimische und Zugereiste, hier finden viele Märkte und Veranstaltungen statt. Trends setzt die Vorarlberger Metropole auch durch ihren Status als Messestadt und durch ihre gastronomische Vielfalt.

Geprägt ist Dornbirn, das seinen Namen dem mittelalterlichen Begriff Torrinpuirron verdankt, aber auch durch die Kultur – und die Natur. In den letzten Jahren wurde etwa ein aufgegebenes Betriebsgelände in einen 2,5 Hektar großen Stadtpark verwandelt; die Naherholungsgebiete Ebnit und Bödele sind im Sommer Wander- im Winter beliebte Skilanglaufziele. Nicht weniger faszinierend: eine Tour über die schmalen Steige der Rappenlochschlucht. Im Stadtmuseum kann man sich von der mehr als 1000 Jahre zurückreichenden Geschichte faszinieren lassen, und wenn Dornbirn einmal im Jahr zur Langen Nacht der Museen lädt, dann ist das für viele Vorarlberger, Schweizer und Deutsche nur ein weiterer Grund, wieder einmal in die liebenswerte kleine Metropole zu reisen.

Modehaus Zumtobel

Modehaus Zumtobel
Uli Zumtobel

Marktstraße 15
A-6850 Dornbirn

Telefon 00 43 (0) 5572 / 225 04

Brave Mädchen kommen in den Himmel, selbstbewusste zu Uli Zumtobel. Sie ist die Primaballerina der Vorarlberger Modeszene.

Ursprünglich wollte Uli, die als Kind begeistert Ballettstunden besuchte, tatsächlich Tänzerin werden, doch ihr Vater wollte es anders. Inzwischen ist ihr Geschäft die Bühne ihrer theatralischen Leidenschaft.

Uli stammt aus der Dornbirner Unternehmerdynastie „Zumtobel". Ihr Großvater hatte eine Gemischtwarenhandlung und betrieb schon damals Niederlassungen in Paris, New York und London. Schon als junges Mädchen war Uli Zumtobel im Laden, um mit ihrem sicheren Blick auf die Auswahl von Vertretern Einfluss zu nehmen. Als sie dann das Geschäft selbst übernahm, entschied sie sich für exklusive Mode. Seit 44 Jahren führt sie nun das in der Dornbirner Innenstadt situierte Modehaus, in vierter Generation. Kundinnen aus nah und fern schätzen ihre Auswahl und Beratung.

Für Uli Zumtobel ist das Leben ein breites Spektrum, ja, ein Farbenrausch, mit der unbändigen Lust auf Dinge, die anders sind. Dabei legt sie besonderes Augenmerk auf alles, was tragbar ist. „Unsere Mode lässt Frauen weiblich und verführerisch aussehen, ohne dabei die eigene Eleganz zu verlieren", meint Uli. Eine gute Gardarobe entsteht dadurch, dass man sie aufbaut. Ein schönes Teil kann nicht von einem auf das andere Jahr

schlecht sein, dann war es nie gut. „Die Kunst liegt eben darin, vorhandene und neue Teil miteinander so zu kombinieren, dass sie einen individuellen Look kreieren", so die Fashionlady.

Heute gehören Kollektionen von Galliano, Gianfranco Ferré, Roberto Cavalli, Jean-Paul Gaultier oder Vivienne Westwood zu Ulis Favoriten. Kommerzieller Mainstream war nie ihr Ding und das schätzen ihre Kundinnen.

Ihre Schaufenster waren schon ein Blickfang, als die übrige Modewelt noch dem grauschwarzen Einerlei verhaftet war. Mit Art-déco-Puppen aus den 1920er Jahren inszeniert sie unter anderem ihre mondänen Kombinationen zur persönlichen Entwicklungsreise, bis hin zum Finale, dem großen Auftritt mit dem passenden Abendkleid.

Mary Rose

Mary Rose

Schillerstraße 4
A-6850 Dornbirn

Telefon 00 43 (0) 55 72 / 2 68 58 (Geschäft)
Telefon 00 43 (0) 55 72 / 3 18 14 (Büro)
Telefax 00 43 (0) 55 72 / 31 81 44
www.maryrose.at

Mary Rose ist nicht nur eine Marke für Wohntextilien und Geschirr, sondern es gibt auch ein Geschäft dieses Namens, das zugleich so etwas wie das Einfallstor in die Einkaufsstadt Dornbirn ist!

Es geht modern zu bei „Mary Rose". Helle Verkaufsräume, ein ebenso flinker wie freundlicher Service und eine riesige Auswahl an Wohntextilien, Geschirr und Accessoires. Und doch hat die ganze Sache Tradition. Die alten, leicht vergilbten Fotos beweisen es jedem Kunden, der seinen Weg in das Dornbirner Einrichtungs- und Ausstattungsparadies findet. „Bereits in den 1920er Jahren gab es an dieser Stelle ein Geschirrgeschäft", erzählt Geschäftsführer Stefan Grabher. Sogar die ursprünglichen Gewölbe sind noch erhalten und machen aus dem Mary Rose ein Stück Geschichte – und ein ebenso großes Stück Gegenwart. „Wir sind kein Markenshop", erklärt Stefan Grabher das Konzept, „wir sind Mary Rose".

Spezialisiert hat man sich inzwischen nicht nur auf Textilien, Teller und Tassen, Suppenschüsseln und alle anderen Sorten von Porzellan. Kompetenz besitzt das Haus, das auch über eine Filiale in Innsbruck verfügt, für alle Bereiche des Haushalts. Eine ganze Abteilung ist den Stoffen gewidmet, die man für Bettbezüge, Vorhänge und Tischdecken benötigt; spezialisierte Mitarbeiter kennen sich beim Thema Bad aus (von Duftölen bis zu Frottee) oder empfehlen so ziemlich alles, was mit Living und Wohlfühlen zu tun hat. Grundprinzip bei der Auswahl ist Authentizität – was Weingläser aus heimischer Produktion und andere regionale Produkte ebenso umfasst wie hochwertige Objekte aus anderen Ländern ...

... und natürlich die eigenen Marken. In den oberen Etagen des Stammhauses von Mary Rose wird erdacht, was unter dem gleichnamigen Label europaweit vertrieben wird. Nach Dornbirn zu kommen lohnt sich aber trotzdem – und im Juli und August ganz besonders. Dann nämlich findet die einzige Rabattaktion des Jahres statt – eine, die sich schon einen legendären Ruf erworben hat!

Höttges | die Einrichter

Höttges | die Einrichter
Rhombergs Fabrik

Färbergasse 15
A-6850 Dornbirn / Österreich

Telefon 00 43 (0) 55 72 / 2 21 75
Telefax 00 43 (0) 55 72 / 2 09 15
www.hoettges.at

Markenmöbel, Innenarchitektur, Design, selbst gefertigte Produkte und Beratungsservice – für die Einrichter von Höttges gibt es keine unlösbaren Einrichtungsprobleme.

Alles begann mit einer Idee. Als der Unternehmer Erwin Höttges im Jahr 1976 eine Schreinerei in Dornbirn übernahm, erkannte er das Bedürfnis der Menschen, ihr häusliches Umfeld so zu gestalten, dass sie gern darin leben. Höttges verband die handwerklichen Fähigkeiten mit der Möglichkeit, die selbst entworfenen Möbel angemessen zu präsentieren. Schon bald wurde ein erster Ausstellungsraum eröffnet, es entstand ein eigenes Planungsbüro, dann ein weiterer Schauraum, und als die Firma Höttges im Jahr 2001 in die stillgelegte Rhombergsche Fabrik umzog, da hatte sie sich schon längst im Bewusstsein der Dornbirner und der Region etabliert.

Die Gründe für die Begeisterung der vielen Stammkunden aus Vorarlberg, aus der Schweiz oder aus dem deutschen Bodenseeraum sind vielfältig, lassen sich aber allesamt auf einen Begriff zurückführen: Qualitätsbewusstsein. „Wir arbeiten nur mit Marken", betont Siegfried Türtscher, seit dem 1. Januar 2009 Geschäftsführer des Unternehmens.

Billigware wird nicht in die auf zwei Ebenen angelegten Ausstellungsräume eingelagert. Viele Möbel und Kreationen werden sogar in der Region gefertigt; allenfalls aus der Europäischen Union kauft man Markenprodukte dazu. Mediterran geht es zu, die Vorliebe für italienisches Design ist unverkennbar. Außer Sofas, Kleinmöbeln, Schränken und Betten spielt auch das Thema Beleuchtung eine wichtige Rolle – sämtliche international bekannten Labels werden gezeigt, auf eine fundierte Beleuchtungsplanung wird großes Augenmerk gelegt. Und was bei namhaften Herstellern nicht verfügbar ist, wird in der angeschlossenen Schreinerei und Polsterei eben gleich selbst fabriziert – ähnlich wie vor mehr als 30 Jahren.

Doch es geht nicht nur um Markenprodukte, sondern auch um Service. „Wir planen komplette Konzepte", sagt Siegfried Türtscher. Das beginnt beim Wohnschrank, geht über die Einrichtung von Privatwohnungen oder ganzen Häusern und endet vielleicht beim Designhotel, für das die Einrichter kürzlich ein Paket vom Boden bis zum Dach geschnürt haben. „Es gibt kein Einrichtungsproblem, das wir nicht lösen können – wir sehen die Herausforderung", sagt der Geschäftsführer.

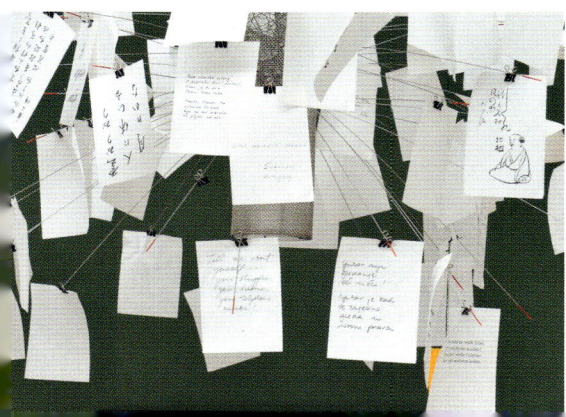

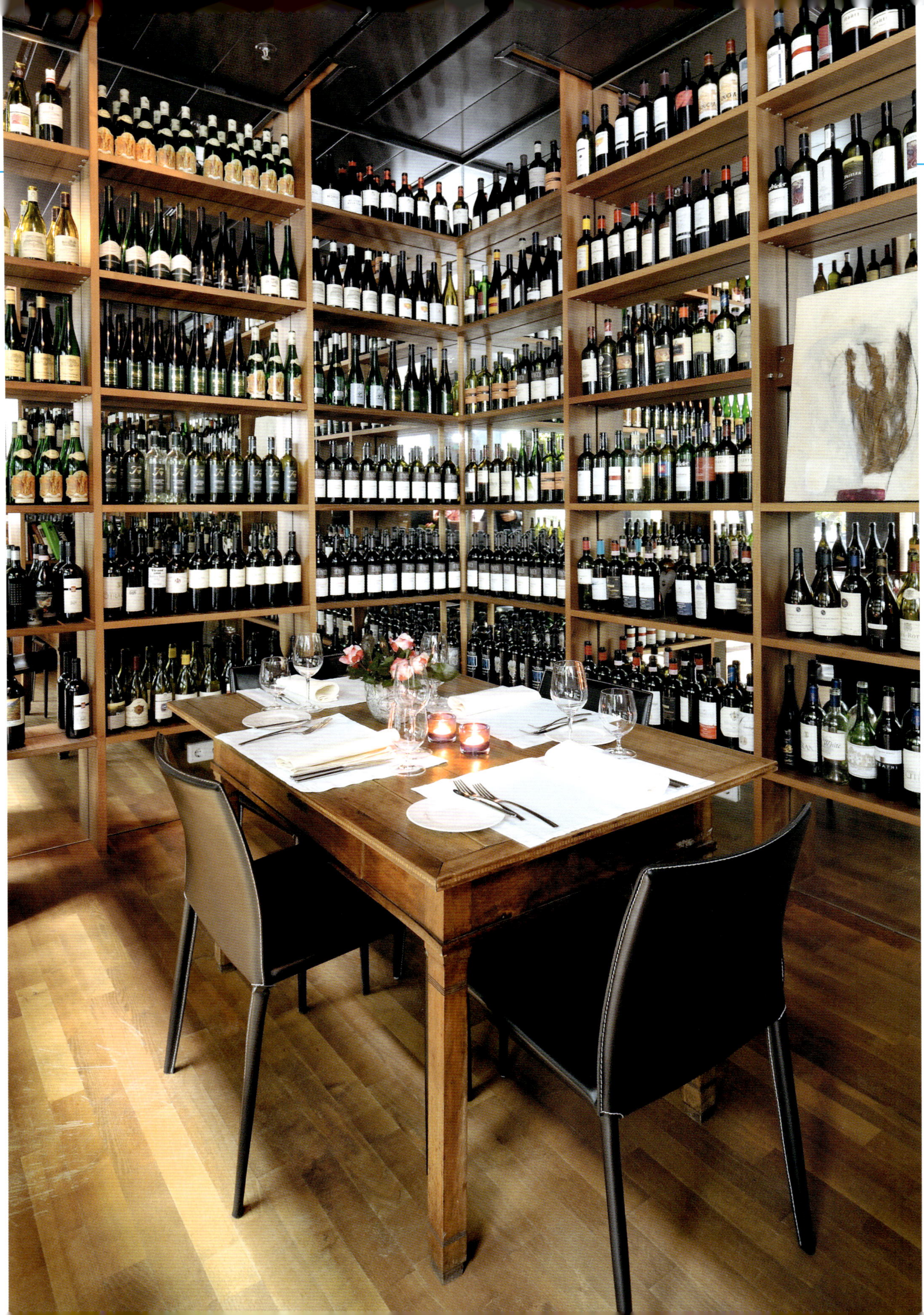

restaurant M mairitsch

restaurant M mairitsch

Lustenauer Straße 64
A-6850 Dornbirn

Telefon 00 43 (0) 55 72 / 21 03 96
www.m-dornbirn.at

Zeitgemäße Küche in zeitgemäßem Ambiente – das „restaurant M mairitsch" setzt gleich in mehrfacher Hinsicht Maßstäbe.

Jedes Jahr das gleiche Ritual – und eines, auf das sich die Stammkunden jeweils wochenlang im Voraus freuen. Sobald es draußen warm wird, verlagern Sabine und Florian Mairitsch ihr Restaurant aus den angestammten Räumlichkeiten in den überdachten Innenhof des modernen Gebäudes, das von dem Baukünstler Wolfgang Ritsch entworfen wurde. Dort sitzt man wie im Freien, unter echten Palmen sogar, muss aber weder Wind noch Niederschläge fürchten.

Auch die Küche stellt sich – ganz nach dem Motto „zeitgemäße Kochkunst für ein zeitgemäßes Ambiente" – auf den Sommer ein und bietet leichte, mediterran akzentuierte Spezialitäten an. Im Herbst und Winter darf es dagegen schon mal etwas deftiger zugehen. Zu allen Jahreszeiten allerdings

kocht Florian Mairitsch, der aus Bayern stammende Küchenchef und Patron, modern und mit dem, was der Markt an hochwertigen frischen Produkten gerade hergibt. Bioprodukte und regionale Zutaten werden bevorzugt. Die Speisekarte ist bewusst sehr klein gehalten, wechselt allerdings häufig. „Wir kochen alles immer erst dann, wenn der Gast bestellt", erklärt Florian Mairitsch, „und können deshalb auch sehr flexibel sein". Handwerkliches Können steht im Vordergrund, Verfremdung ist nicht angesagt. „Jedes Produkt soll für sich selbst wirken – und mit Eigengeschmack überzeugen." Ähnliches gilt auch für die mehr als 450 von Sabine Mairitsch ausgesuchten Weine. In der gemütlichen Vinothek, an der Bar oder im eigentlichen Gastraum – im Sommer natürlich auch draußen unter Palmen – werden auf Wunsch die zu jedem Gang passenden Weine glasweise gereicht. Und wem ein solches Angebot, einmalig in Dornbirn, noch nicht genügt, bestellt das Team des „mairitsch" einfach zu sich nach Hause. „Für kleine Gruppen bieten wir auch ein exklusives Catering an – oder kochen direkt bei den Gästen in der Küche", sagt Florian Mairitsch. Natürlich auch dann mit höchsten Ansprüchen an die Qualität!

Tasche & Co.

Tasche & Co.
Doris Grubhofer

Marktstraße 43
A-6850 Dornbirn

Telefon 00 43 (0) 55 72 / 20 77 56
Telefax 00 43 (0) 55 72 / 20 77 56
www.tascheundco.at

Mitten in Dornbirn hat Doris Grubhofer vor sechs Jahren ein Spezial-fachgeschäft für Taschen und mehr eröffnet, das im weiten Umkreis seinesgleichen sucht. In Vorarlberg gilt „Tasche & Co." als die Adresse, aber nicht nur dort weiß man das Angebot und den Service zu schätzen.

„Wir haben auch Stammkunden, die aus der Schweiz, aus Liechtenstein oder aus Deutschland kommen – sogar aus Berlin", erzählt die Chefin, die das Geschäft zusammen mit ihrem Mann führt und für die ein ausgewogener Markenmix, persönlicher Einsatz und Stammkundenpflege Erfolgs-konzepte sind.

Weshalb sich die Kunden hier so wohl fühlen, lässt sich leicht erklären. Kaum irgendwo anders werden Taschen in jeder Größe und Form in so breiter Aus-wahl präsentiert. Nach einem nur ähnlich kompe-tenten Angebot muss man auch in Großstädten lange suchen. In dem lichten Geschäft werden auf zwei Ebenen berühmte Trendmarken und Insi-dermarken angeboten. Jil Sander, Strenesse und Maliparmi finden sich ebenso in den Regalen wie Andrea Mabiani, Furla, Coccinelle, DKNY, George, Gina & Lucy, Lupo, Horn, MCM oder Boss. Die modischen Highlights von Miu Miu oder die

Designstücke von David & Scotti werden ebenfalls stilvoll präsentiert. Für die Modelle der italieni-schen Marke Mandarina Duck ist gar eine eigene Abteilung reserviert.

Das männliche Geschlecht muss da übrigens nicht abseits stehen – modische und klassische Herren-taschen reihen sich bei Tasche & Co. an exklusive Aktentaschen und Laptoptaschen. Portemonnaies, Schals und Handschuhe ergänzen das Sortiment, das auch ein großes Angebot an Reisekoffern und -taschen umfasst: von Ledertaschen über ultra-leichte, aber stabile Kunststoffvarianten bis zu Alukoffern. Die neuesten Trends werden bei Ta-sche & Co. ebenso berücksichtigt wie klassische Eleganz – und an technischen Neuerungen wie den in alle Richtungen beweglichen Reisekoffern mangelt es natürlich auch nie. Und was ist der neueste Trend im Taschenbereich? Schwer zu sagen, zu unterschiedlich sind Angebote und Geschmäcker. Allerdings ist man heute offener für Neues als je zuvor. „Erlaubt ist, was Spaß macht", sagt Doris Grubhofer.

Thomas Bohle

Thomas Bohle

Färbergasse 2
A-6850 Dornbirn

Telefon 00 43 (0) 650 / 703 19 58
www.thomasbohle.com

Keramik ist die Leidenschaft von Thomas Bohle.
Seine Werke sind inzwischen auch in Asien populär.

Mit dem Lehm ist das so eine Sache. Das Formen dieses sinnlichen Materials kann man nicht einfach erlernen, man muss es erspüren. Und selbst dann geht auf dem Weg vom weichen Ursprungsprodukt bis zur fertigen festen Keramik noch manches schief oder läuft zumindest nicht so, wie man es sich am Anfang vorgestellt hat – doch genau das ist eben auch spannend! „Gebrannt wird bei rund 1300 Grad Celsius im selbst gebauten Ofen", erklärt der Dornbirner Künstler Thomas Bohle. Die aufgetragenen Glasuren entwickeln sich mit einer Eigendynamik, die nicht vorherzusagen ist. Manche Schale kommt blutrot aus dem Ofen, eine andere in strahlendem Grün, und bei manchen Stücken sind die Farben auf faszinierender Weise ineinander verlaufen.

Thomas Bohle kennt sich aus mit den unterschiedlichsten Techniken der Keramikproduktion, mit Brenntemperaturen und Glasuren. Gleich nach der Schule absolvierte er eine Keramikerlehre, arbeitete bei verschiedenen Werkstätten, bevor er 1991 sein erstes eigenes Atelier gründete. Seit zwei Jahren befindet sich dieses mitsamt Wohnung und Schauraum am Rande von Dornbirn. Wer die Ausstellungsstücke besichtigen möchte, tut gut daran, sich rechtzeitig anzumelden, denn Thomas Bohle ist oft unterwegs. Seine Werke stellt er in Galerien in Österreich, in Deutschland, der Schweiz oder in der ganzen restlichen Welt aus – und immer wieder zieht es ihn nach Asien, in die Heimat der Keramik. Auf seine Ausstellungen in Japan ist er besonders stolz, denn im Fernen Osten sind die Sammler extrem anspruchsvoll. Übrigens: Dem Zufall überlässt man auch bei der Verpackung nichts. Die schicken schwarzen Schachteln, in die Thomas Bohle die kleineren seiner Kunstwerke einhüllt, wurden bereits mit dem Red Dot-Designpreis ausgezeichnet. Und sie sind fast zu schade, um nach Gebrauch einfach in den Abfall geworfen zu werden!

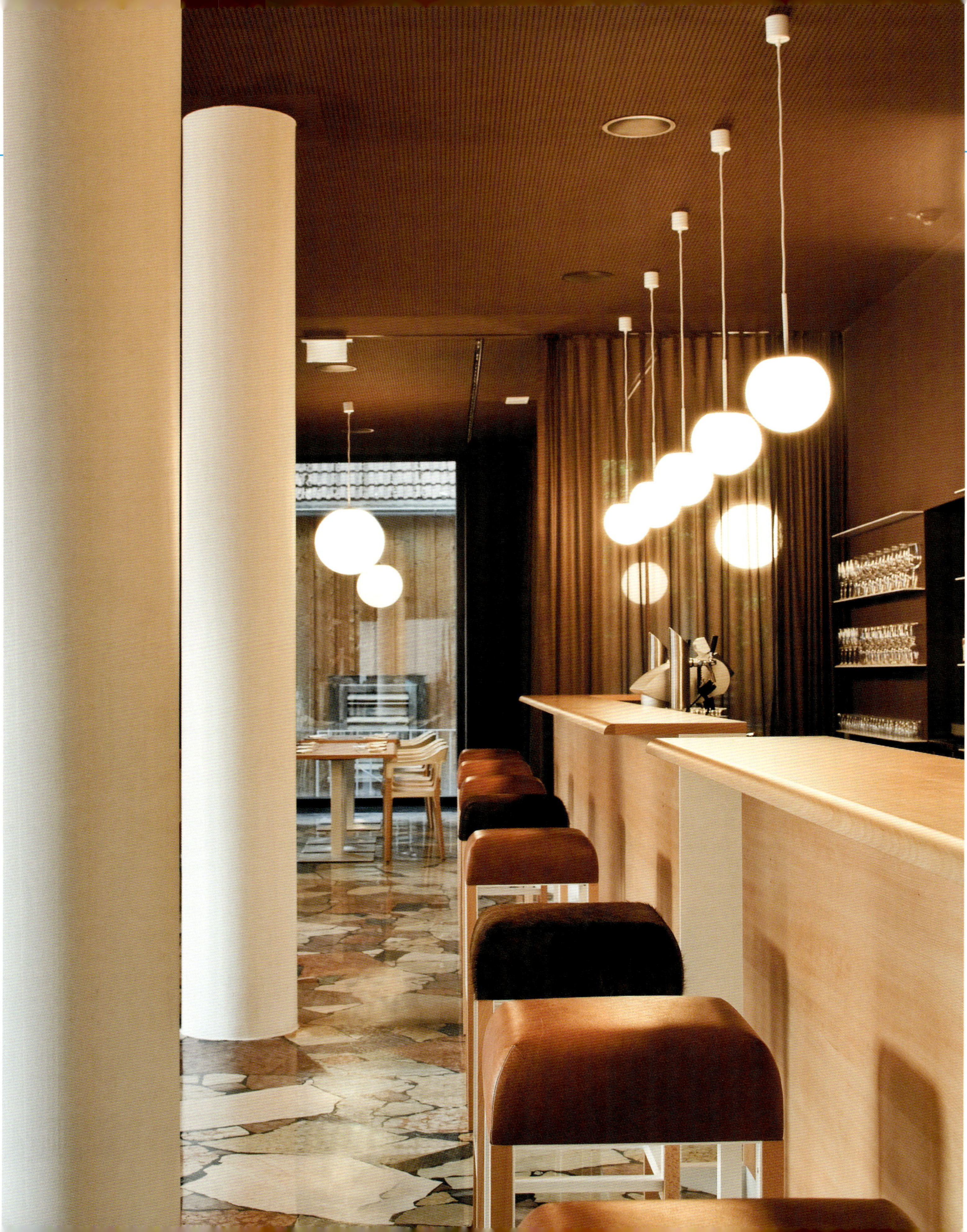

Restaurant Bar Innauer

Restaurant Bar Innauer

Marktstraße 33
A-6850 Dornbirn

Telefon 00 43 (0) 55 72 / 20 34 88
Telefax 00 43 (0) 55 72 / 20 34 88
www.innauer.com

Kunst und Küche, Architektur und Keller bilden im „Innauer" eine selten zu findende Einheit. Doch alles, was Siegfried Innauer und sein Team mitten in Dornbirn auf die Beine gestellt haben, ist dem einen Ziel untergeordnet: Der Gast soll sich wohlfühlen und in zeitgemäßer Atmosphäre eine ganz besondere Zeit verbringen: ein paar Minuten für einen Latte macchiato auf der Terrasse oder ein, zwei Stunden bei einem kompletten Menü im Inneren der neuen Attraktion unter den Restaurants von Dornbirn. „Unser Augenmerk liegt in der Natur der Sache", sagt Patron Innauer, „frische und hochwertige Zutaten, Kontakt zu den Produzenten, Dialog mit den Gästen, perfekter Service, eine zeitgemäße Atmosphäre und interessante Begegnungen."

Um das zu erreichen, hat man sich schon bei der Einrichtung des 30 Plätze umfassenden Restaurants und der angeschlossenen Bar größte Mühe gegeben. Weißer Stahl umrandet die Buchenholzmöbel, Regale, Heizkörper, Stützen und Kugellampen sind aus Kreide, Stahl und Glas gefertigt. Für den Sommer steht die Terrasse mit Stadt-Aussicht

zur Verfügung – mit zusätzlichen 16 Sitzplätzen. Drinnen wie draußen versteht sich das „Innauer" als Ort der Wahrnehmung und Interpretation – Werke wechselnder Künstler sind zwischen zwei Gängen oder Cocktails zu bewundern. Noch mehr Kunst gibt es ein Stockwerk höher: Das Vorarlberger Architekturinstitut und der Kunstraum Dornbirn mit einer angegliederten Ausstellungsfläche sind im ersten Stock zu Hause, im zweiten Obergeschoß ist das neue Flatz-Museum eingerichtet. Die Kochkunst kommt über der Schaukunst nicht zu kurz. Jodok Dietrich kocht mit seinem Team mit frischen und saisonalen Rohstoffen, die nach Möglichkeit aus der Region stammen. Alte Rezepte werden neu interpretiert, Klassiker werden auf kreative Art neu zusammengestellt. Dorade mit Grapefruit und Linsen, die Wachtel mit Zucchini und Radieschen oder Lammrücken und Auberginen könnten auf der Karte stehen. Flüssige Spezialitäten europäischer Winzer, Bier aus Vorarlberg und Tschechien und exklusive Bio-Säfte vom Bodensee ergänzen das Angebot eines in jeder Beziehung spannenden Restaurants.

Denz-Herz

Denz-Herz

Knie 23
A-6850 Dornbirn

Telefon 00 43 (0) 664 / 1 24 97 55
www.denz.at

Die Porzellan-Objekte der Künstlerin Margit Denz sprühen vor Witz und Lebendigkeit. Lässt man sich einmal mit ihren Herzen ein – um nur ein Thema im umfangreichen Kosmos von Margit Denz zu nennen –, kommt man kaum mehr von ihnen los.

Suchtpotenzial haben die kleinen Sammlerstücke der Dornbirner Künstlerin Margit Denz für Menschen, die nicht nur Sinn für Form und Gestaltung haben, sondern auch einen intelligenten Humor in der Kunst zu schätzen wissen. Der findet sich nämlich in der Dornbirner Galerie Denz-Herz in so mannigfaltiger Weise, dass man nicht weiß, welche Ausstattung man zuerst mit nach Hause nehmen möchte – die Teller, Tassen und Gefäße mit den frechen Texten und Symbolen, die Köpfe und Torsi, die üppig weiblichen Figuren, die sich auf dem Podest räkeln ... oder die Kollektion von entpersonifizierten Unterwäscheskulpturen, die alle Charaktereigenschaften ihrer unsichtbaren TrägerInnen umso mehr verdeutlichen. Diese sind allerdings Teil einer unverkäuflichen Ausstellung, deren Thema eine sehr eigenwillige Porzellan-Interpretation der griechischen Mythologie bietet. Die Ausstellung wandert seit vielen Jahren durch die namhaften Museen Europas, zuletzt war sie auch in Hongkong zu sehen. Mit den humorvollen Objekten erlaubt die Künstlerin sich selbst wie auch ihren BetrachterInnen einen erfrischenden Zugang zur abendländischen Mythologie und führt dabei ganz nebenbei der saturierten Kunstszene vor Augen, was mit Porzellan alles möglich ist. Dieses Material wird nämlich gerne in eine belächelte Nische des Kunsthandwerks geschoben, aber dort wollen die Arbeiten von Margit Denz so gar nicht hineinpassen.

Margit Denz' Kunstwerke sind weit gereist, aber auch ihre Herzen finden auf der ganzen Welt treue Sammler. Zahlreiche Hotels und Restaurants sind stolze Besitzer ganzer Wände voller Denz-Herzen, die (siehe Suchtpotenzial) von Jahr zu Jahr weiter wachsen. Margit Denz absolvierte die Hochschule für angewandte Kunst in Wien und weist eine lange Liste von erfolgreichen Ausstellungen im In- und Ausland auf.

Ein Blick auf die Homepage lohnt sich zwar in jeden Fall, aber ein Besuch in der hauseigenen, feinen Galerie in Dornbirn ist mehr als empfehlenswert.

Die Schweizer Seeseite – St. Gallen, Thurgau und Schaffhausen

In der Wildnis zwischen Bodensee und Säntis gründete der irische Mönch Gallus 612 eine Einsiedelei, um die Region zu christianisieren. Nach deren Unterstellung unter den Benediktinerorden entwickelte sich das Kloster St. Gallen zwischen dem 9. und 11. Jahrhundert zu einem der geistigen Zentren Mitteleuropas.

Heute noch zeugt die Stiftsbibliothek, die zu den ältesten und schönsten Bibliotheken der Welt zählt, vom enormen Wissensschatz der Mönche.

Herzstück ist der einzigartige Bestand an wertvollen Handschriften. Allein der schöne Rokoko-Bibliothekssaal ist einen Besuch wert. Im Zentrum des Stiftsbezirks, der seit 1983 zum UNESCO Welterbe gehört, steht die monumentale, spätbarocke Kathedrale mit ihren zwei charakteristischen Türmen. Um diesen Mittelpunkt der knapp 80 000 Einwohner zählenden Stadt winkelt sich die Altstadt mit ihren Fachwerkhäusern und kunstvollen Erkerfenstern. Ein Textilmuseum zeugt von der Bedeutung

Kartause Ittingen

Weinberg im Thurgau

der Weberei, Spinnerei und Seidenstickerei. Im Zuge des Stickereibooms Ende des 19. Jahrhunderts entstanden palastartige Fabriken, Villen und Museen im Jugendstil. Bauwerke von Santiago Calatrava, Heinz Tesar oder Herzog & de Meuron bereichern das Stadtbild heute mit moderner Architektur.

Der Thurgau ist dank seiner bevorzugten Lage am Bodensee vor allem im Sommer ein beliebtes Ausflugs- und Ferienziel. Fischerei, Käsereien und die Landwirtschaft spielen für die Bewohner des Bodensee-Südufers eine besondere Rolle. Malerischer Hauptort des Kantons ist Frauenfeld an der Murg. Sehenswert sind das Schloss aus dem 13. Jahrhundert, heute Museum, sowie das naturgeschichtliche Museum in einem barocken Haus.

Wer dem Südufer des Bodensees von der Mündung des mächtigen Rheins am Rheinspitz bei Altenrhein Richtung Westen folgt, erreicht Rorschach. Weithin sichtbares Wahrzeichen der Stadt ist das Kornhaus, heute als Museum zur Geschichte der Stadt und der Seelandschaften genutzt. Vom Bahnhof führt eine Zahnradbahn den Rorschacherberg hinauf zum Kurort Heiden. Unterwegs bietet der Fünfländerblick eine einmalige Aussicht auf die Schweiz, Vorarlberg, Bayern, Baden und Württemberg.

Weiter östlich liegt Romanshorn, dessen wichtige Schifffahrtslinie das Schweizer Ufer mit Friedrichshafen verbindet. Zwischen den Nachbarorten Seedorf und Ruderbaum finden sich unweit von Kreuzlingen die Pfahlbauten des südlichen Bodensees.

Konstanz und Kreuzlingen, die ineinander übergehen, bieten so manche grenzüberwindende Gemeinschaftsaktion an, wie etwa die „Lange Nacht der Museen". Eines der schönsten und bedeutendsten Gebäude Kreuzlingens ist die Barockkirche St. Ulrich. Zu ihrem Namen soll die Stadt durch einen Splitter vom Kreuz Jesu gekommen sein, den das Augustinerkloster verwahrt.

Wer dem Rhein westlich von Kreuzlingen weiter folgt, gelangt mit dem malerischen Städtchen Stein am Rhein zu einer der schönsten mittelalterlichen Altstädte der Schweiz. Über der Stadt thront die Burg Hohenklingen, die eine herrliche Aussicht über den südlichen Hegau, den Bodensee und die Rheinlandschaft bietet. Ein paar Kilometer flussabwärts erreicht man Schaffhausen, Hauptstadt des gleichnamigen Kantons. Wahrzeichen ist die Festung Munot, heute Veranstaltungsort und Openair-Kino. Das größte Spektakel aber erwartet die Besucher am Rheinfall. 700 000 Liter Wasser pro Sekunde stürzen tosend über eine 23 Meter hohe Klippe. Das sich seit 17 000 Jahren auf die gleiche Weise vollziehende Naturschauspiel zieht jährlich unzählige Besucher aus aller Welt in seinen Bann.

Blick zum Thurgau

Rorschach

Steckborn

Kumari Fleurs

Kumari Fleurs
Monica Koeppel

Feldstraße 3
CH-9326 Horn

Telefon 00 41 (0) 71 / 8 41 15 05
Telefax 00 41 (0) 71 / 8 41 31 22
www.kumari.ch

Bei Kumari Fleurs kann man Blumen kaufen. Und feiern. Und beides ein bisschen anders als anderswo.

Man spürt sofort, dass es bei Kumari Fleurs anders zugeht als in einem x-beliebigen Blumenladen. Monica Koeppel ist die Leidenschaft für Blumen, Farben und Formen auf den ersten Blick anzumerken. „Ich wollte immer in einem Gartenhaus wohnen", sagt die Floristin, die sich in einer Seitenstraße von Horn einen Traum erfüllt hat.

Um Blumen dreht sich in ihrem floristischen Paradies vieles – aber längst nicht alles. Doch von Anfang an: Monica Koeppel belebt und inspiriert gemeinsam mit ihren Mitarbeiterinnen den Alltag. Sei es mit Sträußen und Bouquets, die sie kunstvoll zusammenstellt. Aber auch bei der Gartengestaltung steht sie ihren Kunden mit Rat, Tat und einem künstlerischen Auge zur Seite. Pflanzen wie Orangenbäume, Passionsblumen, Palmen und Sträucher setzt sie nicht nur standortgerecht, sie kombiniert sie mit Holz, Stein und anderen Materialien. So verbreiten auch ihre „Garten-Arrangements" ein besonderes Flair.

Was Kumari Fleurs noch von anderen Blumenläden unterscheidet, steht hinter Monica Koeppels Ge-schäft: eine Lounge, die jedem Anlass eine exotische Note verleiht. Im mittlerweile zauberhaft überwachsenen Gewächshaus verbreiten balinesische Möbel und eine lange Tafel richtig schicke Lounge-Atmosphäre. Ob Apéro, Jubiläum, Hochzeit oder auch „gewöhnlicher" Geburtstag – die Kumari Lounge bietet den Rahmen, den niemand so schnell vergisst. Für das leibliche Wohl sorgt ein Catering-Unternehmen, Musik wird bestellt und die Dekoration lässt sich Monica Koeppel natürlich nicht nehmen: Gefeiert wird in einem Blumenmeer.

Ach ja, Pläne für die Zukunft werden natürlich auch geschmiedet. Schon jetzt bietet Kumari Fleurs hochwertige italienische Olivenöle zum Kauf an. Über ein exklusives Grappa-Sortiment denkt die Italien-Liebhaberin Monica Koeppel gerade nach. Und egal mit welchen Ideen sie uns alle noch überraschen wird, hier bleibt auch in Zukunft eines gleich: Mit Kumari Fleurs ist der Alltag immer etwas anders. Schöner eben.

Gasthaus zum Gupf

Gasthaus zum Gupf
Walter Klose

Gupf 20
CH-9038 Rehetobel

Telefon 00 41 (0) 71 / 8 77 11 10
Telefax 00 41 (0) 71 / 8 77 15 10
www.gupf.ch

Das Restaurant Gupf bietet nicht nur den faszinierendsten Ausblick auf den Bodensee – es verfügt auch über einen spektakulären Weinkeller. Und den Trend zu regionalen Produkten hat Küchenchef Walter Klose schon lange erkannt!

Höher geht es nicht mehr – zumindest nicht hier. Wer das Auto auf dem „Gupf"-Parkplatz abstellt und einen Blick auf sein Navigationsgerät wirft, sieht da eine imposante Zahl. 1083 Meter hoch erhebt sich die Hügelkuppe, auf der vor vielen Jahren ein Haus im traditionellen Appenzeller Stil errichtet wurde. Aus dem alten Gupf wurde Ende der 1980er-Jahre ein neuer – und der Aufwand für diese Metamorphose war alles andere als gering. Verantwortlich für den Umbau war Emil Eberle, der im wahrsten Sinne des Wortes keine Kosten scheute. Der Rheintaler erwarb 1989 das, was von dem alten Hofgebäude nach einem Brand noch übrig war, und machte sich ans Werk. Es entstand ein Restaurant, das nicht nur mit seiner Lage Maßstäbe setzt, sondern auch mit den drei großzügigen Gasträumen, mit gemütlichen Hotelzimmern und einem Weinkeller, der zu den spek-

takulärsten gehört, die man sich in der gesamten Schweiz vorstellen kann. Ein Betrieb, der sogar über einen angeschlossenen Bauernhof verfügt und sich in weiten Teilen selbst versorgen kann. Fehlte nur noch der Koch, der das ganze Projekt mit Leben erfüllt. Emil Eberle fand ihn in Walter Klose, einem gebürtigen Bayern, der nun schon seit 1998 als Küchenchef und Geschäftsführer den Gupf leitet. Walter Kloses Küche beschränkt sich mitnichten auf Appenzeller Spezialitäten oder Ur-Bayrisches. Der Koch spielt gern mit asiatischen Aromen, würzt hier und da mit etwas Chili und Zitronengras und lässt sich Wolfsbarsch und Steinbutt von den besten Lieferanten auf den Berg bringen. Doch viele Stammkunden bestellen immer wieder jene Spezialitäten, die einen regionalen Akzent sprechen. Das währschafte Schweinskotelett etwa, das Kalbsbries oder das Kalbsfilet, dessen Fleisch natürlich von den eigenen Tieren stammt.

Ein paar Treppenstufen weiter abwärts findet sich noch ein Superlativ. Mehr als 2500 Sorten Wein lagern hier zur freien Begutachtung, ein Computersystem hilft beim Auffinden der richtigen Flasche. Und die kann auch schon mal ziemlich riesig sein: Ein eigener Kellertrakt ist den Magnum- und noch voluminöseren Bouteillen gewidmet. Die größte Flasche des Gupf, die auch gleichzeitig die größte der Welt ist, dürfte aller-

dings nicht so schnell geöffnet werden. 480 Liter einer Trockenbeerenauslese des österreichischen Starwinzers Alois Kracher fasst die maßgefertige Rieserflasche. Zum Glück gibt es auch kleine Abfüllungen desselben Weines, um mit ihm eines jener Desserts zu begleiten, für die der Gupf berühmt ist. Nougatgrießknödel mit Bananenglace stellen ein Erlebnis dar, und der Eiskaffee mit Mama Kloses selbst gemachtem Eierlikör ist längst eine Legende!

S-POT für Handwerk und Gestaltung

S-POT für Handwerk und Gestaltung
Armin und Madeleine Schelling

Hauptstraße 10–12
CH-9424 Rheineck

Telefon 00 41 (0) 71 / 8 88 23 44
Telefax 00 41 (0) 71 / 8 88 23 44

Seit zehn Jahren hat Rheineck eine Adresse, in der Schönes und Edles gebündelt wird. Im „S-POT für Handwerk und Gestaltung" stellen viele Kunstschaffende der Region aus.

Seit zehn Jahren suchen Madeleine und Armin Schelling die schönsten Produkte des Kunsthandwerks, des Designs und der bildenden Kunst zusammen – und stellen sie im „S-POT" mitten in Rheineck aus. „Sie müssen uns gefallen", sagt Armin Schelling," zum Nachdenken anregen oder

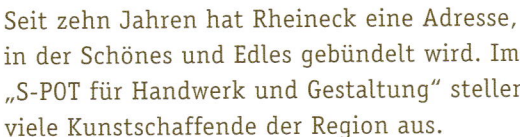

zum Schmunzeln." Der Vielfalt sind keine Grenzen gesetzt, sofern eine Voraussetzung erfüllt ist: „Wir suchen Werke, die Handarbeit einschließen." Künstlerisch gestaltete Porzellanherzen sind ebenso verfügbar wie Metallskulpturen oder Handtaschen, wie Tongefässe und schmiedeeiserne Objekte. Vieles stammt aus der Bodenseeregion, etwa aus dem nahen Vorarlberg, manches kommt auch von weiter her. Seit der Eröffnung von „S-POT" vor genau zehn Jahren sind enge Beziehungen zu vielen Künstlern und Kunsthandwerkern entstanden. „S-POT" fördert auch die Produkte geschützter Werkstätten und empfiehlt Objekte bekannter Designer. Einen wichtigen Platz in den geschmackvoll gestalteten Vitrinen und Regalen nehmen allerdings die eigenen Schmuckgegenstände ein. Schließlich hat Armin Schelling seine Goldschmiedewerkstatt, die sich in den Räumen neben dem „S-pot" befindet, schon vor beinahe drei Jahrzehnten gegründet. Ringe, Ohrhänger und Ketten mit ausgefallenen Anhängern gehören zu seinen Spezialitäten, aber Armin Schelling hat sich auch bei der Herstellung größerer Kunstobjekte einen Namen gemacht und überrascht immer wieder mit faszinierenden Kombinationen aus Gold, Silber und Edelsteinen. Die Goldschmiede Armin Schelling ist natürlich auch der richtige Ansprechpartner, wenn es darum geht, alten Schmuck zu reparieren, zu restaurieren oder neu zu gestalten.

BOSS
BOSS
HUGO BOSS
BOSS
HUGO BOSS
BOSS
HUGO BOSS
BOSS
HUGO BOSS

Monsieur A. – Angehrn Herrenmode

Monsieur A. – Angehrn Herrenmode
Caspar und Brigitta Angehrn

Hauptstraße 57
CH-9400 Rorschach

Telefon 00 41 (0) 71 / 8 41 20 44
Telefax 00 41 (0) 71 / 8 41 20 31
www.monsieura.ch

Premiummarken in der Ostschweiz – Brigitta und Caspar Angehrn
haben sich einen Namen gemacht für die ganz besondere Herrenmode.

„Trends kommen und gehen – Stil bleibt."
(Giorgio Armani)
Mode und Stil mit einer mediterranen Lässigkeit
zu verbinden, war seit jeher das Bestreben von
Brigitta und Caspar Angehrn sowie ihrem Team,
in dem auch ihre Tochter Debora mitarbeitet.
Herrenmode – besonders die italienische – ist
ihre Leidenschaft, Stil die Voraussetzung, und
deshalb muss man nicht immer gleich in die großen
Städte fahren, um sich als modebewusster Mann
mit feinsten Hemden, Anzügen und Krawatten,
mit trendigen Jeans und aktuellen Jacken einzu-
decken. Der weite Weg ist auch dann nicht nötig,
wenn der Kunde auf eine persönliche Beratung,
eine gute modische Information, einen schnellen
und preiswerten Änderungsservice, aber auch auf
eine Begrüßung mit Namen Wert legt.
„Natürlich sind wir stark modeorientiert, denn
wir sind der Ansicht, dass der persönliche Stil
das gewisse Etwas eines Mannes ausmacht", sagt
Caspar Angehrn. So sehr ihm und seinem Team

Mode am Herzen liegt, so sehr halten sie fest an
ihren hohen Ansprüchen an Qualität, Herstellung
und Schnitt, aber besonders an ein vorteilhaftes
Preis-Leistungs-Verhältnis.
Eine logische Folge davon sind deshalb die von
Monsieur A. geführten bekannten Label wie
Armani, Boss Black und Boss Orange, Versace,
Massimo Pascali, Brax, Cinque oder Jacques Britt.
Dazu gesellen sich ein paar wirklich angesagte
Highlights im jüngeren Casualbereich wie Para-
jumpers, New Zealand Oakland, Relakz und J.C.
Rags.
Doch das ganze Angebot wäre nur die Hälfte wert,
würde es nicht durch eine Beratung ergänzt,
die auf der langjährigen Erfahrung des Ehepaars
Angehrn und seiner Mitarbeiterinnen beruht.
Sie beinhaltet selbstverständlich auch Tipps für
modische Accessoires zu den verschiedensten
Anlässen. Dass man sich hier für den Kunden und
seine Wünsche Zeit nimmt, ist noch eine Selbst-
verständlichkeit in Rorschach am Bodensee!

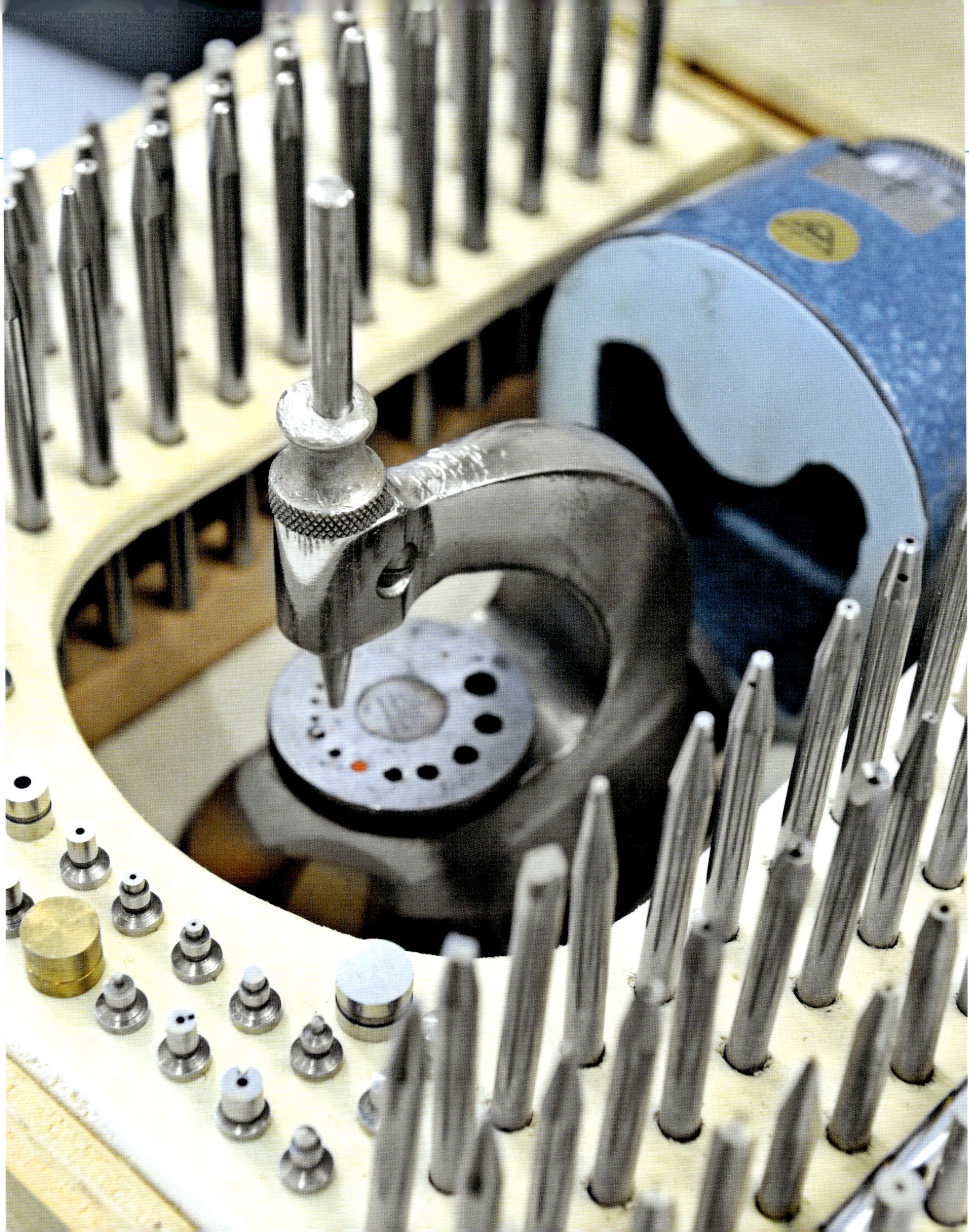

Federer Uhren und Bijouterie

Federer Uhren und Bijouterie
Marc Federer

Hauptstraße 67
CH-9400 Rorschach

Telefon 00 41 (0) 71 / 8 41 26 06
Telefax 00 41 (0) 71 / 8 41 29 56

Uhren und Schmuck für Kunden jeden Alters: Federer Uhren und Bijouterie hat sich ganz auf Vielfalt spezialisiert.

Das Geschäft mit dem Namen Federer Uhren und Bijouterie ist kaum zu verpassen. Unübersehbar steht es in der geschäftigen Hauptstraße des Ostschweizer Städtchens Rorschach, und unübersehbar ist auch der Schriftzug „Federer" auf dem Giebel des Hauses nahe dem Hafenbahnhof. Er steht dort schon lange, denn gegründet wurde das Unternehmen bereits vor mehr als einem halben Jahrhundert von Marc Federers Vater Beat: Es hat sich in dieser Zeit einen Namen gemacht bei den Stammkunden, und es hat sein Sortiment deutlich ausgeweitet.

Marc Federer, der heutige Geschäftsführer, weiß übrigens ganz genau, von was er spricht, schließlich ist er gelernter Uhrmacher und kümmert sich auch um die Reparaturen. Kleine Probleme werden vor Ort gelöst, bei größeren schickt man die Uhren zuständigkeitshalber an die Hersteller. Vor allem auf Schweizer Marken hat sich Marc Federer

spezialisiert. Omega und Tissot gehören beispielsweise zu den Produzenten, mit denen man schon seit Jahrzehnten zusammenarbeitet.

Wer in Rorschach heiratet, der kommt übrigens auch dann kaum vorbei am Traditionsgeschäft der Familie Federer, wenn er schon eine Uhr besitzt. Schließlich hat man sich hier auch auf Eheringe spezialisiert und führt ein breites Sortiment an Schmuckstücken für jeden Geschmack und jedes Budget. Kunden jeden Alters finden hier den passenden Schmuck – auch an betont modischem Silberschmuck für jüngere Kunden mangelt es nicht. Gewaltig ist auch das Angebot an Stücken, die mit den berühmten Swarovski-Steinen verziert wurden. Federer Uhren und Bijouterie ist offizieller Swarovski-Partner und allein deswegen eine Ostschweizer Schmuckadresse, die sich viele in ihr Notizbuch geschrieben haben.

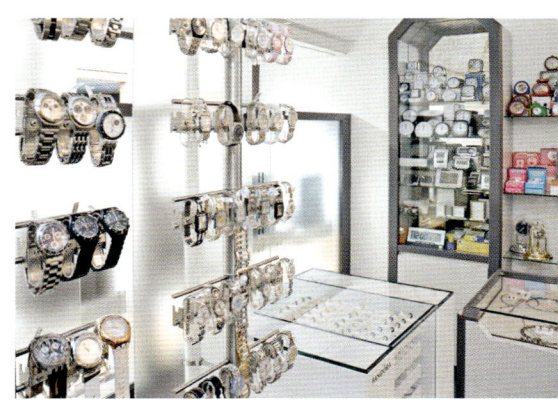

Heidis Mode

Heidis Mode
Heidi und Felix Schläpfer

Rosengartenstraße 19
CH-9404 Rorschacherberg

Telefon 00 41 (0) 71 / 8 58 20 00
Telefax 00 41 (0) 71 / 8 58 20 09
www.heidismode.ch

Outfit by Heidis Mode

Hauptstraße 65
CH-9400 Rorschach

Telefon 00 41 (0) 71 / 8 45 21 21

Heidis Mode

Webergasse 14
CH-9000 St. Gallen

Telefon 00 41 (0) 71 / 2 23 75 75

Drei Geschäfte mit zwei Konzepten Heidis Mode – Modehaus mit trendiger Damenkonfektion zum Wohlfühlen.

Heidis Mode, die modische Bastion der Ostschweiz, gibt es heute gleich dreifach. Am Rorschacher Hafenplatz, im Herzen von St. Gallen im Klosterviertel an der Webergasse, und dort, wo vor mehr als drei Jahrzehnten alles begann, mitten in Rorschacherberg an der Rosengartenstraße. Dort startete einst Heidi Schläpfer ihr Unternehmen mit einem Secondhand-Sortiment im „Börsenkeller".
Heute finden Sie bei Heidis Mode ausgewählte Designermarken über die ganze Größenpalette. Ganz speziell in Rorschacherberg und in St. Gallen steht das Konzept bis in die Modegrößen 56. Im Outfit by Heidismode am Hafenplatz in Rorschach finden Sie

das Konzept mit Designermode im Boutique-Style ab Größe 32. Die Kunden fühlen sich bei Heidis Mode wie zu Hause und genießen die große Auswahl bei persönlich abgestimmter Beratung, mit einem Kaffee in gemütlicher Atmosphäre.
Die große Stammkundschaft kommt gerade deswegen immer wieder gerne in eine der drei Modebastionen in der Ostschweiz am Bodensee. Seit bereits zehn Jahren ist Sohn Felix mit dabei in der Unternehmensführung.
Lassen Sie sich bei einem Besuch durch unsere Styling-Beratung verwöhnen, das Heidis-Mode-Team erwartet Sie.

Altstadt von St. Gallen

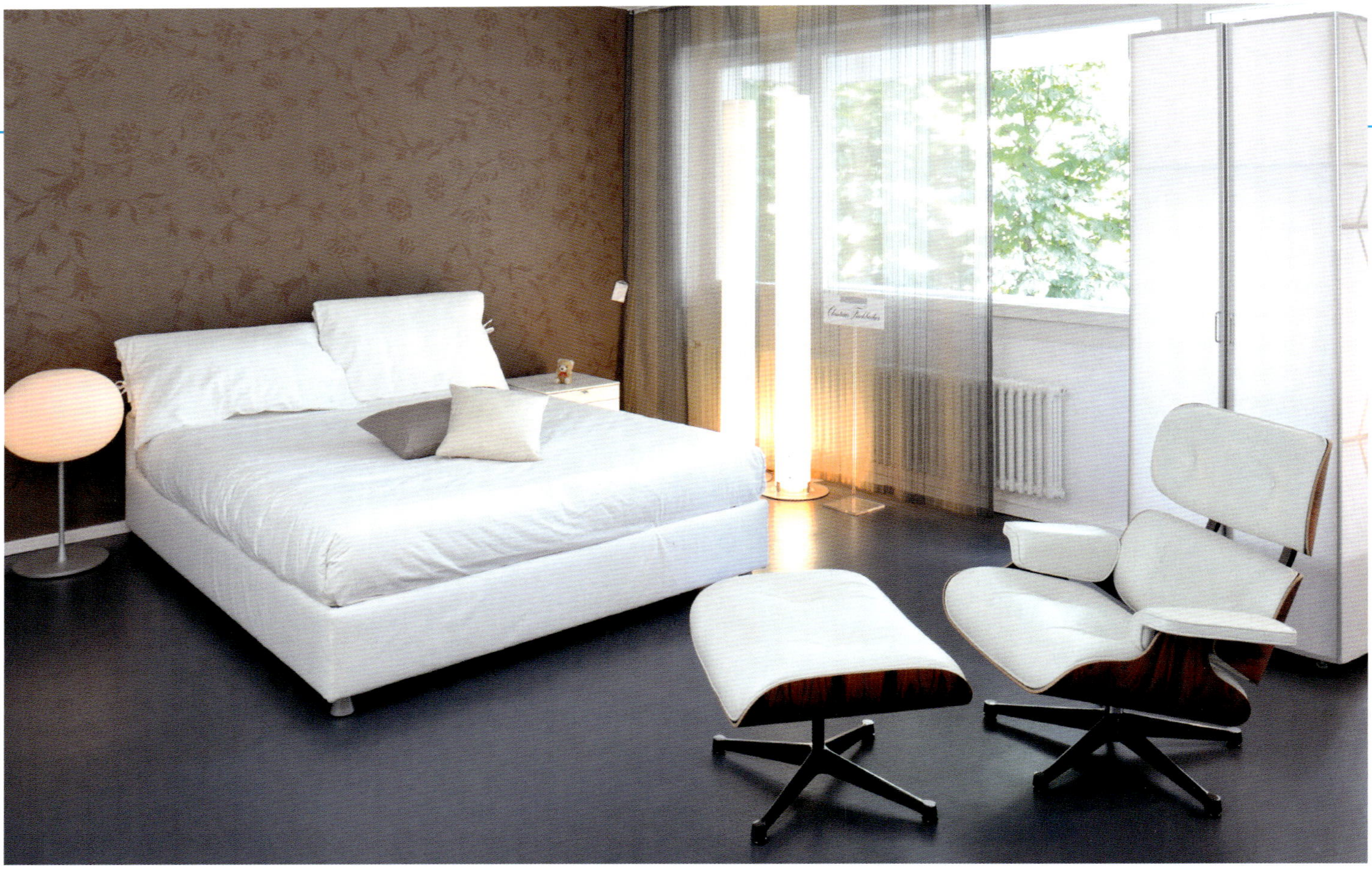

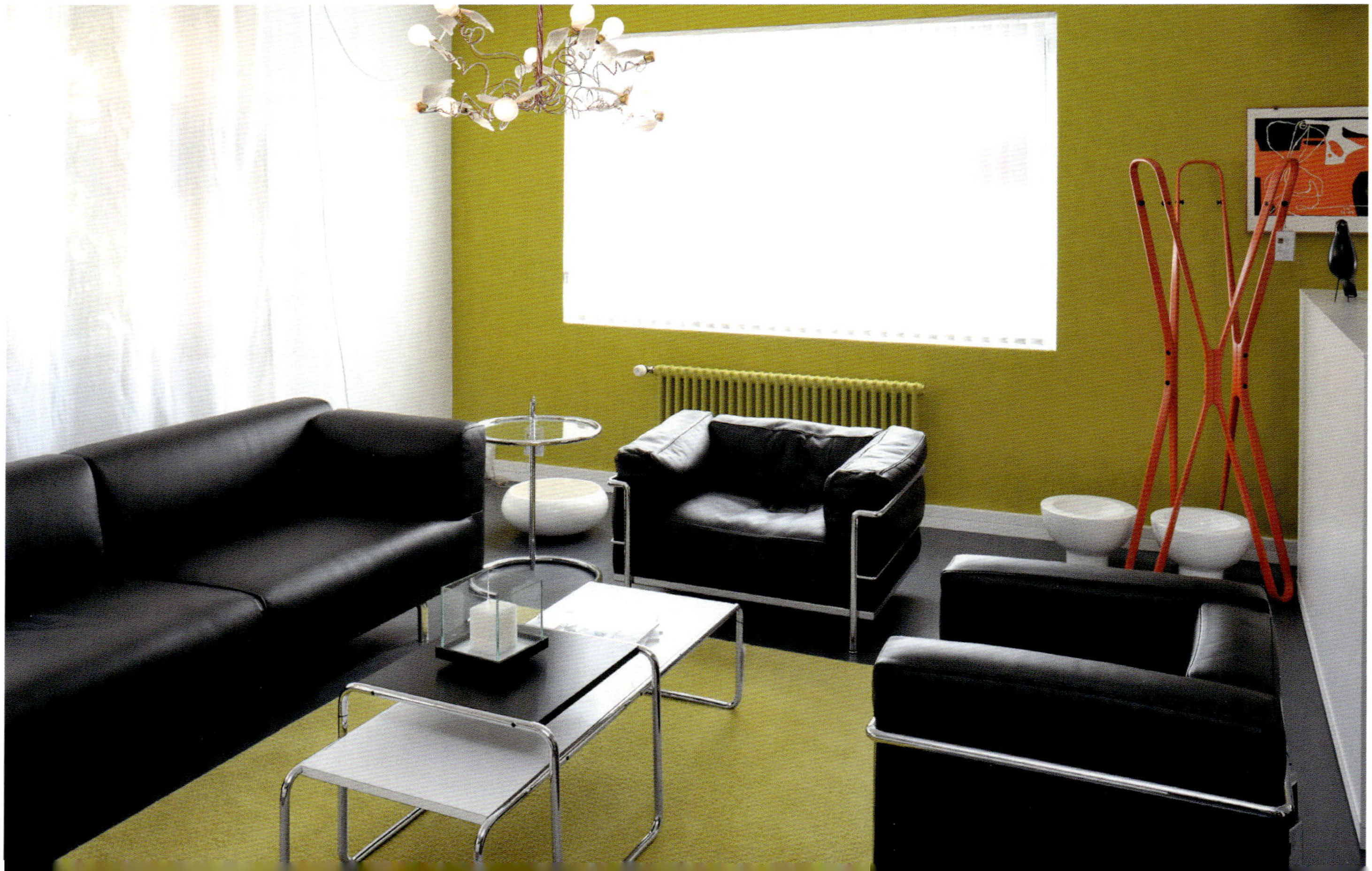

domus Leuchten und Möbel

domus Leuchten und Möbel AG

Davidstraße 24
CH-9000 St. Gallen

Telefon 00 41 (0) 71 / 2 28 20 60
Telefax 00 41 (0) 71 / 2 28 20 69
www.domusag.ch

St. Gallen ist immer eine Reise wert. Das gilt auch in punkto Möbel, Licht und Design. Bei „domus" wird die individuelle Gestaltungsvielfalt zeitgemäßer Wohn- und Arbeitswelten erlebbar. Trendige Designerstücke und moderne Klassiker laden den Besucher zum Betrachten, Planen und Verweilen ein.

Exklusiv und inspirierend ist es, das Sortiment des Einrichtungshauses im Zentrum St. Gallens. Gleichwohl repräsentiert es nur einen kleinen Teil des Möglichen und Machbaren. Bei einem Rundgang durch die Fachabteilungen Wohnen, Licht und Office/USM geht es vorbei an Designermöbeln, extravaganten Leuchten und edlen Textilien internationaler Topmarken wie Cassina, Vitra, Walter Knoll u.v.m. Daneben ruht der Blick des Betrachters immer wieder auf Objekten der modernen Klassik. Elegante, zeitlose Sessel und Sofas, die durch ihre klare Formgebung bestechen. „Die moderne Klassik ist mit Möbeln von Eames und Corbusier eben immer noch beliebt", meint Bruno Manser, Geschäftsleiter und Inhaber der domus Leuchten und Möbel AG. Ein wichtiges Segment des Unternehmens sind die USM-Möbelbausysteme. Ganz nach Belieben können dabei Module zu Wohn- und Officemöbeln zusammengefügt oder ergänzt werden. Dass USM nur im Bürobereich zum Einsatz kommen darf, ist übrigens ein verbreitetes Missverständnis. Die Systemlösung ist auch für den privaten Raum eine zeitlos stilvolle Bereicherung. Vor allem, wenn sie mit den richtigen Leuchten und einem genau ausgeklügelten Lichtkonzept kombiniert wird. Domus hat sich darauf spezialisiert, individuelle Wohn- und Büroräume mit viel Ambiente zu schaffen. Hierfür entwickelt das 15-köpfige Team

Gesamt-Einrichtungskonzepte inklusive Farb- und Materialwahl, die sowohl atmosphärischen als auch funktionellen Ansprüchen genügen. Zur Erstellung eines solchen Konzepts besuchen Verkaufsleiter Kurt Blaser und die anderen Berater auf Wunsch die Räume der Kunden. Denn nur so können die architektonischen Gegebenheiten und die meist lieb gewonnenen Möbel ins Konzept mit einfließen und ein stilvolles Ganzes bilden. „Wir sind eben mehr als nur ein Möbel- und Leuchtenladen, sondern kreative Inneneinrichter", meint Bruno Manser mit einem Lächeln. Womit er ganz sicher recht hat.

Sutter-Michel

Sutter-Michel & Co. AG
Damenkonfektion

Spisergasse 11
CH-9000 St. Gallen

Telefon 00 41 (0) 71 / 2 22 20 16
Telefax 00 41 (0) 71 / 2 22 20 26

In der Boutique von Eva Sutter geht es ein bisschen anders zu als in ganz normalen Kleidungsgeschäften. Nicht berühmte Marken sorgen für den besonderen Charme – es ist der persönliche Stil der Mitarbeiter, der Stammkunden immer wieder aufs Neue vorbeikommen lässt.

Mode kaufen kann einfach sein. Man geht in eine Boutique, erwirbt das, was gerade im Trend liegt, und schaut darauf, dass man die angesagtesten Marken und Designer auswählt. Wer allerdings seinen eigenen Stil pflegt und sich nicht von den Zeitschriften vorschreiben lassen will, was er zu kaufen hat, muss mehr Mühe aufwenden, bekommt dafür aber auch etwas, das heute selten geworden ist: Individualität. Eva Sutter, die Inhaberin der Boutique in der Spisergasse, ist nie den einfachen Weg gegangen. Jahrelang lebte die St. Gallerin in Schottland, und auch heute noch besucht sie regelmäßig die raue, von grünen Wiesen, zerklüfteten Küsten und traditionsreichen Whiskybrennereien geprägte Region im Norden Europas. Ideen für Mode bringt Eva Sutter von dort mit, sucht aber auch in der Schweiz, in Deutschland oder Italien nach Designern, die eigene Ideen umsetzen. Das Angebot in der Boutique im Zentrum St. Gallens unterscheidet sich deshalb deutlich von jenem der Konkurrenz, und auch das Flair ist nicht vergleichbar mit dem normaler Geschäfte. Entspannt geht es zu, niemand wird zum Kauf gedrängt, und keiner fühlt sich fehl am Platz. „Das Alter ist unwichtig", sagt Eva Sutter, „wir haben hier für jede Altersgruppe etwas und auch alle Stilrichtungen – bis hin zur Avantgarde oder zu verrückten Stücken". Da ist es verständlich, dass viele Künstlerinnen dieses Geschäft ins Herz geschlossen haben, dass Stammkundinnen nicht nur aus St. Gallen, sondern auch aus Zürich oder sogar aus den USA immer wieder zum Schauen und Anprobieren vorbeikommen. Neues gibt es stets zu entdecken, Eva Sutter überrascht ihre Kunden gern mit Kleidung und Accessoires. Nur auf eines müssen sie verzichten: Pelze gibt es hier nicht. Tierfreundlichkeit und Umweltbewusstsein gehören eben auch zum Konzept!

Restaurant Candela

Restaurant Candela
René Engler und Monika Gerster

Sonnenstraße 5
CH-9000 St. Gallen

Telefon 00 41 (0) 71 / 2 46 46 46
www.restaurantcandela.ch

Mitten in St. Gallen verbindet das Restaurant Candela moderne Gastronomie mit einer unglaublichen Vielfalt. Gastronomische Trends in der Gallusstadt werden hier ebenfalls gesetzt.

„Genießen mit Leib und Seele" lautet das Motto des Restaurants Candela. Doch vor den Genuss hat man die Wahl der richtigen Location gesetzt. Das moderne Restaurant am Rande der St. Galler Innenstadt ist nämlich vielfältiger, als viele Einheimische und Touristen ahnen. Da gäbe es den großen Gastraum, geschickt aufgeteilt und dank großer Fensterfronten hell und freundlich. Wer es ein bisschen gemütlich mag, reserviert seinen Tisch im holzvertäfelten „Silvesterchlaus Stöbli" (anders als der Name erwarten lässt nicht nur im tiefsten Winter beliebt). Für die wärmeren Tage wäre allerdings die große, geschützte Terrasse zu empfehlen, die sich oft schon vor zwölf Uhr mittags rasch füllt und selten vor dem späten Abend leert.

Gleich nebenan befindet sich ENGLERS Steakhouse & Bar. Ein großes Cocktailangebot, zahlreiche Events und die in der offenen Küche gegrillten Steaks gehören hier zu den Attraktionen. Die Küche im eigentlichen Restaurant ist nicht weniger trendig als das Ambiente, nimmt aber auch Bezug auf die regionalen Bedürfnisse. Ohne die St. Galler Bratwurst, geliefert von der Metzgerei Schmid, wäre die vielfältige, häufig wechselnde Speisekarte des Candela nicht vollständig – serviert wird der Klassiker der Stadt natürlich mit goldgelb gebratener Rösti. Die Käseauswahl stammt von Kündig, das Zürigeschnetzelte wird nach Originalrezept zubereitet. Doch man kocht hier nicht nur schweizerisch, sondern auch mediterran-asiatisch, leicht und aromatisch. Kressesüppchen mit

Speckschaum könnte zu den Überraschungen der Küche gehören, die Thaisauce zu den Black-Tiger-Krevetten ist hausgemacht, und die Tagliatelle, die mit Jakobsmuscheln und Knoblauch serviert werden, sind es auch: Selbstverständlichkeiten im Restaurant Candela!

Architekturbüro Peter Lüchinger

Architekturbüro Peter Lüchinger

Davidstraße 42
CH-9000 St. Gallen

Telefon 00 41 (0) 71 / 2 22 24 24
Telefax 00 41 (0) 71 / 2 22 24 04
www.peterluechinger.ch

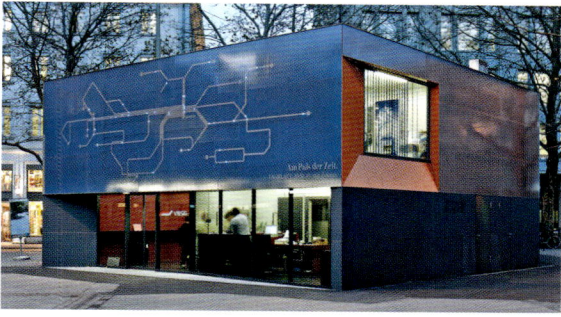

Peter Lüchingers Spezialität ist seine Vielfalt. Das persönlich geführte Architekturbüro sieht in den Kundenwünschen die Motivation zu individuellen Gesamtlösungen.

Eine bessere Adresse könnte ein Architekturbüro kaum haben. Im ehemaligen Lagerhaus der Stadt St. Gallen haben sich viele kreative Mieter eingefunden – vom Restaurant bis zum Museum. Alte Wandaufschriften erinnern aber nach wie vor an den einstigen Verwendungszweck der Gebäude... Peter Lüchinger hat sich nicht spezialisiert in eine bestimmte Richtung der Architektur. Zusammen mit seinem kleinen Team möchte er vielmehr die ganz unterschiedlichen Bereiche des Bauens vom Wohnungsbau über Gewerbe- und Dienstleistungsbauten bis zu unterschiedlichsten Spezialaufgaben bearbeiten. „Die Herausforderung einer neuen Aufgabe motiviert uns", betont Peter Lüchinger. Mal ist es eine Bushaltestelle, für deren Ausschreibung Lüchinger ein Modell entwirft, dann wieder baut er an einem Wohnhaus mit Bodenseeblick oder entwickelt ein Museumskonzept. „Der Bauherr soll sich mit dem Ort und der Architektur identifizieren können", erläutert Lüchinger, „wir sind ihm, aber auch der Baukultur verpflichtet".

Sehr häufig nimmt er auch an Wettbewerben teil, er versteht diese Arbeit als „ideale Werkstatt", wo in Konkurrenz nach optimalen Lösungen gesucht werden muss. Ob Wettbewerb oder Auftrag, die Intensität der Auseinandersetzung ist die gleiche. Dies führt immer zu spannenden und unkonventionellen Lösungen. Auch dann, wenn es sich um Ferienhäuser in den Bergen handelt, um Turnhallen oder ein Hochdruckpumpwerk. Sein mehrfach preisgekrönter Verkaufspavillon auf dem Bahnhofplatz ist dafür eine schöne Bestätigung.
Der Arbeitsablauf ist stets derselbe, auch wenn sich die Details und das Volumen unterscheiden. Alles beginnt mit Ideen und ersten Skizzen, auf welche dann intensive Diskussionen mit dem Bauherrn, die Auswahl der Materialien und die Feinplanung folgen. Wenn es an die Bauüberwachung geht, ist ein Großteil der Gesamttätigkeit schon geleistet. Eines der Objekte von Peter Lüchinger befindet sich gleich unter seinen Füßen: Das Restaurant „Lagerhaus" verbindet moderne Architektur mit praktischen Arbeitsbedingungen für das Küchen- und Serviceteam. Gute Architektur zeichnet sich schließlich auch dadurch aus, dass sie sich im Alltag bewährt!

Coiffure Carlo

Coiffure Carlo
Carlo Guidi

Oberer Graben 26
CH-9000 St. Gallen

Telefon 00 41 (0) 71 / 2 22 58 65
Telefax 00 41 (0) 71 / 2 22 71 52
www.carlo.ch

Seit den 1980er Jahren besitzt Carlo einen Coiffeursalon in St. Gallen. Carlo ist von mediterraner Abstammung, geboren in der Region Montefeltro nahe bei Rimini, wo er seine Aktivität als Coiffeur begann. Der Tourismusboom der 1960er Jahre verbreitete eine internationale Atmosphäre, welche die Lust am Leben, die Lust auf Freiheit und Vergnügen erweckte. Für Carlo war es eine Herausforderung Neues zu entdecken, und damit begann ein saisonaler Bezug zur Schweiz. Es war nicht wichtig, wo man lebte, wichtig war, immer wieder etwas Neues vorzufinden.

In St. Gallen gründet Carlo in den 1980er Jahren mit viel Energie und Eifer ein neues Unternehmen. Im Laufe der Zeit entstehen bedeutende Kontakte zu internationalen Coiffeur-Organisationen wie Intercoiffure und Haute Coiffure Francaise, woraus sehr wichtige Impulse hervorgehen. In der Rolle des Direktors von Intercoiffure Artistic Schweiz erhält Carlo von Monsieur Alexandre de Paris die Möglichkeit, am Prêt à Porter in Paris mitzuwirken. Zweimal im Jahr an der Quelle der Mode dabei zu sein, nach Interpretation verschiedenster Stylisten wie Claude Montana, Jean Paul Gaultier, Yves Saint Laurent sowie Chanel, bedeutet für Carlo eine Quelle von Inspirationen für sein kreatives Wirken.

Im 20. Jahrhundert liegen Wellness, Luxury, Entspannung, die persönliche Beratung, das Ritual im Trend. Das Interesse von Carlo an der Thematik der Beratung über Stil, Form und Farbe schafft die Basis für die Entwicklung eines eigenen Konzeptes mit dem Namen CALDO O FREDDO.

CALDO O FREDDO ermöglicht die Auswahl einer zur spezifischen Menschentypologie harmonisch wirkenden Haarkoloration. In Verbindung mit der Lehre der Morphologie, dem Studium der Formen, d.h. der Gesichtsform sowie dem inneren Leben des Gesichtes und der Postur, ergibt sich ein großes Spektrum für eine individuelle Gestaltung in Farbe, Form und Stil. Immer mehr im Trend liegt, dass der Coiffeur sich Zeit nimmt für seine Kunden, zuhören kann, das richtige Analysieren und Beraten in entsprechender Atmosphäre versteht.

Team Carlo bietet seinen Kunden eine professionelle, personalisierte Beratung.

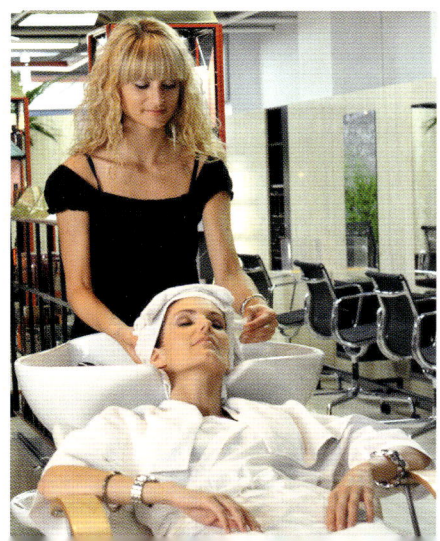

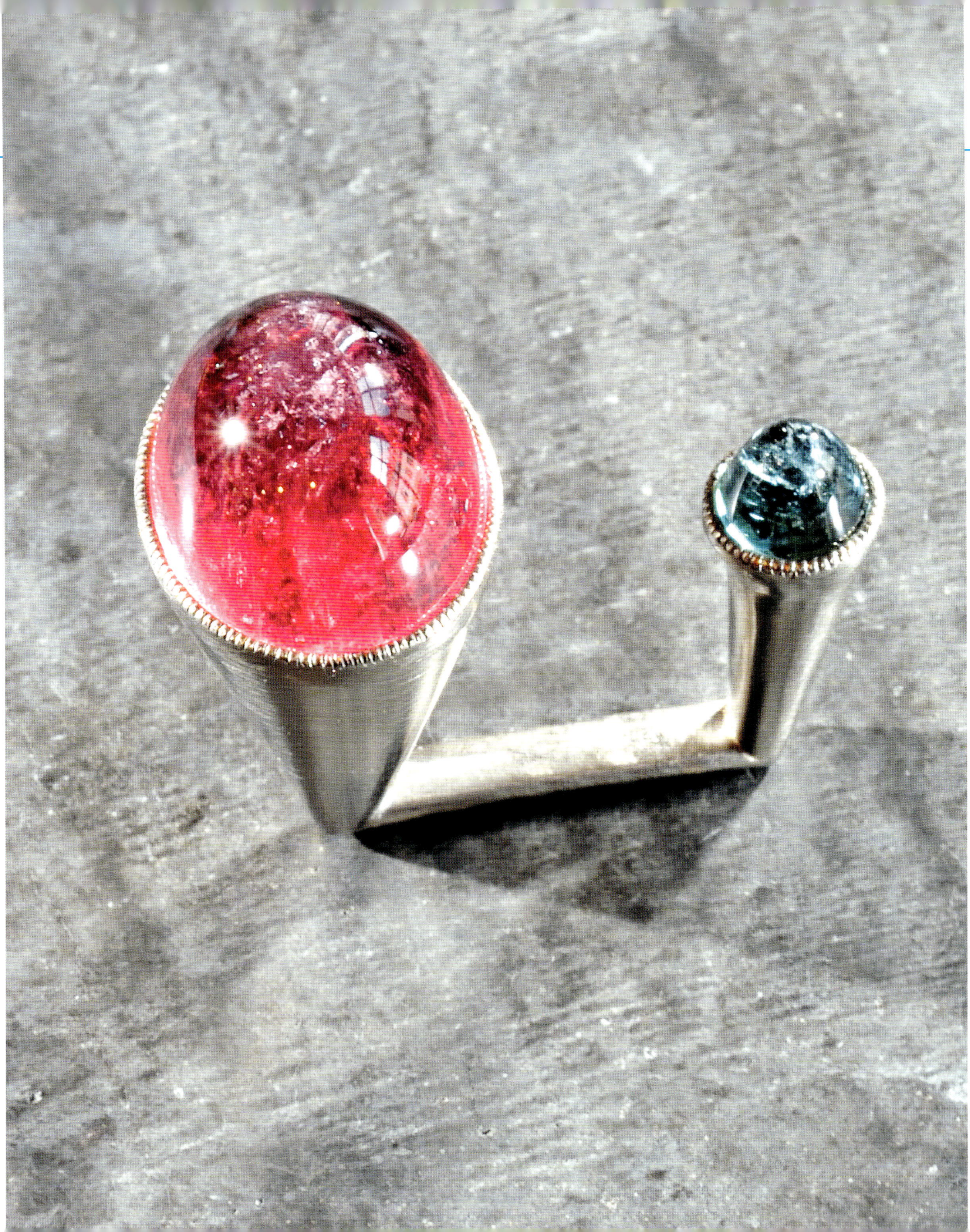

Goldschmiede Gabriela Frei

Goldschmiede Gabriela Frei

Marktgasse 26
CH-9004 St. Gallen

Telefon 00 41 (0) 71 / 2 22 62 79
www.goldschmiede-frei.ch

Ringe sehen meist einfach aus wie Ringe – und an Ketten und Anhängern gibt es selten Überraschungen zu entdecken. Auch wenn die meisten Schmuckdesigner der Welt unterschiedliche Materialien und Farben miteinander kombinieren, mal mehr Gold verwenden und mal zusätzliche Edelsteine einsetzen: Die Ähnlichkeiten sind unübersehbar, und die Grundformen unterscheiden sich nicht wesentlich.

Doch es gibt Ausnahmen von der Regel. Im historischen Klosterviertel von St. Gallen etwa hat Gabriela Frei ihre Goldschmiede eingerichtet, und hier verblüfft sie selbst weit gereiste Schmuckkenner. Die St. Gallerin hat nämlich einen beruflichen Werdegang hinter sich, der sie zu ungewöhnlichen Arbeitsweisen befähigt. „Ich habe neben der Ausbildung als Goldschmiedin auch eine als Feinmechanikerin", sagt Gabriela Frei. Mit diesem Hintergrund entstehen in der kleinen Werkstatt im historischen Gebäude kleine Kunstwerke, die oft nicht mehr viel mit konventionellem Schmuck von der Stange zu tun haben. Anhänger oder Anstecker mit einem beweglichen oder optisch irritierenden Innenleben nehmen die kleinsten Bewegungen auf und geben diese in ihrem eigenen Rhythmus wieder. Von ähnlicher Präzision sind die Ringe und Ketten, die nicht nur unterschiedlichste Materialien kombinieren, sondern auf eine beinah ätherische, verspielte, aber verblüffend überzeugende Art und Weise gestaltet wurden. Erklären muss man aber diese Kunstwerke kaum. Sie sprechen – ob beweglich oder fest stehend – für sich selbst. Viel aussagekräftiger, als es Worte sein könnten, ist der Besuch in der Goldschmiede. Wenn man Glück hat, kann man nicht nur die ausgestellten Stücke bewundern, sondern auch Gabriela Frei bei der Arbeit über die Schulter schauen. Die Werkbank ist in das Geschäft integriert, und der Kontakt zu den Kunden gibt der Künstlerin immer wieder neue Ideen und Inspirationen – um wieder neue, stets außergewöhnliche Schmuckstücke zu erschaffen.

Stiftskirche St. Gallen

St. Gallen-Bodensee Tourismus

St. Gallen-Bodensee Tourismus

Bahnhofplatz 1a
CH-9001 St. Gallen

Telefon 00 41 (0) 71 / 2 27 37 37
Telefax 00 41 (0) 71 / 2 27 37 67
www.st.gallen-bodensee.ch

St. Gallen ist eine Stadt der Vielfalt. Obwohl sie eine überschaubare Größe besitzt, bietet sie dem Besucher eine unglaubliche Fülle an Freizeit- und Ferienangeboten. Abgesegnet sogar von der UNESCO!

Es sind die Gegensätze, die St. Gallen zu einer ganz besonderen Metropole machen. Einerseits ist es die Nähe zum Bodensee, welche sich vorteilhaft auf die Gemüter der hier lebenden Menschen auswirkt – andererseits begeistert die eindrucksvolle Alpenkulisse mit dem Säntis-Gipfel vor der Haustür. Die Vielfalt gibt den St. Gallern Freiraum in anderswo unbekanntem Maße: Kaum haben sie die Innenstadt verlassen, befinden sie sich schon im hügeligen Alpenvorland, können Wanderungen unternehmen oder Wintersport treiben. In wenigen Minuten sind sie aber auch im Rheintal, das für seinen Weinbau bekannt ist, oder können am Bodenseeufer frische Felchen, Wassersportmöglichkeiten, Freibäder und den Blick in die Weite bis aufs deutsche oder österreichische Ufer genießen.

Broderbrunnen

Das Ferien- und Freizeitangebot könnte bei der Fülle an natürlichen Angeboten zurückstehen, doch dem ist nicht so. Tatsächlich birgt St. Gallen, die rund 700 Meter über dem Meeresspiegel gelegene Stadt, eine Menge Attraktionen. Der historische Stiftsbezirk, von der UNESCO zum Weltkulturerbe erklärt, ist nur ein Beispiel, die legendäre Stiftsbibliothek ein anderes: Sie verfügt über Hunderte mittelalterlicher Handschriften und zahlreiche Inkunabeln aus der Frühzeit des Buchdrucks. Doch ein Ausflug nach St. Gallen wäre unvollständig ohne einen Besuch des Marktes. Viele Erzeuger der Umgebung verkaufen knuspriges Bauernbrot, handwerklich hergestellten Käse oder Trockenfleisch mitten in der Stadt – ein klarer Hinweis auf die Genusskultur am Ufer des Bodensees. Dass zu dieser auch die berühmte Bratwurst gehört, die längst zu den kulinarischen Attraktionen der Schweiz zählt, hat sich herumgesprochen. Welcher Metzger die beste herstellt, ist seit eh und je Gegenstand heftiger Diskussionen. Aber auch in diesem Punkt gilt die Erkenntnis, dass Vielfalt eigentlich nicht schaden kann!

Prachterker

Einstein Congress Hotel Spa

Einstein Congress Hotel Spa

Berneggstraße 2
CH-9000 St. Gallen

Telefon 00 41 (0) 71 / 2 27 55 55
Telefax 00 41 (0) 71 / 2 27 55 77
www.einstein.ch

Das Hotel Einstein gilt nicht nur als erstes Haus am Platz in St. Gallen, es hat auch Ideen für die Zukunft. Gegenüber dem Traditionsbetrieb entstand ein Kongresszentrum der Spitzenklasse.

Kaum zu glauben, dass es sich um ein neues Gebäude handelt. Doch das Kongresszentrum neben der St. Galler Altstadt, gerade erst eröffnet, passt sich fabelhaft ins Bild der kleinen Metropole ein. Und genau so sollte es sein, denn es handelt sich schließlich nicht nur um eine Erweiterung des Hotels, die den Beherbergungsbetrieb fit machen soll für die Zukunft: Das Kongresszentrum ist eine Bereicherung für die Stadt und den Kanton. Denn auf höchstem Niveau und mit modernster Technik tagen, konferieren und feiern konnte man bislang kaum in der Stadt nahe dem Bodensee.

Die Münchner Architekten Hilmer & Sattler und Albrecht haben nun die passende Ergänzung zum Hotel geschaffen und aus dem „kleinen Grandhotel" ein großes und vielseitiges Haus gemacht. Eines, das mit zahlreichen, individuell kombinierbaren Seminarräumen Tagungsmöglichkeiten für

bis zu 400 Personen schafft. Auf fünf Stockwerke verteilen sich die insgesamt 14 kombinierbaren Räume; das Foyer bietet sich für stilvolle Empfänge an, der Prachtsaal für Konferenzen, Diners oder Bälle. Nicht zu vergessen der ebenfalls neue Fitnesspark mit Wellnessbereich. Nachhaltigkeit ist übrigens ein Grundprinzip, und bei der Energieversorgung setzt man auf eine eigene Erdwärmepumpe, welche 60 bis 70 Prozent des Bedarfs deckt. Neu ist übrigens auch die große Küche, in der die Mitarbeiter bei Tageslicht arbeiten und die zwei Restaurants, das Café und die Bar des neuen „Einstein" mit Spezialitäten beliefert. Die Speisenauswahl passt zum Gesamtkonzept, will nicht mit Luxuszutaten um jeden Preis auftrumpfen, sondern setzt vor allem auf Regionales. Bodenseefelchen und St. Galler Bratwurst sind nicht wegzudenken von der Karte, aber auch der neu entdeckte Rheintaler Ribelmais, die Appenzeller Mostbröckli und die St. Galler Weine gehören zum „Einstein"-Konzept dazu. Auch die Kongressgäste dürften dieses ganz besondere Angebot zu schätzen wissen.

Labhart-Chronometrie

Labhart-Chronometrie Uhren und Schmuck
Romano Prader

Oben an der Marktgasse 23
CH-9004 St. Gallen

Telefon 00 41 (0) 71 / 2 22 50 60
www.chronometrie.ch

Labhart-Chronometrie ist das älteste existierende
Uhren- und Schmuckgeschäft in St. Gallen.
Als Zugabe beherbergt es ein Spieldosenkabinett,
das kleinste Museum der Schweiz.

Ein exklusives Sortiment an Uhren und Schmuck,
an Geschenken und Accessoires der besonderen
Art findet man dort, wo auch das Handwerk noch
zu Hause ist: Die Firma Labhart bietet die größte
Auswahl der Stadt an hochwertigen Markenuhren
wie zum Beispiel Vacheron Constantin, Jaeger-
LeCoultre, Blancpain, Omega, IWC oder Breitling.
Doch damit nicht genug: Die Uhrmacher beherr-
schen im hauseigenen Atelier noch heute das
klassische Handwerk. Bei Labhart werden auch
seltene Stücke liebevoll gepflegt und instand gesetzt – und das schon seit 1886. Der Goldschmied
fertigt mit handwerklichem Geschick außergewöhnlichen Schmuck mit ästhetischem Reiz. Ein
ständiges Stelldichein aus der eigenen Werkstatt.
Namhafte Designer- und Schmuckateliers wie

Niessing, Furrer Jacot, Angela Hübel, Jörg Heinz
oder cédé ergänzen das eigene Schmucksortiment.
Das kompetente Labhart-Team hat ein sicheres
Gespür für Beratung und Geschmack, um aus dem
umfangreichen Sortiment für jedermann und jede
Frau das passende Modell zu wählen.
Doch es gibt noch einen weiteren Grund dafür,
bei Labhart-Chronometrie vorbeizuschauen:
Die liebevoll zusammengetragene Privatsammlung
teils über 200 Jahre alter Spieldosen im Spieldosenkabinett ist ein echter Insidertipp. Ein Kleinod
der Uhrmacherei, die Spieldose, ertönt glocken-
rein im zweiten Stock des Hauses. Es drehen sich
tanzende Figuren im Kreis, zu den zarten Klängen
des Stimmkamms. Das kleinste Museum der Schweiz
schlägt eine Brücke von uralter mechanischer
Musik zum heutigen Zeitgeist. Wertvolle Klangkunst,
Schweizer Tradition von bleibendem Wert – zum
Genießen und zum Sammeln sowie als ideales Geschenk für jede Gelegenheit. Dienstag bis Samstag,
jeweils um 11 Uhr, werden die Spieldosen im
Museum vorgeführt. Für größere Gruppen sind
auch außerhalb dieses Zeitraums Führungen nach
vorheriger Anmeldung möglich. Der Verkauf von
Spieldosen findet während der normalen Geschäfts-
öffnungszeiten statt.

haus 47

haus 47
Gabriela Finger und Irma Schweizer

Feldlistraße 17
CH-9000 St. Gallen

Telefon 00 41 (0) 79 / 5 85 55 63
www.haus47.ch

Spannende Kollektionen und gegenseitige Inspiration – das „haus 47" gehört zu den ungewöhnlichsten Geschäften St. Gallens.

Um was für einen Laden handelt es sich hier eigentlich? Die Stammkunden des „haus 47" wissen das natürlich längst, aber die Neugierigen, die zum ersten Mal in der Feldlistraße vorbeischauen, grübeln oft erst mal ein wenig. Ist es ein Schmuckgeschäft? Oder eines, das doch vor allem Bekleidung anbietet?

Die Wahrheit liegt irgendwo in der Mitte und ist noch vielfältiger, als man beim ersten Blick vermutet „Wichtig ist die kreative Atmosphäre", betont Gabriela Finger, neben Irma Schweizer eine der beiden Inhaberinnen des ungewöhnlichen Geschäfts, das gleichzeitig auch ein doppeltes Atelier ist. Gegenseitige Inspiration ist unverzichtbar, auch wenn beide auf zwei ganz verschiedenen Gebieten arbeiten. Gabriela Finger hat sich einen Namen gemacht für Kleider, Jacken und Accessoires aus Filz. Die Herausforderung und der Reiz, Bestehendes zu verändern, ihm eine andere Aussage und Form zu geben, sind für sie wie ein roter Faden, der sich durch ihr Schaffen zieht. Bei ihrer Arbeit mit Stoffen und Wolle, aus denen sie mit der ihr eigenen Technik einzigartige Kleidung gestaltet, lebt sie diese Komponente kompromisslos aus. Das Spiel mit den Farben, Gegensätzen und Kontrasten, die Spannung, wie jeder Stoff sich beim verbindenden Filzen verhält, lassen diese Arbeit immer wieder zu einem Erlebnis werden.

Die Kleidungsstücke sind nach der Fertigstellung auf dem Körper der zukünftigen Trägerin noch nachformbar, ganz im Wissen, wie einzigartig jeder Mensch und jede Form ist.

Schmückendes Gestalten und mit Menschen in Beziehung treten sind elementare Dinge im Leben von Irma Schweizer. Ihre Schmuckstücke sind eigenwillig und weiblich. Einzelstücke, die aus Freude am Gestalten entstehen, und um ihre Trägerin zu schmücken. Textile Objekte, von Hand genäht, fantasievoll kombiniert mit ungewöhnlichen Materialien, erzeugen eine reizvolle Spannung. Unkonventionell und von einer spielerischen Leichtigkeit, übertragen sie diese Eigenschaften auch auf die Frau, die sie trägt. Dreidimensionale Filz- und Wandobjekte, von Hand bestickt und von einer überquellenden Farbigkeit, korrespondieren mit der Formen- und Farbenvielfalt des Schmuckangebots. Das eine schließt das andere nicht aus.

Zusätzlich zu den eigenen Kreationen laden die beiden Frauen vom „haus 47" immer wieder GestalterInnen oder DesignerInnen ein, sich mit ihren Kreationen in der Feldlistraße 17 vorzustellen. Es ist ihnen wichtig, einen hohen Standard anzustreben und hinter dem Angebotenen stehen zu können und – natürlich –, ihre Stammkunden immer wieder zu überraschen.

Bruno Piatti

Bruno Piatti AG

Fürstenlandstraße 100
CH-9014 St. Gallen

Telefon 00 41 (0) 71 / 2 72 80 60
Telefax 00 41 (0) 71 / 2 72 80 61
www.piatti.ch

Vom Konzept zur Küche heißt das Motto der Bruno Piatti AG. Mit seinem motivierten Team macht der Schweizer Küchenbauer Träume wahr – für Privat- wie für Firmenkunden.

Seit 1948 hat sich viel verändert bei der Bruno Piatti AG. Küchen sehen heute komplett anders aus als noch vor mehr als einem halben Jahrhundert. Die Geräte sind vielfältiger geworden und die Bedürfnisse der Kunden sind gestiegen. Doch eines ist gleich geblieben: Heute wie damals fertigt der führende Küchenbauer des Landes in der Schweiz, setzt auf Heimberatung und höchste Qualitätsmaßstäbe. Und hat immer neue Ideen in der Schublade – ebenso wie im Jahr 1948, als sich der junge Bruno Piatti als Küchenbauer selbstständig machte und die Kochgewohnheiten der Schweiz revolutionierte. Verstand man bis dahin unter einer Küche lediglich ein Sammelsurium von Tisch, Herd und Kühlschrank, so änderte sich dies durch die nun angebotenen Konzeptlösungen rasch. Das Unternehmen wuchs und wurde schließlich zum Marktführer in der Schweiz.

Heute sind mehr als 300 Mitarbeiter damit beschäftigt, Jahr für Jahr rund 14 000 Küchen zu bauen – in allen gewünschten Formen und Farben, mit vielen individuellen Lösungen vom integrierten Weinkeller über Designerlösungen bis zu hochmodernen Induktionskochstellen. Die meistgewählte Küche der Schweiz zeichnet sich durch kurze Lieferzeiten und Beratung vor Ort aus: Rund 80 Verkaufsstellen sorgen dafür, dass die Wege zwischen Kunde und Beratungsort kurz sind. Was schließlich ins Haus geliefert und von geschulten Mitarbeitern aufgebaut wird, ist nicht nur Made in Switzerland, sondern auch die Erfüllung eines Traumes, der viele Jahre lang geträumt werden soll. Piatti-Küchen sind Investitionen fürs Leben und berücksichtigen die Bedürfnisse der heutigen Zeit. So ist die Fusion von Küche und Wohnraum ein Thema, das längst seinen Niederschlag bei Piatti gefunden hat. Und über die Trends von Morgen und Übermorgen macht man sich ebenfalls Gedanken. Es ist absehbar, dass Piatti auch beim 100. Jubiläum auf die Vorreiterrolle im Schweizer Küchenmarkt anstoßen kann.

Picante Club Bar

Picante Club Bar

Augustinergasse 25
CH-9004 St. Gallen

Telefon 00 41 (0) 71 / 2 25 40 33
www.picante.ch

Das „Picante" gehört zu den schärfsten Entdeckungen der St. Galler Altstadt – und gilt als einer der Höhepunkte im berühmten Bermuda-Dreieck.

Aus einem alteingesessenen Trödlerladen wurde eine angesagte Bar – aber das klingt einfacher, als es in Wirklichkeit war. Mitten in St. Gallen, in der belebten Augustinergasse, vollzog sich in den Jahren 2002 und 2003 ein Umbau, der in Wirklichkeit eine Neugeburt war. Nachdem allerlei Genehmigungen eingeholt und viel Geld investiert worden war, ging es mit gehörigem Engagement und riesigem Aufwand los. Das Altstadtgebäude von einst, viele Jahre lang ein beliebter, aber von der Inneneinrichtung her eher unspektakulärer Laden, wurde quasi entkernt und neu aufgebaut. Und dabei wurde nicht gespart, wie eine Liste der edlen Materialien beweist: Lavastein-Platten, Wenge-Massivholz und viel Edelstahl.

Die Mühen haben sich gelohnt, denn heute gilt die von Roselane Santos und Marco Flury geleitete Bar zu den trendigsten Anlaufstellen eines Streifzuges durch das St. Galler Nachtleben.
Party-Musik gehört hier zum Standard, die Caipirinha ist legendär und die Stimmung so, wie es sich für eine Bar mit dem Namen „Picante" gehört: einfach scharf. Direkt unter dem überdimensionalen Schriftzug wird es am Wochenende oft schon gegen 22 Uhr voll – doch die echten Kenner schwören darauf, dass die Stimmung erst nach Mitternacht auf dem Höhepunkt angelangt ist.
Es ist nicht zuletzt auch diesem Lokal zu verdanken, dass aus dem St. Galler Bermuda-Dreieck, wo es viele Jahre lang eher ruhig zuging, wieder das lebhafte Zentrum des Nachtlebens geworden ist. So, wie es bereits in den 1960er Jahren einmal gewesen ist!
Im Sommer wird das „Picante" übrigens einfach auf bis die Straße erweitert: mithilfe der Fenster, die sich nach oben ziehen lassen und den unkomplizierten Weg nach draußen freigeben.

Külling Optik

Külling Optik AG

Poststraße 17
CH-9001 St. Gallen

Telefon 00 41 (0) 71 / 2 22 86 66
Telefax 00 41 (0) 71 / 2 22 86 92
www.kuelling.ch

Eleganz und Stil – wer das Optikgeschäft nahe dem St. Gallener Bahnhof betritt, steht in einer Oase inmitten des städtischen Trubels. Ausgefallene Fassungen trendiger Designer gibt es obendrein.

Auf die richtige Optik kommt es an – und auf die bestmögliche Beratung für die Augen. Genau auf die hat sich das traditionsreiche Fachgeschäft inmitten von St. Gallen spezialisiert. Schließlich ist das wichtigste Sinnesorgan des Menschen nicht so einfach zu korrigieren: Die Brille muss für jeden Kunden individuell angepasst und gefertigt werden. Die richtige Beratung erfordert eine Menge Erfahrung und Zeit, die man sich hier gerne nimmt. Doch wer bei Külling Optik eintritt, ist ohnehin in einer anderen Welt angekommen. Das Geschäft vermittelt nicht nur Stil und eine einladende Atmosphäre, sondern auch ein elegantes Flair. Die bestens geschulten Mitarbeiter bieten gern einen Kaffee an und widmen sich dann dem, was diese Adresse vor allen anderen Vorzügen auszeichnet: der Sehberatung. Ausschließlich ausgebildete Augenoptiker erkundigen sich nach den Wünschen und stellen mit präzisen Messungen die Sehstärke fest. Sobald diese geklärt ist, geht es an die Beschaffenheit der Gläser oder jene der Kontaktlinsen. Külling Optik gehört zu den „visus members – the leading opticians", einer exklusiven Vereinigung von Augenoptiker-Fachgeschäften, und hat sich einem strengen Qualitätskodex unterworfen. Die Frage des Aussehens wird natürlich ebenfalls gestellt – und in der Wahl der Fassung sehr individuell und typgerecht beantwortet. Nicht nur berühmte Marken sind hier zu haben, auch die Modelle zahlreicher innovativer Designer gibt es hier zur Auswahl. 18-Karat-Goldfassungen findet man ebenso im Sortiment wie schicke Retrolinien, welche die 1970er oder 1980er Jahre wiederaufleben lassen. Für alle Varianten gilt: Hochwertige Materialien sind unverzichtbar, und auf die exakte Passform legt man größten Wert. Übrigens: Auch lange Zeit nach dem Kauf kann man immer wieder unverbindlich hereinschauen, seine Brille im Ultraschallbad reinigen lassen und sich bei einem feinen Espresso oder vitaminreichen Fruchtsaft über die neuesten Brillentrends informieren!

kleika Arbeitslosenprojekte

kleika Arbeitslosenprojekte

Lindenstraße 61
CH-9000 St. Gallen

Telefon 00 41 (0) 71 / 2 22 38 88
www.kleika.ch

Secondhand-Kleiderladen

Kirchgasse 11
CH- 9000 St .Gallen

Telefon 00 41 (0) 71 / 2 22 55 35

kleika – ein Projekt zur beruflichen Integration von Frauen.

kleika bietet seit 1994 rund 50 erwerbslosen Frauen während einer begrenzten Zeit realitätsnahe Arbeitsplätze in Verkauf und Produktion. Die Vielfalt des Textilbereichs ermöglicht Tätigkeiten mit unterschiedlichsten Anforderungsniveaus. Das Arbeitslosenprojekt fördert durch Optimierung der Fach-, Selbst- und Sozialkompetenzen der Teilnehmerinnen die Eingliederung in den Arbeitsmarkt. Trägerschaft ist ein gemeinnütziger Verein mit Unterstützung durch die beiden Landeskirchen. Im Textilatelier im Osten von St. Gallen entstehen zeitgemäße Produkte. Verschiedenste Modelle von Taschen, Etuis, Gürteln und auch Kleidungsstücken werden vorwiegend aus Recyclingmaterialien hergestellt. Dabei finden Fahrradschläuche, Werbeplanen, Gymnastikgummis und diverse Stoffe Verwendung. Im Atelier erhalten auch Polstermöbel ein neues Outfit, und aus hochwertigen Alttextilien werden Teppiche gewoben. Nach Wunsch werden Kleinserien von Bekleidungsartikeln, Änderungen und verschiedene textile Näharbeiten ausgeführt. Die breite Palette an unterschiedlichsten Arbeiten mit verschiedenen Schwierigkeitsgraden ermöglicht Anfängerinnen, Grundkennt-

nisse des Nähens zu erwerben und Fachkundigen, ihre Kenntnisse zu vertiefen und zu erweitern. Der gepflegte Secondhand-Kleiderladen liegt inmitten der Altstadt von St. Gallen. An der Kirchgasse 11 werden die Kunden von Arbeit suchenden Frauen verschiedener Nationen fachkundig beraten. Durch das große Angebot an qualitativ gut erhaltener Secondhand-Kleidung sind Schnäppchen praktisch an der Tagesordnung – und nicht selten lässt sich sogar echte Designerware entdecken. Die Kunden finden immer ein breites Sortiment an modischen Stilrichtungen im Bereich Damen-, Herren- und Kinderbekleidung sowie an diversen Accessoires. Im Laden werden auch die innovativen Recyclingprodukte aus dem Textilatelier angeboten. Änderungs- und Bügelaufträge werden gern entgegengenommen.

Schloss Brunnegg | Hotel – Restaurant

Schloss Brunnegg GmbH | Hotel – Restaurant
Familie Berger

Girsberstraße
CH-8280 Kreuzlingen

Telefon 00 41 (0) 71 / 6 72 36 36
Telefax 00 41 (0) 71 / 6 72 36 31
www.schloss-brunnegg.ch

Einladend und gastfreundlich empfängt der Spruch über der Eingangstür die Gäste des Märchenschlosses: „Horas non numero nisi serenas." – „Zähl die glücklichen Stunden nur." Doch bis das ein Vierteljahrhundert lang unbewohnte, romantische Gemäuer aus dem Dornröschenschlaf geweckt war, waren aufwendige, jahrelange Umbauarbeiten notwendig. Heute ist es ein einzigartiges Zeitdokument, das am Hügel von Kreuzlingen seine Gäste erwartet.

Etwas Besseres konnte dem Anwesen oberhalb von Kreuzlingen nicht passieren. Die Familie Berger erwarb Schloss Brunnegg 1995 und renovierte mit viel Liebe zum Detail Etage um Etage.

Geschäftige Jahre vergingen, bis Hausherr und Architekt Zeljko Berger Obergeschoss, Zimmer und Suiten modernisiert hatte. Seine Frau Inge brachte mit der Gastronomie Leben in das Traumschloss. Es dauerte nicht lange, bis der Gault Millau auf die „Jungen Wilden Köche" aufmerksam wurde und Gäste von nah und fern kamen.
1250 erbaut, wurden Wohnräume und Türme Ende des 19. Jahrhunderts ergänzt Der damalige Schlossherr Ludwig Binswanger beherbergte allerlei

illustre Gäste. So weilten hier schon der Psycho-
analytiker Sigmund Freud und der Philosoph Fried-
rich Nietzsche, während ein gewisser Dr. Heinrich
Hoffmann sein berühmtes Werk über den „Struw-
welpeter" im Turmzimmer des Baus vollendete.
Eine besondere Atmosphäre prägt die Brunnegg:
Durch die behutsame Renovierung blieb die ur-
sprüngliche Architektur mit ihrem Ambiente
erhalten. Die original erhaltenen, freigelegten
Holzbalken bieten einen reizvollen Kontrast zum
modernen Design der Küchen und Bäder. Mit
Wänden in Stucco-Veneziano-Technik und Farben,
die von Stockwerk zu Stockwerk leichter werden,
hat der befreundete Künstler Günther Wizemann
nicht nur ein edles Ambiente für Hausgäste geschaffen. Auch Familie Berger hat sich im Schloss
den Wunsch erfüllt, am selben Ort zu wohnen und
zu arbeiten.
Viel Platz ist im Schlosshotel: In den großzügigen
Räumlichkeiten finden Gesellschaften von bis zu
50 Personen Platz. Ein besonderer Ort, nicht nur
für Familienfeiern, Freizeitveranstaltungen und
Kunstevents, sondern auch eine begehrte Location für Tagungen und Businessveranstaltungen.
Die fünf familienfreundlichen, großzügigen und
modern designten Hotelsuiten, die teilweise mit
Kochnische ausgestattet sind und über Seesicht
verfügen, bieten jeglichen Komfort. Nun kann
man sich in der Vinothek bei einem Aperitif auf
den Abend einstimmen, die herrlichen Trouvaillen
in den Kisten bewundern. Besonders Italien und
Frankreich gilt die Leidenschaft der Gastronomin.
Sobald man es sich im Winter am Kamin gemütlich
gemacht hat, kann es losgehen mit den Gaumen-

freuden aus der Küche.
Leichte mediterrane Speisen und viel Hausgemachtes stehen auf der Karte. Im Sommer lassen sich
Gäste auf der Terrasse verwöhnen – um dann zu
später Stunde glücklich in die Betten zu sinken.
Die gelungene Symbiose zwischen dem spätmittel-
alterlichen Schloss und einem modernen Hotel-
und Gastronomiekonzept machen den Charme der
Adresse aus, die mancher Gast als Geheimtipp
lieber für sich behält. Schloss Brunnegg ist eben
etwas ganz Besonderes.

Galerie am Schloss

Galerie am Schloss
Michael P. Adler

Am Schlosspark 4
CH-8274 Gottlieben

Telefon 00 41 (0) 71 / 6 69 29 70
www.galerieamschloss.com

Michael P. Adler hat die afrikanische Shona-
Bildhauerkunst in der Schweiz bekannt gemacht.
Was er aus seiner zweiten Heimat Simbabwe
nach Gottlieben mitbringt, fasziniert heute viele
Sammler und Kunstliebhaber.

Gottlieben ist ein Schmuckstück unter den Bo-
denseeorten. Ein Gesamtkunstwerk aus einem
mittelalterlichen Schloss sowie gleich mehreren
Feinschmeckerrestaurants, ein Ausflugsziel, das
noch immer Geheimtippstatus hat. Das Schloss
wurde bereits Mitte des 13. Jahrhunderts erbaut,
beherbergte einst den späteren französischen Kai-
ser Napoléon III. und dient seit vielen Jahren als
Wohnsitz der Schweizer Opernsängerin Lisa Della
Casa. Die Gourmetrestaurants „Krone", „Drachen-
burg" und „Waaghaus" liegen ebenfalls neben
dem Schloss direkt am Seerhein.
Die Enttäuschung darüber, dass man das Schloss
nicht besichtigen kann, ist übrigens schon nach
wenigen Sekunden verflogen. Michael P. Adler,
der Inhaber der Galerie am Schloss, erzählt gern
von der Geschichte des Ortes und davon, wie er

selbst den Weg nach Gottlieben gefunden hat. Er war es, der die Shona-Bildhauerkunst aus Simbabwe am Bodensee und bald darauf auch in der ganzen Deutschschweiz und in Süddeutschland bekannt gemacht hat. „1993 habe ich die Galerie gegründet", sagt der Mann, dem die Tätigkeit als Kunsthändler nicht in die Wiege gelegt war. Der gebürtige Konstanzer mit Schweizer Staatsbürgerschaft arbeitete in Deutschland, in der Schweiz und in Afrika, entdeckte in den 1970er-Jahren schließlich in Rhodesien, dem heutigen Simbabwe, die traditionelle Bildhauerei des Shona-Stammes. Zuerst erwarb Michael Adler vom heute weltberühmten Künstler Richard Mteki ein aus Stein gefertigtes Schachspiel, bald kamen weitere Stücke hinzu, und seitdem hat ihn die Kunst der Simbabwer immer mehr fasziniert. „Alles wird per Hand geschaffen, mit Hammer und Meißel", erklärt Adler, „und alles aus einem Stück gearbeitet". Eigentlich kaum zu glauben, denn einige der bis zu zwei Zentner schweren Figuren besitzen sehr unterschiedlich behandelte Segmente: Die Skulpturen aus Springstone oder Opalit, aus Verdit oder Serpentin sind teilweise glatt poliert, wirken dann wieder rau und ursprünglich. Was wie zusammengeklebt scheint, ist in Wirklichkeit das Resultat einer tage- und wochenlangen handwerklichen Tätigkeit, die das Erhitzen der Steine mit einschließt. Dass aus der Sammlerleidenschaft eine Galerie entstand, war dann nur noch eine Frage der Zeit. „Das Land hat mir viel gegeben",

erzählt Michael Adler, „und dafür wollte ich mich irgendwann revanchieren".
Regelmäßig fährt Michael P. Adler auch heute noch nach Simbabwe, immer auf der Suche nach neuen Künstlern und ausgefallenen Skulpturen. Aber er unterstützt auch die regionalen Maler des Bodenseeraumes. Ein Teil der Galerie ist stets den heimischen Kunstwerken gewidmet, und viele von ihnen zeigen die faszinierende Landschaft rund um Gottlieben. Was die Frage erübrigt, ob der Bodensee oder Simbabwe die wahre Heimat des Michael P. Adler ist. Beide ergänzen sich auf eindrucksvolle Weise…

Stiftung Kartause Ittingen

Stiftung Kartause Ittingen

CH-8532 Warth

Telefon 00 41 (0) 52 / 7 48 44 11
Telefax 00 41 (0) 52 / 7 48 44 55
www.kartause.ch

Gastfreundschaft, Fürsorge, Bildung, Spiritualität und die Pflege der Kultur waren die zentralen Werte der Kartäuser-Mönche. Umgeben von üppiger Vegetation setzte der Schweigeorden auf Selbstversorgung. Die Kartause Ittingen hat diese Ideen in die Neuzeit übersetzt. Unter ihrem Dach vereint sie heute ein Seminarzentrum, Gastwirtschaft und Hotel, einen Gutsbetrieb, ein Heim und einen Werkbetrieb sowie zwei Museen und das „tecum".

Im April 2009 war es geschafft und die Stiftung hatte das größte Umbau- und Renovierungsvorhaben seit Gründung der Kartause gestemmt. Man hatte sich die anspruchsvolle Aufgabe gestellt, den räumlichen Bedürfnissen von Seminar-, Hotel- und Restaurantgästen gerecht zu werden, ohne die Ursprünglichkeit und das besondere Erscheinungsbild der Kartause anzutasten. Mit überraschenden Konzepten und einem einzigartigen, modernen Design gelang den Architekten behutsam der Spagat.

Als Kulturzentrum mit überregionaler Ausstrahlung beherbergt die Kartause heute Kultur ersten Ranges: Das Ittinger Museum bildet dabei den Kern der Kartause, die ehemaligen Räume der sogenannten „inneren Klausur", die dem Kartäuserorden und der Geschichte der Kartause Ittingen gewidmet sind. Im Mittelpunkt der Sammlung des Kunstmuseums Thurgau steht eine einzigartige Werkgruppe des Künstlers Adolf Dietrich. Die Bilder des Thurgauer Malers und eine eindrucksvolle Sammlung Naiver Kunst sind heute weit über die Grenzen des Thurgaus und der Schweiz hinaus bekannt und geschätzt.

Wer die vielen Eindrücke bei einem guten Essen auf sich wirken lassen möchte, dem sei ein Besuch im Restaurant Mühle empfohlen, das mit speziellen Kreationen aus eigener Erzeugung zum Verweilen einlädt – bei schönem Wetter auch im „idyllischsten Gartenrestaurant der Ostschweiz". Was früher auf Feldern und Rebbergen, in Wäldern, Gärten, Stallungen und Gewässern lebte und gedieh, diente der Selbstversorgung der Mönche. Heute sollen die umweltschonend erzeugten Produkte wie Rohmilch-Brie oder Bärlauch-Bratwurst die Gäste der Kartause verwöhnen. Die Produkte

aus Käserei, Weinbau und Landwirtschaft sind übrigens auch im Klosterladen erhältlich.

Wer in der Kartause feiern, tagen oder Kultur genießen möchte, kann auf ein breites Angebot des Seminarzentrums zurückgreifen – durch seine einmalige Lage ein inspirierender Ort zum Lernen und Gedankenaustausch. Zwei komfortable Hotels bieten den Rahmen für Workshops, Tagungen oder Kongresse in klösterlicher Stille und landschaftlich schöner Umgebung. Das evangelische Begegnungs- und Bildungszentrum „tecum" – übersetzt „mit dir" – möchte mit der spirituellen Atmosphäre der Kartause ein Ort sein, an dem Menschen Kraft schöpfen und neue Impulse mit in ihren Alltag nehmen können.

Von den bauhistorischen Zeugnissen der Kartäusermönche über die Gartenanlagen mit über 1000 Rosenstöcken, den Kräutergarten und das Labyrinth bis hin zum Wein: Die ganze Kartause atmet Geschichte, die sich bei sachkundigen Führungen entdecken lässt. Kulturell engagiert zeigt sich die Kartause auch mit ihren Ittinger Pfingst- und Sommerkonzerten, die jährlich zahlreiche Menschen begeistern.

Weinbau zum Rappen

Weinbau zum Rappen
Hans-Peter Wägeli

CH-8524 Buch bei Frauenfeld

Telefon 00 41 (0) 52 / 7 46 11 90
Telefax 00 41 (0) 52 / 7 46 12 36
www.lebenstrunk.ch

Weine und Pferde haben für Hans-Peter Wägeli eine Menge gemeinsam: Jeder Jahrgang und jedes Tier ist anders und immer wieder eine neue Herausforderung!

Als Hans-Peter Wägeli die ersten Chardonnay-Reben setzte, da war diese Sorte noch eine Rarität in der Schweiz. Doch der Thurgauer Winzer wollte sich nicht mit dem traditionellen Blauburgunder begnügen und suchte nach einer weißen Ergänzung des Müller-Thurgau. Also bestellte sich Hans-Peter Wägeli, der ein Traditionsweingut nahe Frauenfeld führt, einfach einige Rebstöcke und experimen-

tierte mit der ungewohnten Trauben. Das Ergebnis gab dem Winzer Recht – und inzwischen hat sich der Chardonnay einen festen Platz im Repertoire des Weinguts gesichert. Er wird reinsortig ausgebaut oder, gemeinsam mit dem Blauburgunder bzw. Pinot noir, zu einem Schaumwein nach Vorbild des Champagners veredelt.

Doch damit lässt es Hans-Peter Wägeli nicht bewenden. Seinen Blauburgunder baut er auch solo in zahlreichen Varianten aus – mal als fruchtigen, unkomplizierten „Rosé d'Amour", mal als komplexen Rotwein, der im Barrique reift und unter dem Namen „Lebenstrunk" vermarktet wird. Die Zahl der Liebhaber solcher önologischen Kostbarkeiten ist konstant, viele Stammkunden kommen gern zum Einkauf und zur Probe auf den idyllisch am Ortsrand von Buch gelegenen Hof. „Ein Drittel der Produktion geht an die Gastronomie", berichtet der Winzer, „zwei Drittel werden ab Hof verkauft". Und natürlich vergisst kaum ein Kunde, ein paar Flaschen vom süffigen Müller-Thurgau mitzunehmen, vom selbst gekelterten Traubensaft oder vom „Vert-Jus", einer Spezialität aus nicht ganz reifem Traubenmost, die anstelle von Essig in der Küche eingesetzt werden kann.

Wenn es gleich neben dem Weinkeller wiehert und schnaubt, dann ist das übrigens kein Zufall. Hans-Peter Wägeli, der zehn Jahre lang Vorsitzender des Thurgauer Weinbauverbandes war, ist auch mit ganzer Leidenschaft Pferdezüchter. „Die beiden Berufe haben viel miteinander gemein", sagt er, „jeder Jahrgang hat einen eigenen Charakter, und jedes Ross hat ihn auch". Also dachte der gelernte Winzer und Weinküfer nie daran, die seit Generationen betriebene Pferdezucht aufzugeben.

Die jüngste Tochter hat sogar in Österreich und Deutschland Pferdewissenschaft studiert und schreibt gerade an ihrer Doktorarbeit zum Thema Pferd.

Bei so viel Begeisterung für das Reittier ist es verständlich, dass die selbst gebrannten Schnäpse – eine weitere Leidenschaft von Hans-Peter Wägeli – nach Wunsch auch in der einer dekorativen Pferdeflasche abgefüllt werden. Der „Stadtschryber-Lie", ein duftiger Hefebrand, der Marc oder die Alte Zwetschge gehören wie Wein und Rösser unverwechselbar zu diesem familiär geführten Weingut im Thurgau.

Stein am Rhein

Stein am Rhein

Rathaus
CH-8260 Stein am Rhein

Telefon 00 41 (0) 52 / 7 42 20 20
Telefax 00 41 (0) 52 / 7 42 20 30
www.steinamrhein.ch

In Stein am Rhein wird der Bodensee wieder zum Rhein. Eine schöne Gelegenheit, die gut erhaltene Altstadt und viele weitere Attraktionen zu entdecken.

Den Namen hätte sich kein Dichter besser und treffender ausdenken können. Stein am Rhein, die kleine Gemeinde im Kanton Schaffhausen, bietet ihren Gästen wirklich beides – und das auf ganz besondere Art und Weise. Erstens den Rhein, der gleich hier aus dem Untersee abfließt und seinen Weg in Richtung Nordsee antritt. Zweitens den Stein, mit dem die außergewöhnlich gut erhaltene Altstadt erbaut wurde.

Stein am Rhein genießt seinen Ruhm als eine der schönsten Städte der Deutschschweiz seit dem Mittelalter. Der Ort verfügte schon seit dem 15. Jahrhundert über stadtähnliche Strukturen, und obwohl der Ort mit seinen heute 3200 Einwohnern

Stadtansicht mit Burg Hohenklingen

Fachwerkfassade

Benediktinerkloster St. Georgen

immer strategisch interessant war – schon vor Jahrhunderten befand sich hier eine der wenigen Rheinbrücken –, blieb Stein von Zerstörungen weitgehend verschont. Von dieser Tatsache profitieren heute die Einheimischen ebenso wie die für ein paar Stunden oder Tage anreisenden Touristen. Rund um den Rathausplatz kann man prächtige Hausfassaden entdecken oder sich in einem der vielen Restaurants, in Bäckereien, Metzgereien oder Feinkostgeschäften mit typischen Spezialitäten eindecken.

Erreichbar ist Stein am Rhein natürlich, außer mit dem eigenen Wagen, mit dem Rad oder zu Fuß, auch mit der Bahn oder mit dem Schiff. Von Frühjahr bis Herbst legen die Schiffe der Schweizerischen Schifffahrtsgesellschaft Untersee- und Rhein an der Kaimauer an, bevor sie weiter nach Schaffhausen oder Konstanz fahren. Aber Stein ist auch eine Metropole für Wanderer. Zahlreiche Wege sind ausgeschildert – vom leichten Gang zur Insel Werd bis zur mehrstündigen Bodenseewanderung, für die man sich sicherheitshalber mit Verpflegung und Getränken eindecken sollte. Die ganz Übermütigen springen derweil von der Rheinbrücke hinab in den Fluss (eine nicht ganz ungefährliche Mutprobe) oder genießen die Sonne und die kühle Brise auf einer der Wiesen. Im Winter dagegen wird weniger gewandert und gesonnt, und auch die Fahrradfahrer machen sich

rar, doch dafür verwandelt sich Stein am Rhein für einige Wochen in die berühmteste Märlistadt der Schweiz. Tatsächlich ist die Gestaltung des Rathausplatzes und der umliegenden Gassen legendär. Neugierige reisen aus Zürich oder Basel an, aus München oder Stuttgart. Ihren Namen verdankt die Stadt um diese Jahreszeit den zahlreichen Märchenfiguren, die den Besuchern den Weg durch die Altstadt weisen. Für eine der deftigen lokalen Köstlichkeiten – Bodenseefelchen oder Käsefondue – ist natürlich gesorgt!

Rathaus

Chäs Graf – Zum weissen Adler

Chäs Graf – Zum weissen Adler
Werner Knöpfli

Oberstadt 1
CH-8260 Stein am Rhein

Telefon 00 41 (0) 52 / 7 41 22 61
Telefax 00 41 (0) 52 / 7 41 44 82
www.chaes-graf.ch

Mehr als 80 Sorten feinsten Schweizer Käse verkauft Werner Knöpfli in einem historischen Gebäude in der Steiner Altstadt. Der Name Chäs Graf ist längst zum Synonym geworden für Milchprodukte auf höchstem Niveau.

Ein Vierteljahrhundert lang baute Leo Graf das Unternehmen auf, seit 2004 wird es vom nicht minder engagierten Werner Knöpfli geleitet. Das Qualitätsbewusstsein hat sich während der ganzen Zeit nicht geändert: Eingekauft wird der beste Käse aus der gesamten Schweiz – von kleinen oder größeren Käsereien, von Betrieben aus dem Kanton Thurgau, aus dem Appenzell oder aus dem

Kanton Zürich. Mindestens 80 Sorten sind ständig verfügbar – und dass der Nachschub nie ausgeht und die Käse alle mit dem idealen Reifegrad verkauft werden können ist vor allem dem kühlen Käsekeller zu verdanken – und dem Können des Chefs. Werner Knöpfli ist nämlich nicht nur Käseverkäufer, sondern auch Affineur. „Den Alpkäse etwa kaufen wir ein und lagern ihn bei uns weiter", erzählt Knöpfli. Wenn er dann verkauft wird, oft erst ein Jahr später, hat er noch einiges an Geschmack und Würze gewonnen.

Die Kunden können allerdings nicht bloß kaufen, sondern auch das Erlebnis des Käsemachens genießen. Für kleinere oder größere Gruppen setzt der Chef gern selbst die Milch mit Lab an, erhitzt sie und rührt – bis nach zwei oder drei Stunden der Käse entsteht. Dabei heißt es auch anfassen und mithelfen. Als Belohnung dürfen sich die Nachwuchskäser ein Stück vom Selbstgemachten vom Laib schneiden – freilich erst nach einer angemessenen Reifezeit von drei Monaten! Nicht weniger eindrucksvoll ist ein anderes Event, für das sich Chäs Graf einen Namen gemacht hat. Auf Vorbestellung füllt Werner Knöpfli eine geheime Käsemischung in den großen Kessel und fährt mit hungrigen Gruppen in die Wälder der Umgebung. Beim inzwischen beinah legendären Waldfondue genießen Familien, Vereine und Wandergruppen den Apéro im Freien, das Aufspießen des Brotes auf lange Spieße und das gemeinschaftliche Mahl.

Schaffhausen

ARTEFAKT – Kunst & Handwerk

ARTEFAKT – Kunst & Handwerk
Claudia Girard

Unterstadt 25
CH-8200 Schaffhausen

Telefon 00 41 (0) 52 / 6 24 14 16
www.girard-art.ch

Claudia Girard setzt bei ihren Skulpturen auf puristische Formen und Materialien. Ihre Colliers hingegen sind farbige Erlebnisse.

Claudia Girard arbeitet gern mit einem ungewöhnlichen Material: Ihre Leidenschaft gehört dem Beton. Doch die Künstlerin aus Neunkirch, die heute auch ein kleines, feines Geschäft für Schönes und manchmal etwas Schräges in der Schaffhauser Unterstadt betreibt, hat lange mit ganz anderen Stoffen gearbeitet, hat erst mal eine Lehre als Möbelschreinerin absolviert und viele Jahre lang in diesem Beruf gearbeitet. „Ich gehe immer noch gern in die Werkstatt", sagt die Künstlerin, „und wenn ein Laden eingerichtet werden soll, kann ich dabei helfen".

Aus Beton, einem sinnlichen Material mit wetterfester Oberfläche, gießt Claudia Girard nun Figuren ganz unterschiedlicher Art – in kleinen oder größeren Ausfertigungen. Die schwersten wiegen zwei Zentner und sind nicht eben einfach vom Sockel zu tragen und hochzuheben. Die kleinsten – nicht aus Beton, aber aus einem sehr ähnlich wirkenden Spezialzement angefertigt – sind nur ein paar Gramm schwer und können als Geschenk für jede Gelegenheit erworben werden. Eine mühevolle Tätigkeit, denn Claudia Girard macht alles selbst und von der Pike auf: die Fertigung der Formen, das Gießen des Betons, das Ausmerzen von Unebenheiten und die Endkontrolle. Ihre Konsequenz ist bewundernswert, denn die ganze Arbeit beginnt beim Studium der Körpergeometrie und endet erst, wenn das aus der Silikonform geschälte Objekt den Ansprüchen der Künstlerin standhält. Ja, und manchmal geht Claudia Girard sogar an die Grenzen dessen, was man aus Beton überhaupt herstellen kann! Manche Stücke sind in größeren Auflagen erhältlich und bereits Klassiker geworden, nach denen die Kunden immer wieder fragen, andere werden nur in kleinen Chargen von vielleicht drei Exemplaren oder als Unikate hergestellt. Doch eines ist in jedem Falle Prinzip der Künstlerin: Wenn schon Beton, dann richtig. Also behalten die Stücke sämtlich ihre typische hellgraue Optik und werden nicht farbig bemalt. „Es geht auch um Materialwahrheit", sagt Claudia Girard. Beton soll eben wie Beton aussehen, Holz wie Holz.

Die Künstlerin aus der Unterstadt fertigt aber auch farbige Colliers – nicht aus Beton, aber aus ganz unterschiedlich schimmernden Steinen. Und wenn sie beide Welten, die der Ketten und jene der Betonobjekte, miteinander verbinden will, dann ist das auch kein Problem. An eine Kette wird einfach eine kleine Zementfigur gehängt – und das Ergebnis beeindruckt durch seine Gegensätze. Völlig ohne Beton geht es bei Claudia Girard übrigens auch schon mal zu. „Es ist faszinierend, in drei Dimensionen zu arbeiten", sagt sie. Egal, ob es sich um Drahtpferde handelt, die für die Ausstellung „Attila und die Hunnen" im Historischen Museum im pfälzischen Speyer angefertigt wurden, oder um drahtgeflochtene Bilder, die kaum weniger beeindrucken als ihre Betonarbeiten und die Colliers. Noch ein Grund mehr, den Kunst- und Handwerks-Laden in der Unterstadt 25 ein weiteres Mal aufzusuchen.

Finca del Sol

Finca del Sol
Manuela Signer

Freier Platz 7
CH-8200 Schaffhausen

Telefon 00 41 (0) 52 / 6 24 18 28
www.fincadelsol.net

Das Möbel- und Einrichtungsgeschäft in der Schaffhauser Unterstadt muss man erst entdecken und sich dann hineintrauen. Aber wer möchte, der findet die Finca auch!

Hier soll ein Geschäft sein? Wer zum ersten Mal nach der Finca del Sol Ausschau hält, erspäht zwar ein Schild, das neben dem Eingang steht, findet aber nur ein kleines Schaufenster. Leicht erklärbar: Erstens war das kleine Einrichtungshaus, in dem heute Möbel und Kissen, Leuchten und zahlreiche Accessoires besonderer Art ausgestellt sind, früher mal ein Büro und nie als Ladengeschäft konzipiert. Zweitens ist es Ladenbesitzerin Manuela Signer durchaus recht, dass es vor allem die ernsthaft Interessierten sind, die den Weg in die Finca finden. Besucher, die oft schon seit Jahren kommen, die immer mal nach Neuem Ausschau halten, die fragen und sich beraten lassen. Und die auch schon mal ein ausgewähltes Stück – oder gleich mehrere – probeweise mit nach Hause nehmen und in die bereits vorhandene Einrichtung einpassen.

Manuela Signer, die das Geschäft eher zufällig eröffnete, stellt immer wieder fest, dass viele Dinge nur gekauft werden, weil sie gerade in Mode sind. Sie selbst definiert Wohnen anders: Ein Zuhause soll der Ort sein, an dem man sich gerne aufhält, an den man abends nach der Arbeit gerne zurückkehrt. Der Ort, an dem man auftanken kann, wo man neue Energie schöpft und sich in seinem tiefsten Innern wohlfühlt. Das wiederum heißt auch, dass die Produkte der Finca del Sol nicht jedem gefallen und auch nicht zu jedem passen.

Doch wenn man einmal einen Grundkonsens gefunden hat, dann lassen sich in der Finca immer wieder spannende Entdeckungen machen. Die Chefin ist vom natürlichen Ethnostil genauso fasziniert wie vom afrikanisch angehauchten mediterranen Look. Möbel, Accessoires und Stoffe erzählen davon. „Früher war ich oft bei meinen Großeltern, die in Spanien lebten", erzählt sie. „Und eigentlich wollte ich immer eine Finca haben." Die hat sie nun – nicht um darin zu leben, aber immerhin, um darin die schönsten Möbel auszustellen, die sie auf Reisen, Messen und anderswo finden kann. Es handelt sich bei den Tischen und Sesseln, bei den Weinregalen und Schränken, den Leuchten und Sideboards meist um Einzelstücke; kleinere Abweichungen sind kein Mangel, sondern Charakter. Dies bedeutet, dass nicht immer alle Möbel in größeren Mengen lieferbar sind. Viele Objekte sind, einmal ausverkauft, eben erst einmal weg, werden aber rasch durch andere ersetzt. Auch das unterscheidet die Finca del Sol deutlich von einem ganz gewöhnlichen Möbelgeschäft. Und noch etwas ist anders. Beratung nämlich nimmt man hier sehr persönlich. „Wenn man mich bittet, schaue ich mir gern auch die Wohnung an und gebe Tipps, was denn nun wohin passen könnte", sagt die Chefin und lacht.

Art & Glamour

Art & Glamour
Deniz Demiral Dogan & Jeannette Schuler

Unterstadt 29
CH-8200 Schaffhausen

Telefon 00 41 (0) 52 / 6 24 33 14
www.porzellanmalerin.ch
art-glamour-blogspot.com

Jeannette Schuler und Deniz Demiral Dogan ergänzen sich perfekt. Und die Kunden wissen nur
zu gut, dass auch sie vom Doppelgeschäft in der
Unterstadt profitieren.

Ein Laden mit Trennlinie in der Mitte? Oder ein
Doppelladen? „Eigentlich sind das zwei Läden",
lächelt Deniz Demiral Dogan, neben Jeannette
Schuler eine der beiden Inhaberinnen. Hier das
Porzellan, dort selbst gefertigter indischer Silberschmuck und indische Röcke. Angefangen hat
aber alles mit den Kursen in Porzellanmalerei,
die bei den Schaffhausern schon bekannt waren,
bevor Deniz Demiral Dogan die Kurse und den
Laden vor 26 Jahren übernahm. „Ich habe Stammkunden, die schon damals teilgenommen haben
und bis heute dabeigeblieben sind", erzählt die
Künstlerin. Seit jener Zeit leitet sie in der Unterstadt 29 Neugierige darin an, auserlesene Objekte
aus Porzellan selbst zu gestalten. Über einen
Schnupper- oder Anfängerkurs finden die Newcomer
in die Porzellangestaltung hinein, können dann

die klassische oder moderne Richtung wählen und ihre Fertigkeiten im Laufe der Zeit ausbauen. Vorkenntnisse sind nicht erforderlich, die künstlerische Ader wird behutsam erschlossen, das Können wird ausgebaut. Auch spezielle künstlerische Fähigkeiten sind nicht vonnöten, das Porzellanmalen kann jeder erlernen – sofern er Geduld mitbringt und sich bewusst ist, dass das Gestalten eines Tafelservices auch mal Tage oder Wochen dauern kann. Wer diese Muße nicht mitbringt, bestellt das Gewünschte – vielleicht als Geschenk für Hochzeiten. Familienfeiern oder als Überraschung für sich selbst – einfach bei Deniz Demiral Dogan. Auslernen allerdings kann man bei dieser Tätigkeit eigentlich nie, und selbst nach Jahrzehnten sind immer wieder neue Techniken und Motive des Porzellanbemalens zu entdecken. Mehrfach pro Woche finden heute die Kurse statt, an einem speziell gestalteten Tisch im Geschäft.

Bei dieser Gelegenheit können KursteilnehmerInnen sich natürlich auch dem zweiten Teil des ungewöhnlichen Geschäftes widmen. Vor drei Jahren hat Jeannette Schuler Art & Glamour vervollständigt, hat den vorderen Teil des Ladens übernommen und sich mit Servietten, Kerzen und Vasen, sogar mit selbst importierten indischen Röcken selbstständig gemacht und sich einen Ruf für indischen Silberschmuck erworben. Der wird hier selbst gefertigt, in immer wechselnden Formen, und

inzwischen sogar in Form einer eigenen Kollektion angeboten. Und wie könnte es anders sein: Auch Jeannette Schuler gibt ihr Wissen weiter, bietet Workshops und Seminare im Kunsthandwerk an – und sorgt mit dafür, dass Art & Glamour ein kunsthandwerkliches Zentrum Schaffhausens geworden ist.

FATES Schaffhausen

FATES Schaffhausen

Munotstieg 1
CH-8200 Schaffhausen

Telefon 00 41 (0) 52 / 6 20 04 61
www.fates.ch

FATES steht für exklusive Mode-Accessoires auf der Basis von Fair Trade.

Wie spricht man den Namen eigentlich aus? Englisch? Deutsch? Die Antwort ergibt sich, wenn man sich von einer der Inhaberinnen des Familienunternehmens die Bedeutung des Begriffes erläutern lässt. Fates werden nämlich im englischen Sprachraum die drei römischen Schicksalsgöttinnen Nona, Decima und Morta genannt, im Deutschen würde man von den drei Parzen sprechen. Die Damen haben, glaubt man der Mythologie, das Schicksal aller Menschen in Händen – und sie besitzen große Kraft und Energie. Schicksal war es wohl auch, dass FATES – das streng genommen also englisch ausgesprochen wird – von drei Frauen gegründet wurde. Im Jahre 2005 war das, und der erste Laden mit dem Logo FATES entstand im niederländischen Leiden. Es folgte ein Jahr später Amsterdam, 2007 wurde auch die Filiale in Schaffhausen eröffnet. Das Schicksal der engagierten Betreiberinnen – drei Geschwister und drei Töchter – ist übrigens eng verbunden mit jenem der Kunden. Die bekommen hier nicht irgendeine beliebige Mode, sondern Taschen, Schals und Accessoires, die nach strengen Prinzipien hergestellt werden. Das Wichtigste: Alle angebotenen Waren stammen aus fairem Handel, der den Erzeugern ein regelmäßiges Einkommen und vor allem eine Zukunftsperspektive ermöglicht. Auch Umweltbewusstsein ist bei FATES in einem Maße vorhanden, das man bei Modegeschäften nicht unbedingt erwartet.

Ein anderes Prinzip heißt Exklusivität. Die eigene Taschenlinie oder die speziellen Schals und Schmuckstücke werden teilweise selbst entwickelt, teilweise auch mit Unterstützung anderer Künstlern konzipiert. Europäische Traditionen werden aufgenommen, aber auch orientalische oder afrikanische Farben, Formen und Materialien sind zu entdecken. Leder und Halbedelsteine werden verwendet, die Schals stellt man aus Baumwolle und Seide, aber auch aus Kaschmir her. Natürliche Materialien mit einem exklusiven Design bürgen für garantiert moderne und zeitlose Modeaccessoires, die Stück für Stück ihre eigene Geschichte erzählen. Produziert werden die Stücke anschließend an den Entwicklungsprozess in Entwicklungsländern. Auf ganzheitliche Art und Weise. Mit Sorge für Umwelt und Klima sowie Mensch und Tier!

Alles auf einen Blick

32_ Birkle GbR Haare
Sabrina und Antony Birkle, Liane Birkle-Bell
Sigismundstraße 2
D-78462 Konstanz
Telefon 0 75 31 / 28 43 88
Telefax 0 75 31 / 28 43 89
konstanz@haare.net
www.haare.net

154_Böhm – Die Einrichtungen GmbH & Co. KG
Irmgard Böhm
Maximilianstraße 21
D-88131 Lindau Insel
Telefon 0 83 82 / 9 48 8-0
Telefax 0 83 82 / 94 88-28
Boehm.DieEinrichtungen@t-online.de
www.boehm-dieeinrichtungen.de

162_Bregenz Tourismus und Stadtmarketing GmbH
Rathausstraße 35a
A-6900 Bregenz
Telefon 00 43 (0) 55 74 / 49 59-0
Telefax 00 43 (0) 55 74 / 49 59-59
tourismus@bregenz.at
www.bregenz.ws

86_ Brillen Hänssler
Matthias Müller
Ekkehardstraße 11
D-78224 Singen
Telefon 0 77 31 / 6 21 45
Telefax 0 77 31 / 6 74 25
info@brillen-haenssler.de
www.brillen-haenssler.de

244_Bruno Piatti AG
Fürstenlandstraße 100
CH-9014 St. Gallen
Telefon 00 41 (0) 71 / 2 72 80 60
Telefax 00 41 (0) 71 / 2 72 80 61
st.gallen@piatti.ch
www.piatti.ch

168_Buongustaio Einzelhandels GmbH
Spezialitäten aus Italien
Gerhard Rainalter, Michaela Wiesner
Anton-Schneider-Straße 10
A-6900 Bregenz
Telefon 00 43 (0) 55 74 / 58 12 92 02
Telefax 00 43 (0) 55 74 / 58 12 92 99
bregenz@buongustaio.cc
www.buongustaio.at

42_ Cantina Rabajà GmbH
Michael König & Franz Wäschle
Kreuzlinger Straße 7
D-78462 Konstanz
Telefon 0 75 31 / 91 78 84
Telefax 0 75 31 / 91 78 85
info@cantina-rabaja.de
www.cantina-rabaja.de

262_Chäs Graf – Zum weissen Adler
Werner Knöpfli
Oberstadt 1
CH-8260 Stein am Rhein
Telefon 00 41 (0) 52 / 7 41 22 61
Telefax 00 41 (0) 52 / 7 41 44 82
info@chaes-graf.ch
www.chaes-graf.ch

232_Coiffure Carlo
Carlo Guidi
Oberer Graben 26
CH-9000 St. Gallen
Telefon 00 41 (0) 71 / 2 22 58 65
Telefax 00 41 (0) 71 / 2 22 71 52
carlo@carlo.ch
www.carlo.ch

Alles auf einen Blick

184_ConTempi
High End Interiors
Kornmarktstraße 20
A-6900 Bregenz
Telefon 00 43 (0) 55 74 / 2 07 95
Telefax 00 43 (0) 55 74 / 2 07 95 15
bregenz@contempi.at
www.contempi.at

30_ Cosmetic Team Karin Martin
Karin Martin
Am Seerhein 8
D-78467 Konstanz
Telefon 0 75 31 / 4 38 80
Telefax 0 75 31 / 4 40 50
info@cosmeticteam.de
www.cosmeticteam.de

40_ Das Voglhaus
Martina Vogl e.K.
Wessenbergstraße 8
D-78462 Konstanz
Telefon 0 75 31 / 9 18 95 20
Telefax 0 75 31 / 9 18 95 19
kunde@das-voglhaus.de
www.voglhaus.de

204_Denz Herz
Knie 23
A-6850 Dornbirn
Mobil 00 43 (0) 6 64 / 1 24 97 55
office@denz-herz.at
www.denz.at

138_Deutsche Zeppelin-Reederei GmbH
Thomas Brandt
Allmannsweiler Straße 132
D-88046 Friedrichshafen
Telefon 0 75 41 / 59 00-0
Telefax 0 75 41 / 59 00-499
info@zeppelinflug.de
www.zeppelinflug.de

156_Die Galerie
Herbert Ullrich
Auf dem Wall 2
D-88131 Lindau
Telefon 0 83 82 / 42 58
HerbertUllrich@DieGalerieTeppiche.de
www.DieGalerieTeppiche.de

224_domus Leuchten und Möbel AG
Davidstraße 24
CH-9000 St. Gallen
Telefon 00 41 (0) 71 / 2 28 20 60
Telefax 00 41 (0) 71 / 2 28 20 69
info@domusag.ch
www.domusag.ch

142_Dornier Museum Friedrichshafen
Museumsdirektorin Christina Becker
Claude-Dornier-Platz 1
D-88046 Friedrichshafen
Telefon 0 75 41 / 7 00 56-00
Telefax 0 75 41 / 7 00 56-09
info@dorniermuseum.de
www.dorniermuseum.de

130_DUO Einrichtungen GmbH
design und objekt
Ingeborg Tjarks
Zeppelinstraße 8
D-88677 Markdorf
Telefon 0 75 44 / 7 30 30
Telefax 0 75 44 / 7 30 90
info@duo-einrichtungen.de
www.duo-einrichtungen.de

238_Einstein Congress Hotel Spa
Berneggstraße 2
CH-9000 St. Gallen
Telefon 00 41 (0) 71 / 2 27 55 55
Telefax 00 41 (0) 71 / 2 27 55 77
hotel@einstein.ch
www.einstein.ch

60_ Ellwanger & Geiger Private Immobilien
Bernd Menne & Astrid Schäfer
Bruderturmgasse 3 / Löwenplatz
D-78462 Konstanz
Telefon 0 75 31 / 2 84 17 87
Telefax 0 75 31 / 2 84 17 88
Bernd.Menne@privatbank.de
Astrid.Schaefer@privatbank.de
www.feineimmobilien.de/konstanz

58_ Englische Antiquitäten
Gillian Esp
Sankt-Stephans-Platz 47
D-78462 Konstanz
Telefon 0 75 31 / 2 64 64
Telefax 0 75 31 / 2 64 64
english.antiques.konstanz@gmail.com
www.english-antiques-konstanz.com

20_ Etoile Modeboutique
Barbara Ulmer
Marktstätte 20
D-78462 Konstanz
Telefon 0 75 31 / 36 81 50
Telefax 0 75 31 / 36 81 51
konstanzetoile@aol.com

144_Event Center Bodensee
Jerome Schmid
Halbinselstraße 42
D-88142 Wasserburg
Telefon 0 83 82 / 7 15 93 21
Telefax 0 83 82 / 7 15 93 33
office@event-center-bodensee.de
www.event-center-bodensee.de

272_FATES Schaffhausen
Munotstieg 1
CH-8200 Schaffhausen
Telefon 00 41 (0) 52 / 6 20 04 61
info@fates.ch
www.fates.ch

218_Federer Uhren und Bijouterie
Marc Federer
Hauptstraße 67
CH-9400 Rorschach
Telefon 00 41 (0) 71 / 8 41 26 06
Telefax 00 41 (0) 71 / 8 41 29 56
info@federerbijou.ch

268_Finca del Sol
Manuela Signer
Freier Platz 7
CH-8200 Schaffhausen
Telefon 00 41 (0) 52 / 6 24 18 28
fincadelsol@aol.com
www.fincadelsol.net

182_Fischerheim am Schleienloch
Darko Roposa
Am rechten Rheindamm 60
A-6971 Hard
Telefon 00 43 (0) 55 74 / 7 82 20
Telefax 00 43 (0) 55 74 / 7 82 20
www.fischerheim.at

172_Frank Kipping Orthopädieschuhmachermeister
Frank Kipping
Maurachgasse 14
A-6900 Bregenz
Telefon 00 43 (0) 55 74 / 4 48 00
Telefax 00 43 (0) 55 74 / 4 48 00-6
office@loveyourfeet.at
www.loveyourfeet.at

56_ fresko kunst & handwerk
Kerstin Helbig
Wessenbergstraße 33
D-78462 Konstanz
Telefon 0 75 31 / 1 72 14
Telefax 0 75 31 / 2 99 13
info@fresko-konstanz.de
www.fresko-konstanz.de

Alles auf einen Blick

140_frischmut,
Christine Frischmuth
Eugenstraße 57
D-88045 Friedrichshafen
Telefon 0 75 41 / 3 81 76 60
Telefax 0 75 41 / 3 81 76 62
info@frischmut.de
www.frischmut.de

254_Galerie am Schloss
Michael P. Adler
Am Schlosspark 4
CH-8274 Gottlieben
Telefon 00 41 (0) 71 / 6 69 29 70
galerieamschloss@yahoo.com
www.galerieamschloss.com

52_ Galerie Grashey
Ursula Grashey
Schützenstraße 14
D-78462 Konstanz
Telefon 0 75 31 / 1 66 14
Telefax 0 75 31 / 2 58 33
Mobil 01 72 / 6 27 22 24
galerie@grashey.eu
www.grashey.eu

76_ Galerie Helena und Werner Vayhinger
Liggeringer Straße 7
D-78315 Möggingen am Mindelsee
Telefon 0 77 32 / 1 00 55
Telefax 0 77 32 / 1 25 70
galerie.vayhinger@t-online.de
www.vayhinger.de

212_Gasthaus zum Gupf
Walter Klose
Gupf 20
CH-9038 Rehetobel
Telefon 00 41 (0) 71 / 8 77 11 10
Telefax 00 41 (0) 71 / 8 77 15 10
info@gupf.ch
www.gupf.ch

70_Gemeindeverwaltung Gaienhofen
Bürgermeister Uwe Eisch
Im Kohlgarten 1
D-78343 Gaienhofen/ Bodensee
Telefon 0 77 35 / 81 8-0
Telefax 0 77 35 / 8 18-18
info@gaienhofen.de
www.gaienhofen.de

118_Glasbläserei Roger Schräpler
Roger Schräpler
Schloss Salem – Sennhof
D-88682 Salem
Telefon 0 75 53 / 65 87
Telefax 0 75 53 / 65 87

24_ Goia
Martina Schneider
Hussenstraße 16
D-78462 Konstanz
Telefon 0 75 31 / 3 69 92 37
Telefax 0 75 31 / 3 69 80 46
martina@martina-konstanz.de

28_ Goldschmiede Hans-J. Baier
Hans J. Baier
Wessenbergstraße 20a
D-78462 Konstanz
Telefon 0 75 31 / 2 40 24
Telefax 0 75 31 / 2 40 34
h-j-baiergold@t-online.de
www.goldschmiede-h-j-baier.de

234_Goldschmiede Gabriela Frei

Marktgasse 26
CH-9004 St. Gallen
Telefon 00 41 (0) 71 / 2 22 62 79
info@goldschmiede-frei.ch
www.goldschmiede-frei.ch

242_haus 47

Gabriela Finger und Irma Schweizer
Feldlistraße 17
CH-9000 St. Gallen
Telefon 00 41 (0) 79 / 5 85 55 63
www.haus47.ch

46_ Hautnah

Elke Sehr
Tirolergasse 10
D-78462 Konstanz
Telefon 0 75 31 / 36 82 46
Telefax 0 75 31 / 2 82 94 20
info@hautnah-kosmetikatelier.de
www.hautnah-kosmetikatelier.de

170_Health & Beauty

Gesundheitspraxis & Kosmetikinstitut
Manuela Linhart Knafl
Deuringstraße 9
A-6900 Bregenz
Telefon 00 43 (0) 55 74 / 5 34 11
Telefax 00 43 (0) 55 74 / 5 41 18
health.beauty@aon.at
www.health-beauty.at

221_Heidis Mode

Heidi und Felix Schläpfer
Rosengartenstraße 19
CH-9404 Rorschacherberg
Telefon 00 41 (0) 71 / 8 58 20 00
Telefax 00 41 (0) 71 / 8 58 20 09
info@heidismode.ch
www.heidismode.ch

Outfit by Heidis Mode
Hauptstraße 65
CH-9400 Rorschach
Telefon 00 41 (0) 71 / 8 45 21 21

Heidis Mode
Webergasse 14
CH-9000 St. Gallen
Telefon 00 41 (0) 71 / 2 23 75 75

84_ Heikorn Kleidung GmbH

August-Ruf-Straße 7–9
D-78224 Singen
Telefon 0 77 31 / 8 69 60
Telefax 0 77 31 / 86 96 36
heikorn.singen@t-online.de
www.heikorn.de

26_ Hepp & Hepp Optik-Photo GmbH

Michael Hepp
Marktstätte 9
D-78462 Konstanz
Telefon 0 75 31 / 2 35 52
Telefax 0 75 31 / 2 26 04
info@optik-hepp.de
www.optik-hepp.de

Alles auf einen Blick

194_Höttges | Die Einrichter
Rhombergs Fabrik
Färbergasse 15
A-6850 Dornbirn
Telefon 00 43 (0) 55 72 / 2 21 75
Telefax 00 43 (0) 55 72 / 2 09 15
office@hoettges.at
www.hoettges.at

48_ holz & holz
Eckhard Staiger
Zollernstraße 25
D-78462 Konstanz
Telefon 0 75 31 / 45 55 11
moebel@holzundholz.com
www.holzundholz.com

holz & holz
Olaf Rahmstorf
Zollernstraße 25
D-78462 Konstanz
Telefon 0 75 31 / 9 18 91 51
tische@holzundholz.com
www.holzundholz.com

126_Hotel Seehof GmbH
Frank und Jürgen Hallerbach
Am Yachthafen
D-88090 Immenstaad am Bodensee
Telefon 0 75 45 / 93 6-0
Telefax 0 75 45 / 93 6-133
info@seehof-hotel.de
www.seehof-hotel.de

109_Kino-Betriebe Lailach GmbH
Thomas Lailach
Landungsplatz 14
D-88662 Überlingen

Adlergasse 6
D-88662 Überlingen
Telefon 0 75 51 / 6 35 69
Telefax 0 75 51 / 6 53 07
www.kino-ueberlingen.de

250_kleika Arbeitslosenprojekte
Lindenstraße 61
CH-9000 St. Gallen
Telefon 00 41 (0) 71 / 2 22 38 88
info@kleika.ch
www.kleika.ch

Secondhand-Kleiderladen
Kirchgasse 11
CH-9000 St .Gallen
Telefon 00 41 (0) 71 / 2 22 55 35

34_ Kochschule Konstanz
Holger Boos
Telefon 0 75 31 / 3 61 13 56
Telefax 0 75 31 / 3 61 17 12
info@kochschulekonstanz.de
www.kochschulekonstanz.de

180_KOKON Lifestyle Haus Handels GmbH
Lindauerstraße 64
A-6911 Lochau
Telefon 00 43 (0) 55 74 / 5 48 20
Telefax 00 43 (0) 55 74 / 5 48 21
info@kokon.cc
www.kokon.cc

248_Külling Optik AG
Poststraße 17
CH-9001 St. Gallen
Telefon 00 41 (0) 71 / 2 22 86 66
Telefax 00 41 (0) 71 / 2 22 86 92
info@kuelling.ch
www.kuelling.ch

210_Kumari Fleurs
Monica Koeppel
Feldstraße 3
CH-9326 Horn
Telefon 00 41 (0) 71 / 8 41 15 05
Telefax 00 41 (0) 71 / 8 41 31 22
fleurs@kumari.ch
www.kumari.ch

92_ Kur und Touristik Überlingen GmbH
Thomas Götz
Landungsplatz 5
D-88662 Überlingen
Telefon 0 75 51 / 9 47 15 30
Telefax 0 75 51 / 9 47 15 35
touristik@ueberlingen.de
www.ueberlingen.de

240_Labhart-Chronometrie
Uhren und Schmuck
Romano Prader
Oben an der Marktgasse 23
CH-9004 St. Gallen
Telefon 00 41 (0) 71 / 2 22 50 60
info@chronometrie.ch
www.chronometrie.ch

110_Landgasthof zum Adler
Peter und Verena Vögele
Hauptstraße 44
D-88662 Überlingen-Lippertsreute
Telefon 0 75 53 / 82 55-0
Telefax 0 75 53 / 82 55-70
info@adler-lippertsreute.de
www.adler-lippertsreute.de

102_Lunoa
Jens Ulrich
Hafenstraße 6
D-88662 Überlingen
Telefon 0 75 51 / 9 47 20 12
Telefax 0 75 53 / 91 80 74
info@lunoa.de
www.lunoa.de

62_ Mainau GmbH
Gräfin Bettina Bernadotte
D-78465 Insel Mainau
Telefon 0 75 31 / 30 3-0
Telefax 0 75 31 / 30 3-2 48
info@mainau.de
www.mainau.de

106_Marco Waibel Obst, Gemüse, Brände
Marco Waibel
Landungsplatz 14
D-88662 Überlingen
Telefon 0 75 51 / 83 83 74
Telefax 0 75 51 / 83 83 75
www.seegenuss.de

98_ Margarethe Braun Woman
Margarethe Braun
Christophstraße 21
D-88662 Überlingen
Telefon 0 75 51 / 94 80 41
Telefax 0 75 51 / 94 80 42
m.braun-woman@t-online.de

117_Markgräflich Badischer Gasthof Schwanen
Horst Biedermann
Im Schlossbezirk 1
D-88682 Salem
Telefon 0 75 53 / 2 83
Telefax 0 75 53 / 64 18
schwanen@gmx.de
www.schlosshotel-schwanen.de

Alles auf einen Blick

192_Mary Rose
Schillerstraße 4
A-6850 Dornbirn
Telefon 00 43 (0) 55 72 / 2 68 58 (Geschäft)
Telefon 00 43 (0) 55 72 / 3 18 14 (Büro)
Telefax 00 43 (0) 55 72 / 31 81 44
maryrose@paptex.at
www.maryrose.at

107_Metzgerei Scholz GbR
Johann und Manfred Scholz jun.
Landungsplatz 14
D-88662 Überlingen
Telefon 0 75 51 / 91 60 69
metzgereischolzgbr@t-online.de

119_Michael Denker – Kunstschmiede
und Schlossermeister
Schloss Salem – Im unteren Langbau
D-88682 Salem
Telefon 0 75 53 / 6 05 19
Telefax 0 75 53 / 6 04 42
michael.denker@t-online.de
www.schmiede-denker.de

190_Modehaus Zumtobel
Uli Zumtobel
Marktstraße 15
A-6850 Dornbirn
Telefon 00 43 (0) 55 72 / 2 25 04

216_Monsieur A. – Angehrn Herrenmode
Caspar und Brigitta Angehrn
Hauptstraße 57
CH-9400 Rorschach
Telefon 00 41 (0) 71 / 8 41 20 44
Telefax 00 41 (0) 71 / 8 41 20 31
monsieura@bluewin.ch
www.monsieura.ch

174_Nasahl Optik + Hörgeräteakustik
Optometrist Hubert Mangold
Schulgasse 4
A-6900 Bregenz
Telefon 00 43 (0) 55 74 / 4 59 15
Telefax 00 43 (0) 55 74 / 45 91 59
optik.nasahl@newsclub.at

94_ Orgelbau Raffin GmbH
Wolfgang Kaupp, Rafael Engeser
Abigstraße 9
D-88662 Überlingen
Telefon 0 75 51 / 95 29-0
Telefax 0 75 51 / 95 29-29
raffin@raffin.de
www.raffin.de

108_P.C.O. Textilhandels GmbH
Peter Würden
Landungsplatz 14
D-88662 Überlingen

Münsterstraße 27
D-88662 Überlingen
Telefon 0 75 51 / 30 10 34
Telefax 0 75 51 / 30 10 35
pcogmbh@t-online.de

96_ Photographie Lauterwasser
Katharina Lauterwasser-Stielow
Münsterstraße 41
D-88662 Überlingen
Telefon 0 75 51 / 6 35 30
Telefax 0 75 51 / 6 72 41
mail@foto-lauterwasser.de
www.foto-lauterwasser.de

246_Picante Club Bar
Augustinergasse 25
CH-9004 St. Gallen
Telefon 00 41 (0) 71 / 2 25 40 33
info@picante.ch
www.picante.ch

166_Praeg - Atelier für Schmuck und Uhren
Matthias Praeg
Anton-Schneider-Straße 4
A-6900 Bregenz
Telefon 00 43 (0) 55 74 / 4 31 65
Telefax 00 43 (0) 55 74 / 4 31 65-6
atelier@praeg-bregenz.at
www.praeg-bregenz.at

176_RADCULT GmbH & Co KG
Bruno Gorbach
Jahnstraße 11
A-6900 Bregenz
Telefon 00 43 (0) 55 74 / 4 23 19
bregenz@radcult.at
www.radcult.at

134_Stadt Friedrichshafen
Adenauerplatz 1
D-88045 Friedrichshafen
Telefon 0 75 41 / 20 3-0
Telefax 0 75 41 / 2 03-11 99
stadtverwaltung@friedrichshafen.de
www.friedrichshafen.de

120_Reck's Hotel Restaurant GmbH & Co. KG
Bernhard und Elfriede Reck
Bahnhofstraße 111
D-88682 Salem
Telefon 0 75 53 / 2 01
Telefax 0 75 53 / 2 02
recks-hotel@t-online.de
www.recks-hotel.de

202_Restaurant Bar Innauer
Marktstraße 33
A-6850 Dornbirn
Telefon 00 43 (0) 55 72 / 20 34 88
Telefax 00 43 (0) 55 72 / 20 34 88
info@innauer.com
www.innauer.com

148_Restaurant, Café Hoyerberg-Schlössle
Harald Marschall
Hoyerbergstraße 64
D-88131 Lindau/ Bodensee
Telefon 0 83 82 / 2 52 95
Telefax 0 83 82 / 18 37
info@hoyerbergschloessle.de
www.hoyerberg.de

228_Restaurant Candela
René Engler und Monika Gerster
Sonnenstraße 5
CH-9000 St. Gallen
Telefon 00 41 (0) 71 / 2 46 46 46
info@restaurantcandela.ch
www.restaurantcandela.ch

196_restaurant M mairitsch
Lustenauer Straße 64
A-6850 Dornbirn
Telefon 00 43 (0) 55 72 / 21 03 96
info@m-dornbirn.at
www.m-dornbirn.at

36_ Ristorante Pinocchio
Maurizio und Olivia Aurea Canestrini
Untere Laube 47
D-78462 Konstanz
Telefon 0 75 31 / 1 57 77
Telefax 0 75 31 / 91 98 40
ristorante@pinocchio-konstanz.de
www.pinocchio-konstanz.de

202_Rosendorn Gold- und Silberschmiede
Werkstatt für Schmuck – Objekt – Gerät
Michael Teichmann
Pirminstraße 13 / Rosendornweg
D-78479 Insel Reichenau
Telefon 0 75 34 / 3 64
Telefax 0 75 34 / 9 71 95
info@rosendorn-goldschmiede.de
www.rosendorn-goldschmiede.de

Alles auf einen Blick

118_Sabine Wissen Goldschmiedemeisterin
Schloss Salem – Unterer Langbau 1
D-88682 Salem
Telefon 0 75 53 / 8 27 97 91
Sabine.wissen@onlinehome.de

164_Salon Martinique Deluxe
Martina Lehenbauer
Leutbühel 1
A-6900 Bregenz
Telefon 00 43 (0) 55 74 / 5 89 89
Telefax 00 43 (0) 55 74 / 5 89 91
salon.martinique@vol.at
www.salon-martinique.at

252_Schloss Brunnegg GmbH
Hotel - Restaurant
Familie Berger
CH-8280 Kreuzlingen
Telefon 00 41 (0) 71 / 6 72 36 36
Telefax 00 41 (0) 71 / 6 72 36 31
hotel@schloss-brunnegg.ch
www.schloss-brunnegg.ch

74_ Schmuckatelier Uwe Berger
Uwe Berger
Schützenstraße 2/1
D-78315 Radolfzell
Telefon 0 77 32 / 97 21 42
uwe_berger@web.de
www.uweberger-schmuck.de

119_Schuhhandlung & Schuhmacherei Boehne
Christian und Peter Böhne
Schloss Salem - Marstall
D-88682 Salem
Telefon 0 75 53 / 3 23
Telefax 0 75 53 / 84 71

54_ SeePerlen
Claudia Kennel
Salmannsweilergasse 6
D-78462 Konstanz
Telefon 0 75 31 / 2 84 51 40
info@seeperlen.de
www.seeperlen.de

82_ Siegwarth Gartenmanufaktur
Manfred Siegwarth
Fabrikstraße 29
D-78224 Singen – Bohlingen
Telefon 0 77 31 / 2 30 95
Telefax 0 77 31 / 2 89 71
info@siegwarth.com
www.siegwarth.com
www.tavolaverde.com

108_SPECTRUM Wohnaccessoires
Christiane und Hansjörg Kübler
Landungsplatz 14
D-88662 Überlingen
Telefon 0 75 51 / 6 80 80
Telefax 0 75 51 / 6 80 00
spectrum.ueberlingen@t-online.de
www.spectrum-geschenke.de

214_S-POT für Handwerk und Gestaltung
Armin und Madeleine Schelling
Hauptstraße 10-12
CH-9424 Rheineck
Telefon 00 41 (0) 71 / 8 88 23 44
Telefax 00 41 (0) 71 / 8 88 23 44
armin.schelling@bluewin.ch

188_Stadt Dornbirn
Rathausplatz 2
A-6850 Dornbirn
Telefon 00 43 (0) 55 72 / 3 06
Telefax 00 43 (0) 55 72 / 3 06 10 08
info@dornbirn.at
www.dornbirn.at

18_ Stadtmarketing Konstanz GmbH
Obere Laube 71
D-78462 Konstanz
Telefon 0 75 31 / 28 24 8-0
Telefax 0 75 31 / 2 82 48-11
info@stadtmarketing.konstanz.de
www.oldtimer-am-see.de

260_ Stein am Rhein
Rathaus
CH-8260 Stein am Rhein
Telefon 00 41 (0) 52 / 7 42 20 20
Telefax 00 41 (0) 52 / 7 42 20 30
stadtverwaltung@steinamrhein.ch
www.steinamrhein.ch

236_ St. Gallen-Bodensee Tourismus
Bahnhofplatz 1a
CH-9001 St. Gallen
Telefon 00 41 (0) 71 / 2 27 37 37
Telefax 00 41 (0) 71 / 2 27 37 67
info@st.gallen-bodensee.ch
www.st.gallen-bodensee.ch

256_ Stiftung Kartause Ittingen
CH-8532 Warth
Telefon 00 41 (0) 52 / 7 48 44 11
Telefax 00 41 (0) 52 / 7 48 44 55
info@kartause.ch
www.kartause.ch

226_ Sutter-Michel & Co. AG
Damenkonfektion
Spisergasse 11
CH-9000 St. Gallen
Telefon 00 41 (0) 71 / 2 22 20 16
Telefax 00 41 (0) 71 / 2 22 20 26

198_ Tasche & Co.
Doris Grubhofer
Marktstraße 43
A-6850 Dornbirn
Telefon 00 43 (0) 55 72 / 20 77 56
Telefax 00 43 (0) 55 72 / 20 77 56
office@tascheundco.at
www.tascheundco.at

200_ Thomas Bohle
Färbergasse 2
A-6850 Dornbirn
Mobil 00 43 (0) 650 / 7 03 19 58
atelier@thomasbohle.com
www.thomasbohle.com

109_ vergissmeinnicht Werbeagentur GmbH
Wolfgang Gerstenhauer,
Achim Günter & Jens Schröder
Landungsplatz 14
D-88662 Überlingen
Telefon 0 75 51 / 9 47 29-0
Telefax 0 75 51 / 9 47 29-29
info@vergissmeinnicht-werbung.de
www.vergissmeinnicht-werbung.de

106_ Vinogreth Dirk Limberger
Dirk Limberger
Landungsplatz 14
D-88662 Überlingen
Telefon 0 75 51 / 93 66 79
Telefax 0 75 51 / 93 77 02
weinverkauf.greth@weingut-salem.de
dirk.limberger@vinogreth.de

258_ Weinbau zum Rappen
Hans-Peter Wägeli
CH-8524 Buch bei Frauenfeld
Telefon 00 41 (0) 52 / 7 46 11 90
Telefax 00 41 (0) 52 / 7 46 12 36
waegeli@pctreff.ch
www.lebenstrunk.ch

Alles auf einen Blick

116_Weingut Markgraf von Baden
Bernhard Prinz von Baden
Schloss Salem
D-88682 Salem
Telefon 0 75 53 / 8 12 84
Telefax 0 75 53 / 8 15 69
weingut@weingut-salem.de
www.markgraf-von-baden.de

128_Weingut Robert und Manfred Aufricht
Robert und Manfred Aufricht
Höhenweg 8
D-88719 Meersburg-Stetten
Telefon 0 75 32 / 24 27
Telefax 0 75 32 / 24 21
info@aufricht.de
www.aufricht.de

88_ Weingut Beate & Georg Vollmayer
Beate und Georg Vollmayer
Elisabethenberg 1
D-78247 Hilzingen
Telefon 0 77 31 / 6 41 47
Telefax 0 77 31 / 6 04 72
info@weingut-vollmayer.com
http://weingut-vollmayer.homepage.t-online.de

38_ Weinmarkt an der Laube
Bernhard Ellegast
Untere Laube 17
D-78462 Konstanz
Telefon 0 75 31 / 2 21 31
Telefax 0 75 31 / 2 38 15
weinmarkt-konstanz@t-online.de
www.weinmarkt-konstanz.de

178_Wolford Boutique
Wolfordstraße 1
A-6901 Bregenz
Telefon 00 43 (0) 55 74 / 6 90-14 58
wbo94864@wolford.com
www.wolford.com

WOW Restaurant
Wolfordstraße 1
A-6901 Bregenz
Telefon 00 43 (0) 55 74 / 6 90-17 95
wowrestaurant@wolford.com
www.wolford.com

72_ Yacht- und Bootswerft Josef Martin
Josef Martin
Strandbad 25
D-78315 Radolfzell
Telefon 0 77 32 / 1 01 80
Telefax 0 77 32 / 1 36 56
info@martin-yachten.de
www.martin-yachten.de

136_Zeppelin Museum Friedrichshafen GmbH
Dr. Ursula Zeller
Seestraße 22
D-88045 Friedrichshafen
Telefon 0 75 41 / 3 80 1-0
Telefax 0 75 41 / 38 01-81
info@zeppelin-museum.de
www.zeppelin-museum.de

78_ Zweirad Joos GmbH & Co. KG
Andreas Joos
Schützenstraße 11
D-78315 Radolfzell
Telefon 0 77 32 / 82 36 8-0
Telefax 0 77 32 / 8 23 68-99
info@zweirad-joos.de
www.zweirad-joos.de
www.fahrradlagerverkauf.com

Impressum

© 2009 Neuer Umschau Buchverlag GmbH,
Neustadt an der Weinstraße

Texte
Stefanie Götzke, Meersburg, www.manutextur.com
Wolfgang Fassbender, Burscheid,
http://wolfisweinworte.blogg.de

Fotografie
Daniel Schvarcz, München, www.d-s-photo.com

Lektorat
Anja Otto/Heidrun Wirzinger, Neustadt a. d. Weinstraße

Herstellung
Heike Burkhart, Neustadt an der Weinstraße
Melanie Göhler, Neustadt an der Weinstraße

Gestaltung, Satz und Reproduktionen
2PLUSagentur GmbH, Viernheim
www.2plus-agentur.com

Karte
Thorsten Trantow, Kenzingen
www.trantow-atelier.de

Druck und Verarbeitung
Finidr, s.r.o. Cesky Tesin, Tschech. Rep.

Printed in Czech Republic
ISBN: 978-3-86528-469-3

Besuchen Sie uns im Internet
www.umschau-buchverlag.de

Titelfotografie:
Daniel Schvarcz, München, www.d-s-photo.com

Texte von Stefanie Götzke: S. 14-43, S. 46-49, S. 52-145, S. 148-153, S. 156-177, S. 206-209, S. 252-253, S. 256-257.
Texte von Wolfgang Faßbender: S. 180-185, 188-205, 210-221, S. 224-251, S. 254-255, S. 258-263, S.266-273.

Wir bedanken uns für die freundlicherweise zur Verfügung gestellten Texte bei:
Anja Böhme (S. 50-51), Simone Haefele (S. 140-141),
Böhm – Die Einrichtungen GmbH & Co. KG (S. 154-155),
Wolford AG, Presse- und Öffentlichkeitsarbeit (S.178-179).

Wir bedanken uns für die freundlicherweise zur Verfügung gestellten Fotos bei:
Jan Schuler / fotolia.com (S. 3 und S. 122); Stadtmar-
keting Konstanz (S.18-19 und S. 44-45); holz & holz
(S. 48 links unten, S. 49 unten links); Mainau GmbH
(S. 62-63); Yacht- und Bootswerft Josef Martin (S. 73
mitte); Siegwarth Gartenmanufaktur (S. 82-83); Pho-
tographie Lauterwasser (S. 90-91 und S. 96-97); Kur
und Touristik Überlingen GmbH (S. 92-93); Affenberg
Salem (S. 114); Reck's Hotel-Restaurant (S. 121 oben);
Hotel Seehof GmbH (S. 127 oben); Zeppelin Museum
Friedrichshafen (S. 136 und S. 137 unten); Achim
Mendes / Deutsche Zeppelin Reederei GmbH (S. 138);
Event Center Bodensee (S. 144 oben), stuart / fotolia.
com (S. 145 links oben), Kalle Kolodziej / fotolia.com
(S. 145 rechts unten); its michi / fotolia.com (S. 158);
Dornbirn Tourismus (S. 159, S. 186-189), Salon Marti-
nique Deluxe (S. 164 und S. 165 unten), Thomas Bohle
(S. 200 und S. 201 oben links), Darko Todorovic (S. 203
oben rechts und unten), Coiffure Carlo (S. 233 oben),
Einstein Congress Hotel Spa (S. 238), Bruno Piatti AG
(S. 244-245), Picante Club Bar GmbH (S. 247), Galerie
am Schloss (S. 255 unten links).